KB210460

재벌이 대체
무슨
죄를 지었다고

경제민주화, 동반성장, 상생,
재벌개혁론자들의 사기적 선동에 대한 고발서

재벌이 대체 무슨 죄를 지었다고

경제민주화, 동반성장, 상생, 재벌개혁론자들의
사기적 선동에 대한 고발서

지은이 ·이병태
펴낸이 ·이충석
꾸민이 ·성상건

펴낸날 ·2020년 7월 20일
2쇄 펴낸날 ·2020년 8월 10일
펴낸곳 ·도서출판 나눔사
주소 · (우) 03354 서울특별시 은평구 불광로 13가길
        22-13(불광동)
전화 · 02)359-3429   팩스 02)355-3429
등록번호 · 2-489호(1988년 2월 16일)
이메일 · nanumsa@hanmail.net

ISBN 978-89-7027-965-7-03320

값 17,000원
잘못된 책은 바꾸어 드립니다.

이 도서의 국립중앙도서관 출판예정도서목록(CIP)은 서지정보유통지원시스템 홈페이지
(http://seoji.nl.go.kr)와 국가자료종합목록 구축시스템(http://kolis-net.nl.go.kr)에서 이용하실 수 있습니다.
(CIP제어번호 : CIP2020028616)

재벌이 대체 무슨 죄를 지었다고

경제민주화, 동반성장, 상생,
재벌개혁론자들의 사기적 선동에 대한 고발서

이병태 지음

나눔사

목차

"Much of the social history of the western world, over the past three decades, has been a history of replacing what worked with what sounded good."

지난 30년간 서방 세계는 잘 작동하는 것을 그럴싸하게 들리는 것으로 대체한 역사다
– 경제학자 토마스 소웰(Thomas Sowell)

재벌, 우리경제의 핵심 키워드

정규재
(펜앤마이크 대표겸 주필)

재벌은 우리경제에 대한 수많은 거짓된 주장을 이어주는 핵심 키워드다. 한국 경제는 착취나 특혜, 그리고 간혹 폐기되어야할 전근대적 시스템이라는 오해와 혼동을 불러일으킨다. 그렇다. 재벌은 1972년 소위 8.3조치로 만들어졌다. 기업이 없는 곳에 기업이, 시장이 없는 곳에 시장이 만들어 졌다. 바보들은 만유인력을 모르기 때문에 지동설을 거부하고 경쟁을 알지 못하기 때문에 시장질서를 배척한다. 그런 사람이라면 부디 이 책을 읽어보기 바란다.

우리나라 재벌의 현재와 미래

정구현

(연세대 명예교수, 제이캠퍼스 대표)

지난 50년 동안에 세계에서 가장 훌륭하게 성장한 기업을 꼽으라면 삼성전자가 상위에 랭크될 것같다. 2018년 기준으로 삼성전자의 시장가치는 세계 10위권에 올랐으며 브랜드 가치는 6위를 기록했고 연구개발투자(R&D) 규모는 세계 4위로, 전반적으로 세계 모든 기업 중에서 Top 10에 들 수 있을 정도의 초우량 기업이다. 이번 코로나 사태에서 삼성전자의 주가가 폭락하자 많은 청년들이 이 기회를 놓치지 않고 삼성전자 주식을 매입하고 있다고 한다. 그런데 창립 50주년을 맞이한 삼성전자는 작년 11월 1일 창립기념일에 이렇다할 축하 행사 하나없이 쓸쓸히 지나갔다. 삼성그룹이 박근혜 대통령에게 뇌물을 주었다는 혐의로 부회장과 핵심 임원들이 재판을 받고 있기 때문이다. 삼성전자는 크게 성공을 해서 한국 경제를 대표하는 기업이 되었으나, 동시에 정경유착의 대표로 지목되어 곤욕을 치르고 있다. 대기업이 극심한 정치변화 속에서 속죄양(scape goat) 역할을 하는 경우가 종종 있는데 바로 지금의 삼성전자가 그렇다.

1997년 외환위기 당시만 해도 한국재벌은 정부의 특혜를 받아서 성공했기 때문에 자체 역량은 별로 없는 '우물안 개구리'라는 비판이 많았다. 그러나 그후 삼성전자나 현대자동차와 같은 한국의 글로벌기업이 해외에서 크게 성공하면서 지금은 그런 비난이 쑥 들어 갔다. 오히려 우리 국민이 해외에 나가면 너무나 대견스럽고, 또 많은 외국인들이 부러워하는 대상이 이들 한국의 글로벌 기업이다. 그래서 요즘은 재벌에 대한 비난의 초점이 지배구조로 바뀌었다. 대기업의 지배가족이 '쥐꼬리만한 지분으로' 그룹 전체를 지배하고 소위 '황제경영'을 한다는 비난과 비판이 주류를 이루고 있다. 그리고 문재인 정부는 재벌의 지배구조 개혁을 외쳐온 참여연대 참여교수들을 중용해서 경제정책의 리더 역할을 시키고 있다. 이병태 교수의 이번 책은 이들 '재벌개혁론자들의 사기적 선동'에 대한 직격탄이다. 문재인 대통령은 물론이고 김상조, 장하성 교수 등의 발언이나 주장을 반박하는 구체적인 자료와 여러 연구결과를 제시하여 이들 재벌비판 주장의 상당 부분이 근거가 없는 편견이거나 견강부회(牽强附會)임을 밝히고 있다.

　이 책의 저자인 이병태 교수는 원래 경영정보(MIS)분야의 대가이다. 카이스트 경영대에 교수로 부임하기 전에 미국의 유수대학에서 7년간 교수 생활을 했으며, 전공 분양의 연구 업적이 탁월하다. 저자는 원래 기업의 지배구조나 재벌 전문 연구자는 아니었다. 그런데 이번 책을 보면 저자가 이 책을 쓰기 위해서 얼마나 많은 조사와 연구를 했는가 놀라게 된다. 저자 본인은 "생전 처음으로 논문이 아닌 대중서를 썼습니다"라고 하면서 추천사를 부탁했지만, 이 책의 가치는 이념이나 주장에 그쳤던 재벌에 대한 논의를 자료와 객관적인 증거, 그리고 국제적인 비교를 통해서 접근하는 데 있다. 이 책은 도대체 뭐가 옳은 기업지배구조인가에 대한 논의와 한국 재벌이 무엇이 문제인가에 대한 논의를 체계적으로, 실증적으로 하고 있다.

한국 기업의 가장 큰 특징은 가족기업이다. 이 땅의 기업인들은 "내가 사업을 잘 해서 자식에게 물려줘야겠다"는 욕심을 본능적으로 가지고 있다. 이것은 문화적인 현상으로, 인류학자들은 한국의 가족주의는 '혈연주의"임을 지적하고 있다. 그래서 이런 가족기업이 크게 성공해서 상장회사가 되고 또 글로벌기업이 되어도 근본적인 형태는 가족기업을 벗어나기 힘들다. 앞으로 상속증여세로 인해서 과연 가족기업의 자식 승계가 얼마나 계속될지 불투명하다. 그렇게 되었을 때 과연 지금까지 한국의 가족기업이 보여준 경영성과가 계속될지도 마찬가지로 불투명하다. 그러나 지난 수십년 한국의 경제발전 과정에서 가족기업이 삼성전자나 현대자동차와 같은 탁월한 경영성과를 가져온 요인 중 하나인 것은 분명하다.

저자의 주장처럼 기업 지배구조에는 정답이 없다. 그리고 또한 어느 나라에도 완벽한 지배구조는 없다. 미국식 전문경영체제에는 단기업적주의와 경영진에 대한 과도한 보상과 같은 단점이 있다. 가족기업에도 도덕적 해이, 갑질이나 소액주주와의 이행상충 등 문제가 있다. 그러나 지배구조는 문화와 과거의 역사(경로의존성)에서 유래하며 정치와 사회의 변화를 거치면서 진화한다. 지금의 한국의 기업지배구조도 진화하고 있다. 따라서 참을성을 가지고 진화를 지켜볼 필요가 있다. 현재 세계적으로 "자본주의의 미래"라는 화두가 부상하고 있다. 특히 미국식 자유시장경제는 지나친 빈부격차를 가져오고 있는데, 과연 이런 상태가 지속될 수 있는가에 대해서 회의적인 시각이 최근에 많이 등장하고 있다. 특히 이번 코로나 사태에서 대규모의 실업사태가 발생하고 서민층이 곤궁에 빠지면 자본주의의 적합성에 대한 논의가 더욱 가열화될 것이다. 대한민국의 경제체제와 기업형태에 대해서 무조건 미국과 비교해서 잘잘못과 적합성을 따질 일이 아니다. 과연 한국의 문화, 정치와 사회적 여건에서 어떤 경제 및 기업 제도가 높은 효율성과 형평성을 가져오는지를 주체적으로 살펴야 한다.

2017년 5월 문재인 정부 출범 후 한국경제 침체의 중요한 요인 중 하나가 기업인과 경영자들의 사업의욕의 약화인 것은 분명해 보인다. 한국 대기업의 특징인 가족기업을 공격하고, 기업인을 욕 보이고, 걸 핏하면 감옥에 집어넣는 정권 아래서 기업인이 열심히 사업을 할 인 센티브가 크게 약화된 것이다. "기업이 잘 돼야 나라가 잘 된다"라는 명제는 진리이다. 이른바 재벌개혁론자들이 권력을 잡게 되고 정치인 들의 귀를 독점하게 되면서 한국경제의 활력은 약화되고 있다. 이병 태 교수의 재벌에 대한 역저가 현 정부와 여야 정치인들에게 좀 더 객 관적인 증거와 논리를 가지고 기업정책을 하라는 강력한 권고가 되기 를 바란다. 객관적인 근거도 없이 이념적인 시각으로 재벌을 규제하 고 기업과 기업인을 옥죄는 행태가 하루 빨리 종식되기를 바란다. 재 벌을 우호적으로 보는 사람이나 비판적으로 보는 사람이나 모두 꼭 읽어야 할 책이다.

나는 왜 한국에서 21세기 '주홍 글씨'가 되어버린 재벌
비호의 책을 쓰는가?

몇 년 전에 스마트폰 단말기 보조금의 규제를 강화하겠다는 소위
"단통법"에 대한 토론에 나선 적이 있었다. 전세계에서 전자제품인 통
신 단말기의 제조사와 유통사의 할인 경쟁을 법으로 막겠다는 이런
기상천외한 법은 대한민국에만 존재하는 것이다. 사실 시장경제의 나
라에서 가격 담합이 처벌 대상이지 가격 경쟁이 처벌 대상이 되는 경
우는 없다. 당시 야당이던 더불어 민주당이 토론회를 개최해서 나는
주제 발표에 나섰다. 경제학 이론과, 한국 통신시장에 대한 구체적인
데이터를 제시하면서 나는 단통법이 왜 부당하고 자유시장경제에서
는 꿈도 꿀 수 없는 기이한 시도인지를 설명했다. 그런데 반대 토론에
나온 소위 진보적 시민단체의 인사는 내가 제시한 증거나, 논리는 외
면한 채로 첫 일성이 내가 "재벌 비호"를 한다는 인신공격이었다. 우리
나라에서 재벌은 바로 부도덕의 상징이고, 적개심의 대상이 되어 있
는 것이다.

2016년 대선 과정에서 5명의 후보들 중에 4명은 "재벌 개혁"을 핵심적 경제 정책으로 내세웠다. 상법과 공정거래법을 개정해서 소액주주 집중 투표제, 징벌적 배상제도의 도입 등 재벌의 경영권을 통제하기 위해 알려진 수단은 하나도 빠짐없이 도입하겠다는 것은 물론, 일감 몰아주기를 근절, 재벌 범죄는 가중처벌하고, 사면 복권도 금지하겠다는 것으로 재벌에 대한 적대감으로 가득했다. 놀라운 사실은 성공한 창업가 출신인 안철수 후보의 반재벌 공약이 가장 엄격하다는 것이다. 중소기업이 어려운 이유가 재벌들 때문이라는 우리 사회의 '상식'을 안철수 전 대표가 믿고 있는 듯했고, 이처럼 반재벌의 정치공약들은 유권자들이 환호하는 것임에 틀림없다.

'재벌을 개혁한다'는 상법 개정안에 대한 TV 토론회에서 평생 재벌기업 지배구조를 연구했다는 의원은 왜 전세계에 없는 기업 규제를 무더기로 도입하느냐는 나의 질문에 '재벌'이라는 것이 대한민국에만 존재하는 괴물이기 때문이라고 단언을 했다. 이 책에서 자세히 설명하지만 분명한 거짓말이다. 재벌은 전세계에 광범위하게 존재한다.

한진그룹의 조양호 전회장은 국민연금의 방해로 인하여 경영권을 박탈 당하고 얼마 안가고 지병으로 사망했다. 국민연금 자본주의의 위험을 토론하는 방송에서 이번 정부에 의해 중용되는 소위 진보적 시민단체 출신으로 국민연금의 의결권 행사를 결정하는 위치에 임명된 인사는 연금사회주의의 위험성을 지적하는 나의 주장에 전가의 보도처럼 "재벌비호"공격과 함께 재벌 기업이기 때문에 창립이래 대한항공이 깊은 부실기업이라는 주장을 했다. 국민연금이 부실기업에 투자했다면 그것으로 징계나 감사의 사유가 아닌가? 재벌에 대한 공격에는 논리적 일관성이나 근거가 필요 없다는 것을 보여준다.

2016년 삼성전자는 갤럭시 노트 7의 배터리 폭발로 곤욕을 치루었다. 사건이 한참 진행 중에 정치권에서 주선한 대책 회의에 전문가로 의견을 요청해와서 나는 참석했다가 모대학의 공대 교수가 '재벌의 썩은 경영으로 내 그럴 줄 알았다. 노키아 망한 핀란드에 스타트업들이 활성화되어 더 잘 살고 있다'는 이야기를 들으며 나는 등골이 송연해지고 기가 막혀서 말을 할 수가 없는 지경이었다. 핀란드를 방문한 문재인 대통령도 그와 유사한 발언을 했다. 역시 핀란드 사정에 무지하거나 거짓말이다. '삼성이 망해야 대한민국이 산다'는 주장은 어제 오늘의 이야기가 아니다. 그리고 서울대학교의 모 교수는 "삼성공화국"이 국가적 위험이라는 책을 써서 베스트 셀러가 되었다.

이처럼 '재벌 문제'에 이의를 제기하는 것은 대한민국에서 코페루니쿠스가 천동설에 대항해서 지동설을 주장하는 것 보다도 더 어려운 일처럼 보인다. 재벌의 경제력 집중은 한국 경제의 가장 엄중한 경제 문제로 늘 지적되고, 재벌개혁 정권과 무관하게 항상 정치권의 최우선 과제이자 표를 몰아주는 구호가 재벌이 탄생한 이후 계속되는 화두다. 그런데 나는 왜 평화적 남북평화보다도 더 광범위한 사회적 합의가 있는 것처럼 보이는 재벌개혁론을 비판하는 책을 쓰고 있는가?

대한민국은 인류사에서 경제 개발의 가장 빛나는 성공사례 중에 하나다. 이제는 잊혀진 단어가 되어버린 '한강의 기적'은 아직도 진행 중인 성공 사례다. 경제에서 시장경제의 중요성을 강조한 대런 애쓰모글루, 제임스 로빈슨의 베스트 셀러 "왜 국가는 실패하는가?"에서는 유사한 문화와 인종, 부존 자원을 갖고 극명하게 풍요와 빈곤이 정치체제에 의해 갈라진 사례로 한반도를 예로 들고 있다.

60년대에 최고 빈국에서 일인당 국민소득 기준으로 톱 30위 안에 단 순간에 치고 올라온 나라가 대한민국이다. 그리고 어떤 경제 이론과 요설을 제시하든 그 경제적 성공은 우리나라 대기업 집단 소위 재벌들이 앞서 이끌었다. 그런데 언제부터인가 우리는 이 기관차를 세우고 해체하지 못해 안달을 하고 있다. 기관차의 해체 요구는 때로는 증오의 언어로 재벌은 정경유착의 원흉이고, 경제력 집중으로 영원한 권력이며, 하청업체를 후려치고 종업원을 종처럼 부리는 착취의 괴물이니 해체해야 한다고 줄기차게 계속되고 있다. 친기업 또는 재벌의 옹호는 친일만큼이나 우리 사회에서는 더러운 언어가 되어 있다.

황금알을 낳아온 이 거위의 배를 가르자는 주장은 때로는 온갖 정의로운 미사여구로 포장되기도 한다. 경제민주화, 동반성장, 상생, 공정경쟁이라는 구호들이 그것이다. 이제 우리나라에서 대기업 집단(재벌)은 공공의 적이고, 시장경제를 하는 나라에서 우리나라처럼 기업인이 공적으로 폄하되고 공격의 대상이 되는 나라가 없다. 그 재벌 기업에서 밥벌이를 하는 노조의 플래카드와 구호 속에는 언제나 재벌과 경영자에 대한 분노와 적대감으로 가득하다. 분노조절장애의 재벌 총수 일가의 막말은 온 국민에게 사과해야 하는 갑질이지만, 그 보다 수만 배 더한 노조의 저주의 극언들은 일상이 되고 당연시되고 누구도 문제를 삼지 않는 나라가 되어 있다.

청년들은 대기업에 취업을 위해 모든 것을 걸면서도 대기업집단의 지배주주 일가에 대해서는 적대감을 갖는 이중성에 길들여지고 있다. 조그만 사건이라도 나면 재벌 총수의 이름을 뻘건 색깔로 쓰고 구속하라거나 자폭하라는 주장까지 거리낌없이 나부낀다. 그런데 자신들의 일자리를 제공하는 경영자가 부당하게 매도당하거나 자신들이 몸담고 있는 기업을 일방적으로 매도해도 회사의 종업원들이 공개적으로 나서서 자신의 경영진들을 변호하는 것을 우리 사회에서는 들어본 적이 없는 위선의 나라가 되고 있다.

정말 그 대기업이나 총수들이 다 사회악이고 본인들은 목구멍이 포도청이라서 그런 사회악에 굴종하며 사는 노예들이라는 말인가? 아니다. 내가 만나는 재벌 기업의 종업원 중에는 자신의 회사에 대한 자부심으로 가득 찬 사람들이 많이 있다. 사실 그런 자부심 있는 인재들을 육성하지 못하는 기업이 영속적으로 사업을 잘 할 리도 없다. 다만 그들은 이 사회에 광범위하게 자리잡은 '주홍 글씨' 반재벌(反財閥) 정서를 거스르기가 두려운 것이고 친재벌로 공격 당하는 것을 피하고 싶을 뿐이다.

우리나라에서 반기업(反企業), 반기업인(反企業人) 정서는 어제 오늘의 일이 아니다. 가진 자에 대한 시샘과 분노는 인간의 타고난 결함의 속성이다. 다만 시장경제를 스스로 가꾸고 실험해온 나라들에서는 정치인들과 지식인들이 시장경제와 기업가들의 중요성을 잘 인식하고 그것을 보호하는 제도와 교육이 우리보다 탄탄하게 지속해 온 반면에 우리는 사회적 공감대보다는 권위적 정부의 힘에 의해 상대적 빈곤에 집착하는 인간의 위험한 본성을 억제하면서 이 사회를 이끌어 왔다는 차이만 있을 뿐이다. 즉 우리의 시장경제는 우리 국민에게는 해방 후에 우리의 선각적 지도자들이 미국의 자유무역체제를 선택했고 냉전체제에서 권위적 정부하에서 반시장(反市場) 목소리가 억눌려왔을 뿐이다.

하지만 그 권위적 정부가 해체되는 과정에서 아무도 정확한 뜻을 모르는 "경제 민주화"라는 이상한 조항이 헌법에 들어가고, 행정부의 권위가 '소위 민주적' 정부의 정치인의 인기 영합으로 대체되면서, 재벌로 대변되는 대기업의 자유와 권리의 보호막은 거미줄만큼이나 힘이 없다. 이런 정치 지형 하에서 87년 이후 보수, 진보를 떠나서 우리나라 정권들은 단임 정권의 근시안적인 정책과 인기 영합의 포로가 되어 왔다. 정치인들이 자신의 무능과 부패를 가리고 시선을 다른 곳으로 돌리기에 가장 좋은 구호는 언제는 "삼성 공화국" 공격이다.

그렇다면 경제개발이 어느 정도 성과를 내면서부터 줄기차게 이어진 반재벌, 반기업 선동을 왜 지금 우리가 다시 주목하고 전에 없는 경계심으로 대적해야 하는가? 그 첫번째 요인은 문재인 정부의 반시장, 반자유주의적 이념의 편향성으로 기울어진 정치적 지형이 가장 큰 요인이다.

진보적 정권의 시작인 김대중 정부는 외환위기라는 상황이 IMF의 자유주의적이고 시장친화적인 경제정책을 수용할 수 밖에 없었던 특수한 사정으로, 그리고 노무현 정부도 탄핵시도와 노무현 대통령의 실용주의적 태도로 인해 반기업, 반재벌의 공격은 어느 정도 제어가 되어 극단적인 충격을 가하지는 않았다.

하지만 문재인 정부는 자신들이 계승했다고 자부하는 이전의 진보 정권과도 비교할 수 없는 반재벌, 반기업의 기치를 내세우고 몰아치고 있다. 문재인 정부는 촛불혁명 정부라고 자부하고 있고, 촛불 혁명의 명분은 박근혜 대통령이 최순실이라는 비선의 '경제공동체'가 대기업과 정경유착 했다는 혐의가 핵심이다. 즉 문정부의 정치적 토대는 태생적으로 반기업, 반재벌적이다.

기업의 불공정 행위를 감시하라는 공정위원장은 특정 기업집단의 경영권에 대해 압력을 행사하고, 그들이 사욕 만을 추구하는 집단이라고 국제회의에서 매도하고 있으며, 대통령의 인식도 거기서 크게 벗어나지 않고 있다. 그래서 국민의 노후 보장을 위해 쌓아두고 있는 국민연금을 정권의 재벌 해체 또는 재벌 길들이기의 무기로 전용하고 있다.

두번째 이유는 이제 반재벌, 반기업 선동은 국민의 정서를 넘어 기세 등등한 권력의 중심 정책이되어 기업의 목줄에 서슬 푸른 창과 칼을 들이대고 있는 현상이다. 좀처럼 기업 고마운지 모르는 국민과 정권이 손을 잡으면서 황금알을 낳아왔고 주식회사 대한민국을 이끌어온 기관차를 해체하고자 하고 있다. 이들이 성공하면 대한민국의 미래는 남미의 베네수엘라이거나 잃어버린 30년의 일본이다. 그런 암울한 미래가 현실이 되지 않았으면 하는 두려움이 이 책을 쓰는 주된 이유다.

이 이슈를 정규재TV에서 내가 "재벌은 무슨 죄를 지었나"라는 제목으로 방송을 했던 이유는 우리의 반재벌 주장이 대부분이 정치적으로 오염된 편향적인 주장이거나, 의도적인 거짓에 기초한 것들과, 글로벌 기업의 지배구조의 논의와 변화에 대해 무지한 주장들이 대부분이라는 나의 문제 인식이 있었기 때문이다. 그 이유는 이러한 문제를 제기하는 사람들이 정치적 목적을 갖고 있는 정치인들, 시민단체의 운동가들, 노동계 등으로 대체로 전문지식이 결여되었으나 목소리만 큰 문외한인 사람들이거나, 원론 중심의 경제학자들의 이야기가 언론을 통해 구호성 선동만이 전파되는 이유라고 나는 의심했다. 그리고 듣기에 좋은 구호를 남발하는 선봉장이 되었던 학자들의 주장은 팩트와 논리적이어야 하는 도저히 사회과학도의 기본적 자세와 윤리에서 이탈하여 감정과, 권력, 또는 군중에 호소하는 등 심리적 오류에 근거할 뿐만 아니라, 성급한 일반화, 확증편견, 인과적 오류, 흑백논리, 부분적 사실을 전제적 속성으로 포장하는 합성의 오류 등 자료적, 논리적 오류로 가득한 주장들임에도 이들이 언론과 정치권에서 인기 있는 명사들이어서 청년들에게 많은 영향을 미치고 있다는 점이 내가 그들의 지적 사기에 가까운 주장들에 대한 고발을 하겠다는 용기를 내는 이유다.

기업의 지배구조 이슈는 경제학과 경영학이 만나는 이슈이다. 그리고 특히 이러한 논란은 경제환경 변화에 따라 바람직한 해법도 변화해야 한다. 즉 우리는 기업에 대한 논의를 펼 때는 경제가 어떻게 구조적으로 변화하고 있는지를 알아야 화석화된 과거의 틀에 빠지지 않는다. 나는 디지털 경제를 연구하는 나의 전공과 비교적 경제 현장과 긴밀하게 교류하고 산업에서의 경험으로 인해 경제,경영, 기술적 변화의 관점을 이해하고 각각의 언어를 다른 분야 사람들이 이해하는 언어로 번역할 수 있는 작은 능력을 갖고 있다고 자임을 하고 있다.

  내가 두려워 하는 것은 갈수록 정도를 더해가는 반재벌 이슈의 정치화이다. 정치적 선동 구호는 선명할수록 좋다. 어떠한 정치적 논쟁에서는 공격자가 유리하다. 공격자는 대상의 약점만 집요하게 공격하면 된다. 하지만 상대의 신념에 찬, 때로는 감정에 짙게 호소하는 악의적 선동적 구호에 대해, "하지만"으로 시작하는 반론을 제기하다 보면 말이 길어진다. 그리고 공격자들은 사실에 관심이 별로 없이 상대방의 인격을 살해하고, 인신공격으로 반격을 원천봉쇄하고, 듣기 좋은 구호의 논점선취로 일반 국민의 시선을 돌리고, 적개심의 응원을 불러내려고 한다. '재벌 비호'라고 나를 공격하는 그들은 사실 토론을 하러 나온 것이 아니라 정치적 지지를 구하고자 나온 사람들일 뿐이다. 그래서 이성적 토론은 방어자에게 늘 불리하다. TV토론이라는 자리가 이성적 토론의 장이 못되는 이유다. 그런데 왜 이런 불리한 싸움을 하는가?
  우리는 신념에 찬 바보들의 생각을 바꾸지는 못한다. 하지만 그들의 가짜 뉴스를 지적하는 것으로 그들을 조금은 주저하게 하고, 때로는 침묵시킬 수는 있다. 우리는 집요하게 사실과 논리를 근거로 의도적 선동가들의 허구와 위선, 그리고 오류를 지적함으로써 그들의 전투력에 손상을 가해야 한다. 사실의 오류와 비논리성을 지적하여 바보들과 선동가들을 침묵시키거나 또는 그들 주장에서 자신감을 빼앗는 것으로 다른 바보들을 만들어 내는 것을 막을 수 있다. 그래야 나쁜 정치와 정책을 막고 나라를 살릴 수도 있다.

분노와 적대감은 평상적인 에너지가 아니다. 우리는 검증되지 않은 적대감과 분노로 가늠하기 힘들만큼 많은 국가 역량과 에너지를 낭비하고 있다고 나는 생각한다. 이 책은 재벌개혁론의 반론이 목적이기에 상대 쪽의 주장에 대해 가혹한 해부와 반대 증거를 제시하는 공격적인 성격을 갖고 있다. 하지만 객관적 자료와 논문 등의 근거로 '이성적 반론'을 벗어나지 않으려고 애를 썼다. 현재의 진영논리화한 환경에서 기대하기는 어렵지만, 재벌을 고발하는 원고들도 같은 자세로 차분한 이성적 토론에 기여하기를 기대한다.

"재벌이 대체 무슨 죄를 지었다고"라는 돌발적인 방송 이후에 이를 자세히 책으로 만들어 주면 좋겠다는 많은 요청이 있었다. 이 책은 그에 대한 조금 늦은 답변의 결과다.

이 책의 구성은 다음과 같다. 첫 장은 재벌에 대한 정의와 우리사회에서 만연한 재벌에 대한 비판을 정리하였다. 이어지는 2장은 재벌이 한국에만 있는 괴물인가하는 점에 대한 검증이다. 그리고 가족(가문)이 지배하는 기업의 보편성에 대하여, 3장은 피라미드(순환출자) 구조가 예외적인 것인가, 4장은 소유와 경영을 같이하는 것이 예외적인가 하는 질문을 다루었다. 특히 쥐꼬리만한 지분으로 대기업 집단을 지배하는 것이 이상한 것인가에 대해 검증하고 있다.

이어지는 장에서는 우리나라 재벌의 행태나 위상에 대한 다음과 같은 비판들에 대해 검증을 하고 있다.

▶ 삼성공화국 주장: 한국경제의 재벌의 과도한 경제력 집중력을 갖고 있다 (5장)

▶ 세습자본주의 주장, 재벌 후손만이 부자이고 재벌 독점구조로 새로운 혁신창업가가 탄생하지 못한다 (6장)

▶ 낙수 효과 없는 재벌로 일자리는 중소기업이 다 만든다 (7장)

▶ 재벌은 근로자와 하청업체를 착취하는 기울어진 운동장이며 극심한 양극화의 원천적 주범이다 (8장)

▶ 전문성 없는 과도한 다각화의 문어발 경영과 선단식 경영을 한다 (9장)

▶ 노키아가 망하니 핀란드가 살았다는 논리와 삼성 리스크와 재벌 지배구조 개혁이 필요하다 (10장)

▶ 대기업은 중소기업의 기술 탈취를 하는가 (11장)

▶ 재벌이 사익편취, 일감 몰아주기와 편법 상속을 하며 정경유착으로 범위에 군림한다 (12장)

마지막 장에서는 그간 한국사회를 지배해온 그래서 이제는 신앙처럼 되어버린 재벌개혁론 주장을 형식적, 논리적 오류에서 벗어나서 제대로 판단하기 위해 우리가 사용하는 언어와, 그 문제를 분석하는 사고의 틀이 어떻게 되어야 하는지 그리고 지금까지 이러한 사실이 아닌 신화와 이념의 편견 가득한 선동가들의 논리적 틀에 어떠한 결함이 있는지를 정리하였다.

I

재벌은 무슨 죄를 지었나?

"There are no right answers to wrong questions."
잘못된 질문에 대한 올바른 해법은 없다
– 미국 소설가 우술라 구인(Ursula K. Le Guin)

1

재벌(財閥)은 어떻게
죄벌(罪閥)이 되었나?

문대통령은 후보 시절 "30대 재벌 중 삼성의 비중이 5분의 1, 범삼성으로 넓히면 4분의 1에 달한다"며 "재벌총수 일가는 분식회계, 비자금 조성, 세금 탈루, 사익 편취 등 수많은 기업 범죄의 몸통이었다"고 단언하였다. 그리고 노동자 정당을 자임하는 정의당의 심상정은 물론 안철수, 유승민 후보 또한 문 대통령에 절대 뒤지지 않는 재벌 개혁 공약을 주장했다. 그만큼 우리 나라에서 재벌개혁과 재벌이 온갖 경제 문제의 뿌리라는 인식은 견고하고 지속적이다.[1]

---

1) 2017년 대선에서 후보들이 어떤 경제 공약을 했는지는 아래 유튜브 동영상을 참조
https://youtu.be/PuLjp7rKY8o (이병태tv 누가 "새로운 보수"이고 "중도"인가?)
https://youtu.be/Be-P2YZ5ZKA (이병태 교수가 검증하는 대선 후보 경제정책 1편)
https://youtu.be/YWj2G_ZIa54 (이병태 교수가 검증하는 대선 후보 경제정책 2편)
https://youtu.be/5P9pH9yw0I4 (이병태 교수가 검증하는 대선 후보 경제정책 3편)

재벌공화국 또는 그 중에서 압도적 1위인 삼성 공화국에 대한 우려와 비난은 끊임이 없다. 네이버나 구글에 재벌공화국의 검색 추세를 찾아보면 재벌공화국 주장과 관심은 줄기차게 지속되는 것을 알 수 있다.

"아 대한민국은 저들의 공화국"(지승호, 2008)이라는 책의 제목이 말해주듯 대한국민들은 재벌에 의해 지배 받고 있으며 공화국이 아니라 제국이 되었다고 한탄한다. 그래서 결론은 "삼성이 망해야 나라가 산다"라는 주장이다. 이런 류의 책은 선정적 제목으로 돈을 벌겠다는 책 장사치들만의 이야기가 아니다. "벌거벗은 재벌님: 위기의 한국 경제와 재벌개혁, 올바른 해법을 찾아서"(2012), "삼성전자가 몰락해도 한국이 사는 길"(2016), "왜 지금 재벌 개혁인가: 박정희 개발체제에서 사회통합적 시장경제로"(2017)등으로 한해가 멀다 하고 재벌 해체론을 주장하는 서울대의 박상인 교수, "왜 분노해야 하는가?, 분배의 실패가 만든 한국의 불평등"(2015)으로 재벌이 한국 불평등의 원천이라는 장하성 교수는 대학 캠퍼스를 넘어 청년들에게 재벌을 상대로 분노하라고 충동질해 왔다.

이러한 학자들의 저서와 언론 칼럼과 유튜브 동영상은 우리 사회가 재벌의 지배를 받는 봉건국가이고, 대부분의 경제문제의 원천은 재벌독점이라는 것이 우리 사회에 흔들릴 수 없는 진리로 자리매김하게 만들어 왔다. 재벌을 공격하고 재벌 개혁을 이야기해야 깨어있는 시민이고 정의로운 인간이 되어 있다.

정말일까?
이 나라는 재벌로 망해가는 나라일까?

1. 1 민족의 신화, 재벌 개혁

재벌이 개혁되어야 한다는 주장은 단군신화만큼이나 우리 사회가 견고하게 믿는 민족의 신화이자 신앙이 되어 있다.

우리나라에서 재벌 개혁을 주장하는 사람들이 왜 재벌이 개혁의 대상이 되어야 하는지에 대한 이유를 들어보면 우리나라 경제 문제란 문제는 모두 재벌 때문이라는 식이다. 그들이 재벌이 수많은 기업 범죄의 몸통이라는 문재인 대통령의 시각처럼 우리 경제의 암적존재라고 내세우는 주장들은 대표적으로 다음과 같다.

1. 우선 재벌의 형태와 존재 자체가 한국적 괴물로 보는 주장이다. 즉 현재의 한국 재벌은 글로벌 스탠다드에서 벗어난 모습이기 때문에 존재 자체가 교정 또는 해체의 대상이 되어야 한다는 것이다. 이는 기업의 지배 및 소유구조에 관한 비판으로 재벌의 다음과 같은 특징에 대한 비판으로 모아진다.
   (1) 가문 (재벌)에 의한 소유와 경영 (2장)
   (2) 피라미드 (계열사 출자, 순환출자)에 의한 소유구조 (3장)
   (3) 소수 지분에 의한 경영권 장악 (4장)
2. 삼성공화국 주장: 한국경제의 재벌의 과도한 경제력 집중력에 대한 우려(5장)
3. 세습자본주의 주장, 재벌 후손만이 부자이고 재벌 독점 구조로 새로운 혁신창업가가 탄생하지 못한다 (6장)
4. 낙수 효과 없는 재벌로 일자리는 중소기업이 다 만든다 (7장)
5. 재벌은 근로자와 하청업체를 착취하는 기울어진 운동장이며 극심한 양극화의 원천적 주범이다 (8장)

6. 전문성 없는 과도한 다각화의 문어발 경영과 선단식 경영을 한다 (9장)

7. 노키아가 망하니 핀란드가 살았다는 삼성 리스크로 재벌지배구조 개혁이 필요하다 (10장)

8. 대기업이 중소기업의 기술 탈취가 만연하다 (11장)

9. 재벌이 사익편취, 일감 몰아주기와 편법 상속을 하며 정경유착으로 법위에 군림하는 통제되지 않는 권력화되었다 (12장)

이런 주장에 의해 우리나라의 재벌(財閥)은 죄벌(罪閥)이 되어 있다. 이 밖에도 수 많은 재벌들이 개혁되는 이유를 들어 보았을 것이다. 한 마디로 한국의 경제문제의 근원에는 재벌이라는 기형적 조직이라는 시각은 이제 더 이상 의문시 되지 않는 신앙처럼 정치인들과 국민의 사고를 지배하고 있다.

신화는 언제나 사실과 다르다.

이 반재벌 주장들은 대부분 시장경제, 자본주의 자체를 부정하는 사람들에 의해 과장과 왜곡이거나 기업과 경제에 대한 무지가 시샘과 결합한 것이다. 이 책은 지금까지 우리사회에 만연한 이 무지와 선동에 대해 이론과 실증 데이터를 통해 강력한 이의 제기를 하고자 한다.

1. 2 재벌은 무엇인가?

자 이제 재벌에 씌워진 혐의들에 대해서 하나씩 검증을 시작하자.

우리나라에서 재벌에 대한 공격이 오랫동안 지속적으로 반복되다 보니 마치 재벌이 한국에만 있는 괴물처럼 인식하고 있다는 점이다.

우리나라에서 재벌은 일상적으로 쓰는 말이지만 법률적 용어는 아니다. 공정거래법에서 쓰는 말은 '대기업 집단'이다. 학문적 정의보다도 일반인이 지칭하는 그리고 재벌개혁론자들이 재벌이 한국적 괴물인가를 판단하려면 다음의 세 가지 재벌의 소유와 지배구조 특성을 따져 보아야 한다.

첫째가 가족 또는 가족의 연합체가 대를 이어 경영하며 지배한다.

대부분은 한 가족이 소유하고 지배한다. 예외적으로 동업하는 경우도 있다. 나중에 LG와 GS로 쪼개졌지만 허씨와 구씨 집안이 함께 럭키금성이란 기업을 같이 경영했었다. 삼성그룹도 초기에는 지금의 효성 조씨 가문과 이씨 가문이 함께 했었다. 그때도 재벌이라는 단어를 쓴다. 그러나 대부분은 한 가문이 기업을 소유하고 경영하는 가족경영 회사, 패밀리 비즈니스를 말한다.

둘째가 다각화한 대기업 집단을 말한다. 즉 다수의 기업군이 가족의 경영 지배하에 있다는 것을 의미한다.

이 기업집단을 하나 또는 소수의 가족 연합이 지배하는 것에 대해 대기업 집단이 계열사의 피라미드 출자의 지배구조를 갖고 있다는 점과 일부 대규모 기업집단이 많은 사업분야로 다각화 되어 있다는 점을 문제 삼는다.

재벌, 문벌, 군벌 등 혈통, 즉 가족에 의해 권력, 부가 결정되고 이어 진다는 봉건시대적 모습이라는 부정적 의미를 이미 내포하고 있다. 다시 말해 가족(Family) 경영 회사라는 뜻이다. 하지만 우리는 자영업자나 소규모 가족경영 회사를 재벌이라고 하지 않는다. 재벌은 가족 경영회사 대기업이고, 우리나라의 경우 특히 여러 개의 기업 즉 다각 화된 기업(conglomerate) 집단을 가지고 있을 때 재벌이라고 말하고 있다

세 번째가 대기업 집단임에도 불구하고 재벌이 쥐꼬리만한 지분으로 소유와 경영의 분리없이 재벌 총수가 '황제경영'을 하고 있는 기업 집단을 말한다.

대주주와 우호지분이 연합해서 기업의 경영권을 장악하고 이 경영권이 소액주주의 이익을 해치면서 가문의 사익을 우선적으로 추구하는 경영을 하고 있다는 것이다. 대주주의 절대적인 경영권에 의한 일사분란한 지배, 즉 황제적 경영은 한국에만 존재하는가?

이들 세 가지 모두 기업의 소유와 지배구조에 관한 비판이다. 우리는 우리나라의 재벌 기업의 소유와 지배구조가 소위 '글로벌 스탠다드'에서 얼마나 이탈한 것인지를 살펴 보자.

II

재벌은 한국적 괴물인가

"Facts do not cease to exist because they
are ignored"
사실은 외면한다고 없어지는 것이 아니다
- 영국 작가이자 철학자, 알더스 헉슬리(Aldous
 Huxley)

2

재벌(가족경영 회사)은 한국에만
존재하는 괴물인가?

2.1 재벌 (가족경영 회사)은 한국에만 있는가?

　필자는 문재인 정부 초기에 경제전문 방송에 나가서 상법개정 관련 토론에 참석한 적이 있었다. 토론 상대자에게 감사선임분리제도, 집중투표제 등 다른 나라에 없는 수 많은 독특한 규제를 왜 우리나라에서만 하려고 하느냐고 물었더니, 상대 토론자로 나온 국회의원께서 답하기를 악덕 재벌이 대한민국에만 있는 예외적 존재이기 때문에 그런 한국에만 있는 예외적 규제 법이 필요하다고 주장했다. 이 국회의원은 회계사이며 수십년간 한국의 좋은 기업지배구조를 위해 시민운동을 해 왔다고 자부하고, 당시 제3당의 정책위 의장을 맡고 있는 사람이었다. 나는 방송 중에 기가 막혀서 순간 할 말을 잊기까지 했다. 정말 그런가?

표 2-1은 이코노미스트지가 보도한 대표적인 각국의 재벌기업들과 (The Economist, 2014), 그들의 2019년 매출액이다. 600조가 넘는 미국의 월마트, 독일의 폭스바겐, 한국의 삼성그룹 이외에도 내노라하는 나라 에 가문의 통제 하의 대기업이 두루 포진해 있다. 이들은 미국의 거대 기업이지만 맥키손 제약이나, 포드 자동차처럼 200년, 100년을 넘게 자자손손 가문에 의해 지배되고 있다.

표 2-1: 대표적인 각국의 재벌기업

기업	국가 (설립연도)	산업	2019 매출액 (십억달러)
월마트	미국 (1962)	유통	514.4
폭스바겐	독일 (1937)	자동차	252.6
글렌코어	영,스위스 (1974)	무역	85.5
삼성전자	한국(1969)	전자	206
엑소	이탈리아 (1927)	금융,제조	155.6
포드 자동차	미국(1903)	자동차	155.9
루크오일	러시아(1991)	석유	121.5
맥키손	미국(1833)	제약	214.3
팍스콘	대만(1974)	전자	18

잘 알려진 사례들로 백제가 일본에 불교를 전파하면서 사원을 짓고 수리하는 업으로 서기 578년에 설립해서 지금까지 그 가문에 의해 지 속되어 온 일본의 곤고구미는 세계에서 가장 오래된 가족경영회사로 그리고 가장 오래된 회사로 알려져 왔다. 일본의 호시료칸은 서기 718 년부터 한 집안의 숙박업소로 500년을 넘게 가족회사로 남아 있다. 영국의 푸줏간에서 시작한 소시지 회사 데본(Devon butcher RJ Balson & Son) 은 1515년 헨리 8세가 즉위하던 시절에 시작해서 25대를 내려오면서 가족 회사로 남아 있다.

재벌이 얼마나 광범위하고 사회적 주목을 받고 있는지는 재벌을 지칭하는 언어의 분포에서도 알 수 있다. 미국과 유럽에서는 사업 왕조 (Business Dynasty), 중앙 아시아의 스탄스(Stans), 인도의 그랜디스(Grandhis), 파키스탄의 부토 (Bhuttos), 케냐의 케냐타스(Kenyattas)등이 막강한 경제력을 바탕으로 영향력을 발휘하는 사업 가문을 지칭하는 말들이다. 중국의 태자당은 정치와 경제를 주무르는 것으로 역시 가문의 영향력을 상징한다.

앞서 소개한 글로벌 대기업들이 재벌 기업으로 2백년 가까이도 지배되고 있다는 것은 회사가 크면 소유가 분산되고 상장 (공개) 기업이어야 하고 아니면 가족경영 회사로 남아도 좋다는 것이 한국에서만 통하는 미신이라는 것을 보여준다.

개인사업자를 제외한 기업들을 보면 가족경영연구소(FBI: Family Business Institute)에 따르면 전세계적으로 2/3 이상이 가족 경영 회사다. 또한 전세계적으로 매년 부의 70~80%를 가족경영회사가 만들어 낸다. 또한 유럽에서 조사에 의하면, 새로 만들어지는 일자리의 50~80%가 가족경영회사가 만들어낸다. 또한 유럽에서 새로 창업하는 회사의 초기 창업 자본도 85%가 가족 돈으로 한다는 등 가족경영회사의 높은 비중을 지지하는 많은 통계가 있다 (Campden FB, 2016)

그럼 대기업은 어떠한가? 구글에 미국의 최대 가족 경영회사들을 검색해보면 수 많은 가족 경영 기업들 리스트가 등장한다. 그리고 그 회사들은 우리에게 매우 익숙한 이름들의 초대형 기업들이다. 대표적으로 패미리 캐피털 사이트가 재벌 가문의 기업들을 잘 정리하고 있다 (Family Capital, 2019).

보스톤 컨설팅 그룹이 각국의 대기업의 가문이 지배하는 기업의 비중을 나타난 것이다.[1) 인도, 브라질, 동남아의 대기업의 상당 부분이 소위 재벌 가문에 의해 지배되고 있지만 미국을 포함한 선진국도 미국이 33%, 독일, 프랑스가 40%를 상회하는 대기업이 가족 경영회사들이다.

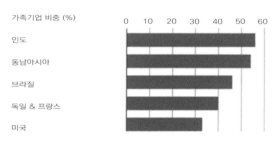

그림 2-1: 각국의 매출액 기준 200대 기업 중 가족경영 회사의 비중
(자료원: The Economist, 2014)

아래 표2-2는 대표적인 가족경영회사의 가문의 의결권에 관한 자료로 우리나라 뿐만 아니라 미국, 독일, 프랑스 등 많은 나라에서 거대기업이 한 가문에 의해 지배되고 있다는 것을 보여준다. 사실 전세계 기업의 80-90% 이상이 가족경영 또는 가문이 통제하는 기업이다 (The Economist, 2015a; EY, 2019). 우리나라에 흔히 중소기업의 중요성을 말할 때 '중소기업 9988'이라며 기업의 99%가 중소기업이고 고용의 88%를 차지하고 있다고 자주 인용된다. 중소기업의 대부분은 일부 협동조합이나 특별한 경우를 제외하고는 대부분 가족경영 기업이다. 이코노미스트는 줄어들기는커녕 가족 경영 회사는 앞으로도 자본주의의 중요한 요소로 지속될 것이라고 보도하고 있다(The Economist, 2015a).

---

1) 인도는 매출액 기준으로 200대 기업, 그리고 동남아와 브라질은 매출액 5천억, 미국은 1조 이상 기업을 대상으로 한 분석이다.

표 2-2: 각국의 대표적인 재벌 기업과 재벌 가문의 지배력

기업집단	가문의 지배력
월마트 (미국)	월튼 가문 38% 지분율로 50% 의결권
포드 자동차 (미국)	포드 가문이 약 2% 지분으로 40% 의결권
삼성 그룹 (한국)	이씨 가문이 약 22% 지배력
LG 그룹 (한국)	구씨 가문이 37.49%% 지배
까르프 (프랑스)	창업 가문들이 29% 지배
피아트 크라이슬러 (이탈리아, 미국)	앙넬리(Agnelli) 가문이 44% 의결권
엑소 (이탈리아)	앙넬리 (Agnelli) 가문이 100% 지배
PSA 푸조 (프랑스)	창업자 가문이 42% 지배
카길 (미국)	카길 가문이 100% 지배
BMW (독일)	운트(Quandt) 가문이 47% 지배

우리나라에서 재벌에 대한 비판의 하나가 상장회사임에도 불구하고 가족이 지배한다는 것이다. 회계, 컨설팅 회사 EY와 세인트 갤런 대학의 조사에 의하면 2019년 톱 500대 가문 경영회사들의 평균 매출액은 약 15억 달러(우리 돈 약 18조원), 평균 고용인원이 4만 9천명으로 거대기업들이다. 이들 중 상장기업의 비중이 51%로 상장과 가문의 통제와는 무관함을 알 수 있다(EY, 2019).

2.1.1 미국의 재벌 가문 경영 회사들

미국의 경우 국내총생산 (GNP)의 50%를 가족경영회사가 만들어낸다. 미국 톱 500대 기업으로 조사를 확대하면 가족경영 기업의 비중은 35%-45%까지 늘어난다.

더 광범위하게 최근 2019년의 한 예로 세계 톱 가족경영회사들의 리스트를 보여주는 웹사이트의 순위를 보자(Family Capital, 2019) 깜

짝 놀랄 것이다. 역시 변함없이 월마트(Walmart), 폭스바겐(Volkswagen), 투자의 귀재로 알려진 워렌 버펫이 운영하는 버크셔 헤타웨이(Birkshir Heathaway), 포드 자동차, BMW, 인도의 타타그룹, 코흐(Koch), 곡물 메이어로 잘 알려진 카길(Cargill) 등 우리에게 알려진 대기업들이 즐비하다.

1위 월마트는 상장기업으로 1962년에 샘 월튼에 의해 창업이 되어 2019년 매출액으로는 세계 최대의 기업으로 650조원의 매출에 220만명의 종업원을 거느린 상상할 수 없는 거대기업이다. IT기업들이 부상하기 전까지만 해도 기업가치(주가총액)로도 인류가 만든 역사적으로 가장 큰 회사이다. 상장된 기업이지만 창업자 월튼의 후손들이 50% 이상의 의결권을 지주회사를 통해 갖고 있다. 물론 샘즈 클럽등 수 많은 관계회사를 갖고 있다. 창업자의 아들 롭슨이 이사회 의장(회장)을 역임했다. 동생 짐 월튼도 이사회의 일원이다. 월마트는 최근에는 창업자의 외손자 그레고리 페너(Gregory Penner)가 이사회 의장의 자리를 승계하며 3대의 경영 세습을 하고 있다.

포드 자동차는 1903년에 헨리 포드에 의해 창업되어 자동차의 대중화를 이끌어 인류역사에 어마어마한 혁명을 가져온 회사다. 115년 유구한 역사를 갖고 있고 포드의 4대 후손들의 지분율은 2% 남짓 하지만 차등 의결권으로 인해 40% 이상의 의결권를 갖고 지배하고 있다 (Reuter 2013). 우리나라에서 늘 대기업을 욕하는 쥐꼬리만한 지분으로 '황제 경영'을 하는 전형이다. 연간 6백만대의 자동차를 판매하고 21만명이 넘는 종업원에 200조원에 가까운 매출의 거대 기업이다. 창업자 증손자 윌리엄(빌) 클래이 포드가 31세에 이사회 일원이 되었고 41세에 이사회 의장(회장)이자 최고 경영자가 되었다. 김상조 전 공정위원장은 우리나라의 재벌 3세들의 경영을 비난하기를 반복하고 있다. 미국의 재벌 4-5세들은 경영을 해도 좋고 한국은 안된다는 말인가?

곡물 메이저로 잘 알려진 카길 구룹이다. 1865년에 창업하여 154년의 긴 역사를 갖고 있고 매출액 60조, 종업원 9만 5천명의 거대 기업이고 카길의 후손들이 85%의 지분을 갖고 이제 4-5대 후손들이 경영을 하고 있다.

코흐(Koch)는 정유, 가스, 석탄 등 에너지 사업과 부동산, 농장 등 다양한 산업의 다각화가 되어 있을 뿐만 아니라 79년 전에 창업된 거대 기업이지만 절대 상장하지 않고 창업자의 후손 찰스 코흐가 이사장 겸 사장, 그리고 데이비드 코흐가 수석 부사장을 하고 있다.

우리가 오마하의 현인으로 알려진 워렌 버펫이 지배하는 버크셔 해타웨이는 1955년에 설립된 자산운영사로 2019년 매출이 약 310조원이 넘고 종업원이 40만의 대규모 금융회사다. 버펫가문이 전체 지분의 32%를 지배하고 있고 워렌 버펫의 아들이 이사회에 함께 참여하고 있다. 버벳은 뒤에 설명하지만 차등의결권에 의해 사실상 100%의 의결권을 장악하고 있는 절대적 '황제 경영'을 하고 있다.

한때 무선 통신의 제왕이었던 모토로라는 1928년에 폴 갈빈에 의해 창업되어서 현재는 손자 크리스토퍼 갈빈이 아버지를 이어 삼대 째 최고경영자로 경영을 하고 있다. 스마트폰 혁명에서 낙오된 후에 최근에 구글에 인수되었다. 매출액 100조에 달하는 나이키(Nike)는 창업자 필 나이트의 아들 트래비스 나이트가 대를 이어 기업을 통제하고 있다.

이 거대기업들은 하나의 가문에 의해 통제되고 있고, 그 가문의 일원이 최고 경영자를 하고 있고, 유구한 세월동안 대를 이어서 경영되고 있는 회사들이다. 이들의 대를 이은 상속과 경영권 승계는 예외적인 현상인가?

2.1.2 독일과 유럽의 가문 경영 회사들

그럼 다른 나라는 상황이 많이 다른가? 소위 재벌이 아닌 기업들에 의해 경제가 움직이고 있는가?

히든 챔피온 기업들이 세계 시장을 주름잡고 있는 독일의 경우는 어떠한가? 2016년 데이터에 의하면 독일 기업의 91%가 가족경영 기업이다. 중소, 중견기업의 99%는 대를 이어 경영하는 가족경영회사가 사실상 표준인 것을 알 수 있다. 독일과 유럽의 가족 경영연구소의 분석에 의하면 다른 산업국가에 비해 독일은 대규모 가문 경영의 사업체가 월등히 많다. 대기업의 41%가 가문 통제 하에 있다. 그들은 아래 표 2-3의 대표기업 이외에도 헨켈(Henkel), 베텔스만(Bertelsmann)등 소비자에게 잘 알려진 기업들이다.

이들은 독일 기업 매출의 48%를 차지하고 이들 중 170개 회사가 10억 유로(한화로 약 1조 4천억원)를 달성하고 있다. 즉 우리 기준으로 재벌급 거대기업이 독일에 170여개나 존재하고 있다. 우리와 다른 면이라면 독일의 가족경영 회사들은 우리에 비해 월등히 규모가 커서 85%가 수출을 하는 글로벌 기업이라는 점이다(Campden FB, 2016). 글로벌 회계 컨설팅 회사인 어니스트 영(EY)과 세이트 캘런 대학의 가족기업 연구 센터가 제공하는 세계 500대 가족경영 회사 중에 독일은 무려 79개의 회사가 올라 있다(EY, 2019). 위에서 소개하는 폭스바겐, BMW는 물론 정밀기계 제조회사 보쉬는 매출액이 100조 대기업인데 보쉬 가문이 99% 지분으로 지배를 하고 있다.

세계인이 사랑하는 폭스바겐, BMW 자동차 회사들 뿐만 아니라 유통, 슈퍼마켓 제약회사 등 다양한 산업에서 40조에서 300조원의 매출을 일으키는 거대기업이 한 가문에서 길게는 100년 넘게 지배하고 있다는 것을 알 수 있다.

표 2-3: 독일의 대표적 가문 지배 대기업 (자료원: Campden FB, 2016)

회사	폭스바겐	BMW	Schwarz 그룹	ALDI	피닉스 제약
2015 매출 (단위 10억불)	243	104	98	42	31
가문	Porsche-Piëch	Quandit	Schwarz	Albrecht	Merckle
산업	자동차	자동차	유통	슈퍼마켓	제약
설립연도	1937	1916	1930	1913	1994

독일 경제의 장점으로 거론되는 것이 소위 히든챔피언 기업들이다. 이들 기업의 60-70%는 가족 경영 기업들이고 이들이 지속 가능한 기술 투자와 높은 성과를 내는 이유 중에 하나가 가문의 자손들이 어릴 때부터 최고경영자의 훈련을 받고 장기적으로 경영을 한다는 특징 때문이다 (Simon, 2009).

독일 뿐만 아니라 벨기에, 프랑스, 스위스, 노르웨이 등 북구 유럽의 선진국에 이런 가족경영 회사들은 19세기 중후 반부터 창업된 회사들이며, 150년을 넘게 가문이 지배하면서 전세계에 명품을 팔고 있는 대기업이 즐비 하다는 것을 볼 수 있다.

패미리 캐피탈(Family Capital)의 가족 경영 회사 리스트 앞 자리에 올라 있는 2015년 포춘 500대 기업 중에 10위를 기록한 대기업 글랜코어(Glencore)는 영국과 스위스 국적의 대기업으로 영국, 남아공, 홍콩 등의 증시에 상장되어 있는 다국적 기업이다. 이 리스트에서 보듯이 가족경영의 지배구조는 기업의 공개 여부와 무관하다. 많은 기업들이 상장되었지만 가족경영 형태로 남아 있다.

이 리스트에서 가장 오래전에 창업된 회사는 벨기에의 맥주회사인 앤하우저-부쉬로 1366년에 창업되어 아직도 앤하저와 부쉬 가문에 의해 상장된 회사이지만 653년의 장구한 역사를 가문이 지배하고 있다. 세계 최대 양조 회사인 이 회사는 2018년 매출액이 65조원이 넘는 대기업으로 전세계 맥주 시장의 28%를 장악하고 있다. 1366년은 우리나라에서 고려 공민왕 15년으로 승려 신돈이 권력을 향유하던 그 옛날에 맥주 양조장을 만들었던 집안이 사업을 키워 지금까지 세계 시장을 장악하고 있는 것이다.

이 외에도 1668년에 만들어진 제약회사 머크(Merck) 또한 머크 가문이 350년 넘게 경영하고 있고, 1700년대와 1800년대에 설립된 수 많은 기업들이 가문의 지배 아래 2-3백년의 세월을 거치면서 가족 경영 회사로 남아 있다.

우리나라에 진출했다가 철수한 적이 있어서 잘 알려진 프랑스의 카르프(Carrefour)는 공동 창업자(Marcel Fournier, Denis Defforey , Jacques Defforey) 세 가문에 의해 1958년에 창업되어 이 창업가문이 29%의 지분을 갖고 60년째 지배를 하고 있다. 100조 가까운 매출에 38만명의 종업원이 있는 거대 기업이다.

이탈리아의 자동차 그룹 피아트(Fiat)는 2014년 미국의 자동차 회사 크라이슬러를 합병하여 세계 8대 자동차 그룹이다. 창업주 앙넬리(Giovanni Agnelli)가 1899년에 창업해서 자동차 회사 뿐만 아니라 프로 축구팀을 운영하기도 하며 그 장구한 영향력으로 인해 "이탈리아의 케니디 가문"로 일컬어지기도 한다. 그 후손들이 지주회사의 약 30%의 지분으로 44%의 의결권을 갖고 기업집단을 지배하고 있다. 네덜란드에 등록된 지주회사 엑소(EXOR)는 100% 이탈리아 앙넬리 가문이 지배하고 있는데 피아트-크라이슬러, 페라리 자동차 이외에, 파트너리(PartnerRe)라는 재보험회사, 산업용 설비회사(CNH Industrial), 프로축구 팀(Juventus FC), 그리고 영국의 경제전문지 이코노미스트 지에 이르기까지 다양한 산업을 지배하고 있다. 우리나라 재벌들이 비난 받고 있는 문어발 경영을 하는 이 재벌은 2017년 포춘지에 의하면 세계에서 19번째로 큰 기업집단이다.

프랑스의 대표적 자동차 회사인 푸조 시트로엔 PSA 그룹은 나폴레옹 황제 시절인 1810년에 창업되어 210년이 지난 지금도 창업자의 후손이 이사회 의장을 하며 이 거대 그룹의 42%의 지분을 행사하고 있다.

2.1.3 일본의 가문 통제 회사들

2차 대전 후에 재벌 해체로 재벌이 없다는 일본에도 5조에서 20조 매출의 대기업 중에 산토리, 타케나카, 야쟈키 등 다수가 가문이 지배하는 회사들이다.

한국의 재벌의 개혁 필요성을 거론하면서 늘 따라붙는 이야기가 일본의 재벌(zaibatsu, 財閥)의 이야기다. 한국의 재벌이나 일본의 재벌은 공히 가족이 다양한 산업의 많은 수의 계열사를 거느리는 기업집단을 의미한다는 점에서 동일하다. 2차 대전 후에 패전국 일본이 미군정하에서 재벌을 해체해서 일본 내에서 경쟁을 촉진한다는 정책으로 인해 모기업(지배기업)의 주식을 매각하는 정책으로 개별 기업이 가족 통제로부터 독립시키는 정책을 추진하여 부분적 성공을 거두었다. 하지만 주주의 변화만 있었지 관계사간의 협력은 이전의 같은 재벌에 속했던 계열사에 국한됨으로써 재벌 해체를 통한 경쟁강화라는 목표와는 거리가 멀다.

가족이 지배하지 않는 이러한 비공식 기업집단을 계열사(keiretsu)라고 칭하지만 같은 재벌 그룹사간의 긴밀한 협력을 지속하고 있고, 이들 회사 간에 상호 출자를 통한 지배구조를 유지하고 있다는 점에서 한국의 재벌과 유사한다. 단지 차이는 한국의 재벌기업은 한 가문이 정점에서 피라미드 구조로 지배한다는 점에서만 다르다.

일본과 한국이 다른 지배구조로 진화한 배경은 왜 한국에서 재벌의 순환출자 구조가 형성 되었는지에 대해 뒤에서 설명하기로 한다. 이러한 지배구조의 차이에도 불구하고 일본의 계열 그룹사와 한국의 재벌 그룹사들은 계열사들이 독립적으로 물건을 사고 팔기 보다는 계열사 간의 내부 거래에 의존하는 비중이 매우 높다는 점에서 유사하다. 그리고 이 구조가 가문이 지배하는 구조보다 경제에 더 좋은 구조인지는 지극히 의문이다. 일본이 1985년 미국의 플라자 합의(The Plaza Accord) 이후에 일본이 장기간 경제 침체, 즉 일본의 잃어버린 수십년의 원인 중에 하나로 일본 은행들이 자신들이 소유한 좀비 계열사에 막대한 자금을 공급한 것을 들고 있다. 일본은 재벌이 없는 것이 아니라 가문지배에서 은행이 지배하는 재벌로 존속하고 있는 것이다 (IMF, 2011)

2. 2 왜 대부분의 회사는 가족 경영과 통제하에 있는가?

우리는 왜 많은 기업이 가족의 경영 하에 있는지 근본적인 이유를 생각해 볼 필요가 있다. 영국의 보수당 당수를 했던 마이클 하워드(Michael Howard)는 그가 믿는 보수적 가치 16가지를 선언한 적이 있다. 그 첫번째는 "인간이 가족과 자신의 건강, 부와 행복을 추구하는 것이 인간의 본성이라는 것을 나는 믿는다"이다(The Guardian, 2004).

그렇다 우리는 일을 하는 것은 자신만이 아니라 가족의 부와 행복을 위한 노력을 하는 것이다. 인류의 역사에서 현자들은 인간이 자신과 가족을 넘어선 사랑을 실천하고자 때로는 도덕적 가르침을 통해, 종교를 통해, 그리고 칼 마르크스처럼 정치적 제도를 통해 개인의 이기주의를 넘는 사랑의 공동체의 꿈을 실현하려고 시도해 보았다. 하지만 그러한 노력은 성공한 적이 없다. 역사를 통해 인간에게 유일하게 무조건적인 사랑의 공동체는 가족이다. 이 본성이 부를 창출하는 기업의 지배구조의 절대 다수가 아직도 가족이 지배하는 구조인 것이다. 한국에서 교회마저 세습하는 모습을 보면 이 가족에 대한 인간의 집착이 얼마나 강력한 본성인지 알 수 있다. 우리는 12장에서 왜 재벌들이 전과자가 되고, 총수마다 감옥을 들락거리는지에 대해서 살펴볼 것이다. 그 중심에는 바로 부의 대물림을 부정하는 우리나라의 상속세법이 존재한다. 이 제도하에서는 우리나라는 독일이나 북구 유럽과 같은 또는 미국의 5-6대를 내려오는 가족경영회사들이 되기 위해서 편법과 불법을 동원하지 않고는 존속할 수 없다.

마이클 하워드 당수는 어서어 정치의 올바른 역할에 대해 이렇게 정의하고 있다. "국민이 이런 욕망을 추구하는 것을 가로막은 장애를 제거하는 것이 모든 정치인의 의무라고 나는 믿는다." 나는 우리사회의 경제적 불안과 위기의 근본 원인은 정치가 마이클 하워드 수상이 인식한 자유주의 가치와 정반대의 일을 국가가 해야 된다고 크게 착각하고 있다는 점이라고 생각한다. 그들은 부자들의 부를 그들의 가족과 후손에게서 빼앗는 것이 개혁이고 정치의 역할이라고 주장하고 있다. 우리나라에서 재벌개혁이라는 말의 본질은 재벌이라고 혐오적으로 부르며 창업가 가족과 후손의 재산권과 기업의 경영권을 빼앗겠다는 것이다. 한마디로 자유시장경제, 자본주의에 대한 부정이다.

2. 3 가문 지배 기업 분포에 대한 결론

가문지배의 기업들의 전망은 어떨까? 멕킨지 자료에 근거한 이코노미스트 지의 전망은 앞으로 2025년까지 10억불 (약 1조 2천억원) 이상의 매출을 하는 대기업의 수가 급증하는데 그 대부분은 가문지배의 기업들 즉 재벌 기업들에 의해 이루어질 것으로 예상하고 있다 (The Economist, 2015a). 세계 경제 성장의 중요 엔진이 가문 지배 기업이 될 것이라는 예측이다.

이제 우리는 재벌의 첫번째 특징인 대를 이어 경영하는 가족경영 대기업은 한국에만 존재하는 예외적 기현상인가에 대해 명백한 결론을 내릴 수 있다.

(a) 가문이 소유하고, 경영하고 통제하는 것이 한국적 특수 상황인가?
　　아니다. 가족, 가문이 경영하는 기업이 압도적이며 일반적이다. 그리고 이 현상은 역사적으로도 일관되고 큰 변화가 없다.

(b) 중소, 중견기업은 가문이 소유하고 통제하고 대기업은 공개기업인가?
　　아니다. 기업의 규모와 상관없다. 가족 통제의 기업 또는 기업군은 한국의 재벌만 아니라 독일, 미국 등의 가문 경영회사들에서도 최대 기업이 즐비하고 상장회사가 과반을 넘는다. EY와 세인트 갤론 대학의 분석에 의하면 500대 가문 경영 기업의 매출액은 미국, 중국의 GDP 다음으로 큰 규모다.

(c) 기업의 공개상장은 가문기업의 소유와 통제에서 예외적인가?
　　아니다.　위에서 인용한 조사에 의하면 52%가 상장기업이고, 48%가 비상장 기업이다. 상장기업이라서 재벌 총수, 가문의 통제가 부당하고 경영권은 부정되어야 한다는 주장은 글로벌 비즈니스의 현실에 부합하지 않는다.

(d) 가족경영회사들의 가문에 의한 경영권 승계는 한국적 예외 상황인가?
　　아니다. 가족 경영회사들의 대부분이 그 후손들에 의해 대대손손 경영권이 승계되는 경우가 빈번하다 그리고 그것이 주주자본주의의 약점과 대비되는 장점으로 자주 거론된다. 핀란드의 대표적 장수 기업 중에 하나인 코네 (Kone)는 1924년부터 허린(Herlin) 가문에서 최고 경영자의 아들들이 대를 이어 지배하고 있는 엘리베이터 회사이다. 그런데 핀란드나 독일, 미국에서 가문의 상속을 시비하지 않고 누구도 세습 자본주의로 나라가 망한다고 소리를 높이지 않는다.

이제 여러 계열사를 피라미드 또는 순환출자에 의해 거느리는 대기업 집단은 한국에만 존재하는가라는 두 번째 질문에 대해 알아보자.

III

피라미드와 소유 경영 분리

"All is for the best in this best of possible worlds."
세상에 존재하는 것들은 세상에서 가능한 것 중에 최선의 것들이다.
- 볼테르의 소설 캉디드 (Candide) 속의 철학자 팽글로스 (Pangloss)

3

문재인의 세뇌된 착각: 피라미드 출자구조와, 소유와 경영의 분리

박상인 교수는 그의 저서에서 한국경제가 혁신 경제, 그리고 양극화 문제가 해소되는 포용적 성장으로 가는 것은 재벌의 지배소유구조 개혁 없이는 불가능하다고 주장한다. 그가 주장하는 재벌개혁은 경제력 집중의 해소, 과도한 수직계열화, 문어발식 다각화 해소를 목표로 해야 한다고 주장하고 있다(박상인, 2017).

문재인 대통령은 이러한 재벌개혁론자들에 의해 둘러싸여 있고, 그들을 중용해 왔으며, 이러한 학자들에게 오랫동안 세뇌되어 온 것으로 보인다. 그는 "재벌총수 일가는 분식회계, 비자금 조성, 세금 탈루, 사익 편취 등 수많은 기업 범죄의 몸통이었다"고 단언하였다. 이 말에 따르면 재벌 총수 없는 기업들은 배임적 행위를 덜하고, 그래서 국가 경제에 더 좋은 '공정한 경제'를 만들기 위해서는 재벌개혁이 필요하다는 신념에서 경제 운영의 축의 하나로 공정경제를 내걸고 있다. 우리는 이 장에서 재벌 개혁론자들이 문제 삼고 있는 재벌 기업집단의 '과도한 수직계열화'에 대해 따져 보기로 한다.

선진국들은 기업의 경영을 지배하는 소수 또는 가문이 존재하지 않고, 그것이 없는 기업들은 더 좋은 성과를 낼까? 이 장에서는 총수 또는 지배주주(Controlling shareholders, or Block Share holders)가 없는 소유와 경영의 분리가 글로벌 스탠다드인가에 대해 검증해 보기로 한다.

3. 1 거미줄 같이 얽힌 계열사 소유지분 구조

우리의 재벌에 대한 비판 중에 하나가 바로 피라미드 출자 구조다. 피라미드 출자 구조란 회사 간의 투자 연결 고리를 이용해서 회사를 지배하는 구조를 말한다(Almeida and Wolfenzon, 2005).

'피라미드 출자 구조'는 재벌의 지배구조 개혁 운동으로 명성을 얻은 장하성 전 정책실장의 재벌 구조의 전근대성을 강조하느라 사용한 것으로 공정위가 그린 2012년 삼성그룹의 지배구조 구성도이다.[1] 마치 컴퓨터 기관의 회로도와 같은 계열사간에 복잡한 순환출자 구조를 강조하며 '환상형 순환출자'를 통해 그룹을 장악하고 있다고 비난한다. 여기에 재벌 총수 일가의 '쥐꼬리 만한 지분' 으로 수 많은 계열사들을 순환출자를 통해 '황제경영'을 하고 있다고 일갈하는 것이 우리나라 언론과 재벌개혁론자들의 일상이다. 뒤에서 자세히 설명하겠지만 어떤 기업지배구조가 다른 구조에 비해 원천적으로 우월하고 정

---

1) 2012년 공정위가 파악한 삼성그룹의 복잡한 계열산간 출자 관계도는 이곳에서 볼 수 있다. http://news.tf.co.kr/read/economy/1054543.htm 삼성의 순환출자 구도는 이코노미스트의 보도에서도 도식화되어 있다 (The Economist, 2015a).

의롭다는 이론은 경영학 또는 경제학 어디에도 존재하지 않는다. 하지만 마치 영미형 지배구조가 우월하고 마땅한 선택인 것처럼, 성경에라도 쓰여진 것처럼 우리나라의 재벌개혁론자들은 왜 우리나라의 대기업 집단이 영미형의 '선진화된 지배구조'를 갖지 못했냐고 매일 닦달을 하고 있다.

아래 그림 3-1의 한국의 주요 재벌의 순환출자 유형에서 삼성의 예를 들면 이재용 일가의 지배주주(Controlling Shareholders)가 삼성물산(지금은 제일기획과 합병 후 다시 제일기획이 삼성물산과 합병하여 현재는 삼성물산)의 지분을 25% 갖고 있고, 삼성에버랜드(삼성물산)-삼성생명-삼성전자-삼성카드-삼성에버랜드(삼성물산)로 이어지는 피라미드 구조를 갖고 있다. 피라미드 구조 중에 이 그림의 재벌의 구조처럼 계열사간의 투자 체인이 처음과 끝의 회사가 같아지는 경우를 환상형 또는 순환출자라고 한다.

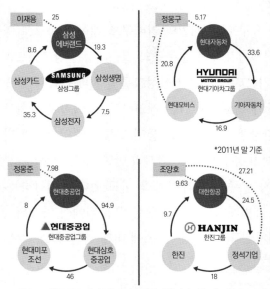

그림 3-1: 한국 주요 재벌 구룹의 순환출자 유형 (자료원: 나무위키, 1994)

재벌이 대체 무슨 죄를 지었다고

그렇다면 이러한 구조는 왜 시비의 대상일까? 그리고 이것은 한국만의 후진적이고 예외적인 구조인가 하는 점이다. 재벌 개혁을 주장하는 사람들이 이 지배구조에 시비하는 점은 두 가지이다.

하나는 왜 지배주주가 있어야 하는 점이다. 미국의 상장 공개 기업 중에는 뚜렷한 지배주주가 없는 분산된 소유구조의 회사들이 많이 있다. 따라서 기업에서 주요 CEO의 임명이나 중요한 의사결정을 좌우할 수 있는 지배주주가 존재하지 않는 경우가 재벌 총수가 좌우하는 우리 기업들과 크게 대조되게 조명 된다. 한국의 소위 '국민기업'으로 일컬어지는 KT, 국민은행, 포스코 등이 대표적으로 이러한 법적으로 지배주주가 존재하지 않는 경우다. 이러한 기업들을 소유와 경영이 분리되어 있는 기업으로 우리나라에서는 그것이 선진적이고 글로벌 표준으로 단정하고 있다. 만약 소유의 분산으로 인해 지배주주가 없고, 그 결과 소유와 경영의 분리가 이루어지는 기업들이 이상적인 경우라면 우리 재벌 구조는 비정상적이고 이상적인 것으로부터 이탈한 것이 된다.

물론 사기업의 지배구조가 이론가들의 생각과 다르다고 정부나 사회가 사기업의 지배구조의 변경을 강요하는 것이 시장경제에서 바람직한가 하는 논란은 여전히 남는다. 이는 이 책에서 다루지 않는 헌법의 사유재산권과 법 경제학의 영역에 관한 이슈다.

우리는 한국의 재벌 기업집단의 재벌 가문의 지배구조를 질타하지만 표면적으로 영미 국가의 소유와 경영이 분리된 소위 국민기업을 바람직한 지배구조라고 칭찬하지도 않는다. 한국의 국민기업들에 명백히 그리고 불법적인 지배 권력이 존재한다. 이런 국민기업들을 좌지우지하는 정권이 되어 왔다. 그것도 지분이 한 주도 없는 정권이 CEO를 사실상 임명하고, 규제 권력기관을 통해 공기업과 준하는 통제를 하고 있다.

두 번째는 바로 피라미드 구조를 통한 지배구조에 대한 논란이다. 가문이 모회사에 준하는 주력 기업의 일부 지분을 지배하고 계열사는 자신들의 지분이 아닌 계열 기업간의 상호 출자를 활용한 순환출자를 통한 '가공 지분'으로 지배한다는 것이다. 이를 비판하며 하는 말이 "쥐꼬리만한 지분으로 황제 경영을 한다"는 비판이다. 최근 큰 사회적 이슈가 되었던 한진그룹의 조양호 전 회장이 이사에 재선임되지 못한 것을 갖고 '황제경영'에 제동이 걸렸고 재벌 개혁사에 새 장이 열렸다고 환호하는 기사들로 채워졌다. 바로 지배주주가 소액지분으로 계열사를 지배하는 것이 부당하다는 전제가 깔려 있는 것이다. 과연 이것이 부당한 것인가는 다음의 장에서 자세히 논의한다.

3. 2 소유와 경영의 분리, 기업의 총수는 있어야 하는가?

우리나라의 재벌 총수는 가문이 기업군을 통제하는 경우에 가문을 대표하는 경영자를 말한다. 즉 지배주주이자 사실상의 최고 경영자이다. 이 경우 기업의 소유와 경영은 분리되지 않고 지배주주 가문의 리더에 의해 운영된다. 이것이 우리나라의 재벌 개혁론자들의 시비의 시작이다. 기업은 소유와 경영이 분리되어야 한다는 것이다.

그럼 첫째 이슈, 소유와 경영이 분리되는 것이 글로벌 스탠다드인가를 보자. 우리나라 공기업이나 앞서 설명한 소유와 경영이 분리된 국민기업들도 많은 수의 자회사나 투자회사를 두고 있다.

민영화하여 국민기업이 된지 10년이 되었던 2012년 KT의 출자구조도를 보면 50여개의 방대한 수의 계열사를 거느리고 있고 역시 자회사-손자회사 등으로 이어지는 피라미드 구조를 갖고 있지만(중앙일보 2012) KT는 지배주주가 없기 때문에 '사익 추구'의 주체가 없다고 단정하기 때문이다.

지금까지 우리 나라의 많은 국민과 정치인, 학자들 마저도 미국식으로 경영과 소유가 분리되거나 지주회사와 자회사가 있는 단순한 구조가 글로벌 표준이고, 우리나라처럼 복잡한 구조가 예외적인 것이다고 주장한다.

지금 전세계를 주름잡고 있는 다국적 기업들의 지배구조와 매출 비중을 보자. 이들 대기업 2006-2011년간의 기업 지배구조 별 평균 매출 비중을 보면, 북미(미국, 캐나다)와 일본을 제외하고는 대부분의 매출이 가문에 통제되는 기업들이 만들어 내고 있다는 것을 알 수 있다. 아직 시장경제가 성숙하지 못한 인도와 중국은 공기업의 비중이 높다. 한국은 공개기업의 매출 비중이 12%이고 78%의 매출이 지배주주가 있는 기업들이 만들어 내고 있다. 아세안 국가, 남미, 서유럽의 사정도 한국과 크게 다르지 않다. 인도, 중국의 경우 정부(공기업)의 비중이 압도적으로 높고, 역시 재벌의 비중이 크다. 재벌(가문 경영기업)의 비중이 낮은 나라는 북미와 일본이다.

기업의 상장 여부와 지배주주 존재여부도 크게 관계가 없다는 것을 알수 있다. 그림 3-2는 가문이 지배하는 기업들 중에도 상장기업이 매출의 60%를 일으키고 있다는 점을 보여주고 있다.

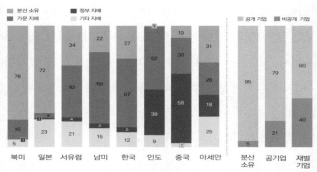

그림 3-2: 다국적 기업의 다양한 소유 구조 (자료원: McKinsey Global Institute, 2015)

미국의 투자자 책임 연구센타 (IRRCi)의 2012년, 2015년 연구에 의하면 글로벌 대기업인 S&P 1500대 기업들의 지배구조를 분석한 결과, 2002-2012년까지 지배주주가 있는 기업이 꾸준히 증가했고, 2005년에서 2015년 사이에 이들 지배주주가 있는 기업들의 평균 주가총액은 83억불에서 206억불로 2.5배 급증한 반면에 S&P1500의 전체 평균기업가치는 1.5배 증가에 그쳐 지배주주가 있는 기업들의 성과가 훨씬 뛰어났음을 보여주고 있다(IRRCi, 2016). 이 보고서는 이 기간 신규 상장된 대기업들의 차등의결권 비중이 크게 증가하고 있다는 것을 또한 보고하고 있어서 경제민주화의 신화에 빠진 우리나라의 상식과 반하는 현상이 미국에서 발생하고 있음을 알 수 있다.

아메리카 예외(American Exceptionalism)의 신화를 믿는 사람들

기업의 소유와 지배구조에 대해서는 수많은 연구들이 널려있다

첫 번째는 27개 주요 경제대국의 기업지배 구조에 관한 연구 (La Porta, et al, 1999)에서 보고하는 상위 20대 기업의 지배구조 중에 대기업에 가

문이 통제하는 기업의 비중은 맥킨지가 분석한 보다 최근 자료인 그림 3-2와 유사하다. 표 3-1에서 보듯이 자료가 부실한 영국을 제외하고 선진 27개 나라에서 최대 기업 20개 중에 가문이 지배하는 기업이 없는 나라는 없다. 최대 기업 20개에서 한국의 가문 지배 기업의 비중은 사실 평균 이하이고 미국과 유사하다.

표 3-1: 27개 선진국의 20대 기업의 가족지배기업, 경영과 소유의 미분리, 피라미드 출자비중(La Porta, et al, 1999)

국가	가족경영 비율	지배주주경영 비율	피라미드 출자 비율
아르헨티나	0.65	0.62	0.00
호주	0.05	1.0	0.00
캐나다	0.25	1.0	0.20
홍콩	0.70	0.86	0.50
아일랜드	0.10	1.0	0.20
일본	0.05	1.0	0.0
뉴질랜드	0.25	0.60	0.40
노르웨이	0.25	0.80	0.0
싱가포르	0.30	0.67	0.67
스페인	0.15	0.67	0.33
영국	0.0	-	-
미국	0.20	0.75	0.0
오스트리아	0.15	0.33	0.67
벨기에	0.50	0.50	0.67
덴마크	0.35	0.57	0.14
핀란드	0.10	0.50	0.0
프랑스	0.20	0.75	0.25
독일	0.10	0.50	0.00
이스라엘	0.50	0.60	0.60
이탈리아	0.15	1.0	0.33
대한민국	**0.20**	**0.75**	**0.50**
멕시코	1.00	0.95	0.25
네덜란드	0.20	0.50	0.25
포르투칼	0.45	0.44	0.44
스웨덴	0.45	0.56	0.78
스위스	0.30	1.00	1.00
평균	**0.30**	**0.69**	**0.27**

이들 글로벌 대기업에 지배주주가 경영에 직접 참여하는 비중도 70% 가까이 되어 경영과 소유의 분리를 기대하는 재벌 개혁론자들의 주장과는 전혀 딴판이다. 기존 회사의 돈으로 출자해서 다른 계열 회사를 만들어 가는 피라미드 구조도 매우 일반적인 것을 알 수 있다. 이 연구에서 기업의 상호출자(Cross-Shareholdings)가 법에 의해 제한되고 있는 나라는 벨기에, 프랑스, 독일, 이탈리아, 스페인과 한국 6개국에 불과하다.

국가별로 비교한 연구는 가족 경영 기업은 광범위한 사업에 진출하면서 이들의 지배에 피라미드 출자 구조가 필수 조건이라는 것을 보여주고 있다(Ghemawatt & Khanna,1998). 그림 3-3은 2005년 연구에 의한 지

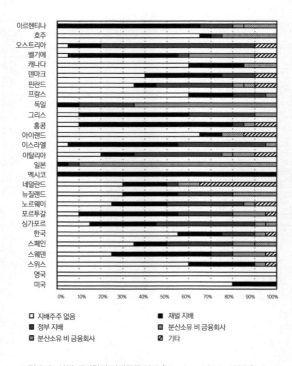

그림 3-3: 상장 대기업의 지배주주 분포 (Morck and Steier, 2005)

재벌이 대체 무슨 죄를 지었다고

배구조 분류를 보아도 기업의 가문에 의한 지배가 광범위하다는 것을 보여준다(Morck and Steier,2005). 우리는 금융대기업, 공기업, 그리고 소위 국민 기업이라고 알려진 소유가 분산된 대기업을 다수 갖고 있다. 그런데 우리사회는 재벌에 관심이 집중되어 있고, 마치 재벌 기업만 존재하는 것처럼 재벌공화국이란 주장을 하고 있다.

보다 최근인 2011년 연구는 상위 20대 기업이 아니라 상장 기업 전체를 대상으로 하여 45개국의 28,635개의 상장기업의 지배구조를 분석한 결과는 한 나라의 예외도 없이 가문 지배 기업(재벌) 그룹들이 다수 존재하고, 계열사 출자를 통한 피라미드 지배구조가 광범위하게 존재한다는 것을 보여준다(Masulis et al., 2011).

3. 3. 왜 한국 재벌은 피라미드 출자구조를 갖고 있는가?

우리는 한국의 재벌의 지배구조를 비난하기 전에 왜 지금과 같은 피라미드 지배구조 특히 환상형 출자구조를 갖고 있는지에 대해 이해할 필요가 있다.

기업이 만들어지기 위해서는 자금이 필요하다. 그 자본은 크게 사업

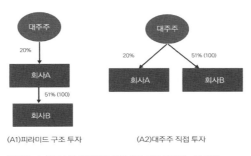

그림 3-4: 회사 A의 대주주가 신설 회사 B를 설립하는 두 대안

가가 (1) 자기 자본으로 투자를 하거나(자기 자본), (2) 은행 등의 차입금을 갖고 하거나(대출), (3) 외부 투자자의 투자금을 유치해서 창업을 하는 3가지가 주일 수 밖에 없다(외부 투자).

문제는 금융이 글로벌화해서 해외자본이 자유롭게 투자하는 지금과는 달리 과거에 우리나라는 금융다운 금융이 존재하지 않았다. 은산분리가 처음부터 강력하게 시행된 우리나라에서 은행이 새로운 자본금에 투자할 수 없으니, 사업을 하고 싶으면 창업자의 돈이나 개인이 차입한 돈으로 창업하거나 창업자가 지배하는 회사가 투자하는 선택만 존재한다. 두 대안에 대해서 비교해 보자.

그림 3-4에서 대안(A1)은 현재 우리나라 재벌기업들의 계열사를 이용한 출자 즉 수직계열화를 통한 피라미드 지배 구조이다. 대주주가 회사 A에 20%의 지분을 갖고 지배하고 있다고 하자, 계열회사 회사 B를 설립하며 51%의 지분을 갖게 되면. 통상 의결권을 완전 장악할 수 있다. 이에 필요한 돈이 100이라면, 대주주는 대안 (A2)처럼 두 회사에 20%, 51%를 직접 투자 해야 한다. 그럼 이때 51%를 투자하기 위한 돈 100을 만들기 위해서 어떻게 하겠는가? 본인이 여유 자금이 없다면 회사 A에서 배당을 받아야 한다. 그런데 20% 지분을 갖고 있는 대주주가 자금 100을 마련하게 위해서는 회사 A는 500을 배당해야 한다. 이렇게 되면 정부가 소득세로 반정도 가져간다. 그러니까 500이 아니라 1000정도를 배당해야 한다. 그렇지 않으면 차입에 의해서 해야 한다. 이러한 구조라고 한다면 자본시장이 발달해서 외부로부터 투자를 받기 전에는 회사 B는 만들어질 수 있겠는가? 당연히 만들어지기 어렵다. 즉 피라미드(계열사 출자에 의한 지배)의 첫째 이유는 금융이 발달하지 않아서 가장 용이한 자금 조달 방법이기 때문이다.

자금이 부족하던 과거에 개인에게 거액의 신용대출이 가능하지도 않았고, 차입을 하려면 높은 이자율의 금융비용을 견딜 수 없어 대주주는 망할 수 밖에 없었다. 60년대 70년대의 시중 실지 금리가 20%~30%대였다는 것을 기억하는 사람들은 많지 않다. 축적된 자본이 없고, 그래서 자본시장이란 것이 존재하지 않았던 우리나라의 산업화 초기에는 대안 (A1)와 같이 계열사 투자를 통해 신설 회사를 만드는 것이 가장 불가피한 선택이었다. 일본의 경우, 많은 대기업들이 계열사에 페이퍼 은행(Paper Bank)를 가지고 있었다. 거기서 자기 돈처럼 형식적을 빌리고 사용했었다. 우리는 금산분리에 의해 그마저 불가능하니 유일하게 창업할 수 있는 것은 계열사를 통한 투자 뿐이었다고 할 수 있다. 이것을 금지했으면 우리나라는 회사가 만들어지기 힘들었을 것이고 그만큼 산업화는 더디게 진행됐을 것이다.

자본의 결핍이 가족경영과 계열사를 통한 피라미드 지배구조의 원인이라는 것은 앞서 소개한 기업 지배구조에 관한 연구들에서 잘 밝혀지고 있는 사안이다. 45개국의 재벌(가족경영 대기업)의 지배 구조에 대한 실증적인 연구(Masulis et al. 2011)에서 가족 경영과 특히 피라미드와 같은 지배구조는 (1) 기업에 대한 항구적 지배의 목적과 함께 (2) 자본의 제약을 피하기 위한 수단이라고 결론을 내리고 있다. 즉 수직계열사를 통한 출자와 피라미드 지배구조는 자본이 제약된 나라에서 특히 보편적으로 나타나는 현상이다. 이는 선진국과 달리, 개도국에서는 기업들이 집단을 이루고, 자원을 내부에서 만들어내는 역량이 중요한가에 대해서는 다각화(문어발 경영)을 설명하는 9장에서 자세히 설명한다.

주주의 권리와 경영권이 잘 보호되고 있는 아주 소수의 나라들을 제외하고는 소유와 경영이 분리된 공개 기업은 아주 예외적이고 대부분의 나라에서는 가문과 정부가 대기업들을 통제하고 있고 금융회사에 의한 지배도 드물다(일본과 독일이 예외적이다). 또 하나의 이유는 투자자 보호, 즉 경영권이 잘 보호되지 않는 대부분의 나라에서는 피라미드 지배구조와 지배 가문이 직접 경영에 참여하는 것으로 기업을 통제하는 것이 보편적이다(Porta et al. 1999). 이 점에 대해서는 다음 장에서 자세히 설명한다.

요약하면 재벌과 순환출자는 자본시장의 제약과 경영권(주주) 보호제도가 미비해서 만들어 진 것이다. 사업가들은 국가의 규제와 경제 환경의 제약하에서 최적의 방법을 택할 수 밖에 없다. 우리나라 산업화의 초기에는 벤처 투자도, 투자 은행도 존재하지 않았다. 그 결과 급속하게 기업을 일으켜 사업을 확장하고, 경제개발을 하는 유일한 수단이 계열사를 통한 확장이었다. 그런데 이러한 역사적 환경적 요인을 무시하고 이러한 역사를 통해 누적적으로 만들어진 구조를 지금 사회가 부인하고 수술을 하라고 난리를 치고 있는 것이다. 그것은 우리나라는 대기업 집단의 순환출자 덕분에 기업들이 만들어졌고 급속하게 산업화를 달성할 수 있었다 사실에 대한 철저한 역사부정이다.

3. 4 영미권에서는 왜 소유와 경영이 분리되는가?

우리가 잘 알고 있는 미국의 대기업들은 소유와 경영이 분리되어 있는 경우가 많다. 21세기 최고의 전설적 창업가인 스티브 잡스가 자신의 설립한 애플에서 쫓겨났다가 컴백하는 일이 발생하는 것은 창업자가 기업을 지배하지 못하는 소유와 경영의 분리의 사례이다. KT나 국민은행이 자회사를 두는 것처럼, 만약 모회사의 대주주가 창업자 자신 또는 그의 후손들이 아니라면 우리나라에서 크게 문제를 삼지 않을 뿐만 아니라 상속이 이루어지지 않고 소위 사회에 환원된 기업, 대표적으로 유한양행과 같은 사례는 칭송된다. 그렇다면 우리나라에서 기업의 재벌 구조의 문제라고 지적되는 것은 모회사(지주회사)의 소유와 경영이 분리되지 않았다는 점에서 시작된다.

한 예로 유통산업을 보자. 전세계 톱 10 소매 유통업중에 독일의 스와츠(Schwarz GrouP), 아이디(Aidi), 그리고 영국의 테스코(Tesco)를 제외한 7개가 모두 미국기업이다. 2017년 톱 250개 유통회사에 미국이 79개, 프랑스가 12개, 독일의 19개이고 미국, 프랑스, 독일의 매출 비중은 46.0%, 6.4%, 10.4%로 미국의 시장은 프랑스의 7배, 독일의 4.5배에 달한다 (Deloitte, 2019). 미국의 2019년 소매 유통 시장은 5조 4600억 달러(우리돈으로 약 6천700조원) 시장이다. 여기서 경쟁하고 있는 월마트(시가총액 3,540억불), 아마존(시가총액 약 1조2240억불), 크루거 등 수퍼마켓 사업자들은 모두 상장회사이고 주식의 50% 이상이 거래되고 있다. 반면에 프랑스의 유통산업 특히 수퍼마켓 회사 중에 50% 이상 주식이 거래되는 회사는 까르프(Carrefour) 한 회사이고 이 회사의 시가총액은 100억불로 아마존의 백분의 1도 되지 않는다. 대부분의 프랑스 경쟁 회사들은 비상장 회사이다. 독일의 수퍼마켓 시장의 규모는 더욱 작고 메트로 그룹(Metro Grpup)이 리더이고 이 회사는 상장되었지만 주식의 극히 일부만 거래되고 대부분 경쟁자는 비상장 기업들이다. 이 회사의 시가 총액은 약 30억달러로 아마존의 2.5%에도 이르지 못한다.

미국의 회사들은 대부분 상장되어 있는 반면에 프랑스와 독일은 그렇지 않다. 이는 경영권을 보호하는 법률 체계와 더불어 시장의 크기가 크게 작용한다. 거대한 개방 시장에서 경쟁을 통해 생존하려면 막대한 자본이 필요하기 때문이다.

대기업의 탄생에서 막대한 자본의 중요성은 우리나라의 쿠팡의 경우를 보면 자명하다. 쿠팡은 현재 기업 가치를 10조 이상으로 인정받는 우리나라의 최대 신생 스타트업체이다. 이 회사에 손정의 회장이 운영하는 소프트뱅크 비젼펀드가 2015년에 10억불(약 1조 2천억원), 그리고 2018년 말에 추가로 그 두배인 20억불(약 2조 4천억원)의 투자가 이루어졌다. 이러한 자본력이 있어야 기존의 대기업들이 장악하고 있는 유통업에서 경쟁을 할 수가 있다. 이러한 큰 자본은 개인의 자산에서 투여될 수가 없다. 특히 자본시장이 없던 우리나라의 산업화로는 애초에 불가능한 투자이고, 지금도 글로벌 금융회사의 투자로 가능하지 이런 대규모 창업 투자가 국내 자본에서 이루어지지 못하고 있다.

2009년에 창업해서 2019년에 상장된 우버의 경우를 보아도 막대한 자본 투자의 위력을 볼 수 있다. 이 신생회사에는 창업 이후로 10년 간 22회에 걸쳐서 무려 247억불(약 30조원)의 외부 투자가 이루어 졌다. 이 과정에서 우버의 기업가치는 2011. 2월의 6천만불에서 2016년 5월 시리즈 G 투자 이후에 670억불(약 82조원)으로 튀었다.

창업 과정에 실리콘 밸리의 벤처캐피탈들이 얼마나 대규모 투자를 하고 있는지는 2019년 시드(Seed) 투자 평균 금액이 210만불(약 25억원), 창업 전반부 투자 평균 금액은 1450만불(174억원), 그리고 후반부 VC 투자시 평균 금액은 3450만불(414억원)이며 이는 2009년에 비해 3-4배 이상 투자 규모가 커지고 있다(Visual Capitalist 2019a).

이 과정에서 창업자들의 지분은 계속 희석될 수 밖에 없다. 또한 상장하여 일반 투자자들에게 주식을 공모하면서 큰 규모의 주식을 신규

발행하여 그 지분은 더더욱 작아지게 된다. 아래 그림 3-5에서 성공적인 스타트업의 생성과정에서 외부 자본이 들어오면서 창업자 지분과 창업자의 자산 가치 변화를 보여주고 있다, 당연히 대규모 투자를 한 경우 벤처개피탈과 같은 기관투자자들의 지분은 매우 커지게 된다. 한 예로 최근에 주목 받는 위워크(WeWork)에 소프트 뱅크는 약 11조가 넘는 투자를 하고 이 기업의 지분의 약 29%를 갖고 있다. 대기업에서 29% 정도의 지분이면 단연히 절대적인 대주주로 이 회사의 경영권을 장악할 수 있다.

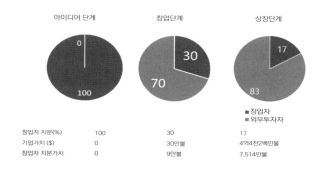

그림 3-5: 스타트업 단계별 창업자 지분과 자산가치 변화 (자료원: Visual Capitalists, 2019c)

그렇다면 왜 영미국가에서 창업과정에서 절대 지분을 확보하는 금융회사들은 다른 나라의 대주주인 재벌들처럼 성공적으로 창업한 회사들의 경영권을 장악하고 계속 경영하지 않는 것일까?

이들 나라의 기관투자자들이 그것을 원하지 않는다는 것이다. 소프트뱅크의 손정의 회장은 알리바바에 2000-2003년에 약 3억 달러(한화로 3천6백억원)을 투자해서 알리바바가 상장에 성공하자 260배의 투자 수익률로 약 94조원이라는 천문학적 수익을 내었다. 텐센트에 투자한 벤처캐피탈 내스퍼스(Naspers)는 3년만에 2,469배의 수익률을, 그리고 쥬니퍼 네트웍스에 투자한 VC들은 2,582배의 투자 수익률을 얻기도 한다.

이것은 무엇을 뜻하는가? 이들은 초기의 위험한 투자를 통해 큰 수익률을 내지만 상장된 이후에 기업들이 상장 이전에 투자의 수익률을 유지하는 경우는 거의 없다. 투자로 천문학적인 돈을 번 투자 은행들은 상장하고 난 후에 골치 아픈 일만 많고, 주식 수익율이 얼마 안 되는 회사를 경영하고 싶겠는가? 아니면 그 돈으로 다른 성공가능성이 있어 보이는 벤처기업에 투자하고 싶겠는가? 물어볼 필요도 없이, 이들은 상장 시 돈을 회수해서 다시 또 다른 대박 벤처를 발굴해서 육성하는 것이 훨씬 수익이 높을 수 밖에 없다. 그리고 VC 또한 다른 투자자들에게 투자를 받아서 펀드를 결성하고 운영하기 때문에 VC 펀드 투자자들 또한 조기 자금 회수를 목표로 하는 구조이다.

이러한 이유로 이들은 상장 후에 기업의 지분을 계속 유지하며 경영에 관여할 동인이 매우 적고 특정 산업을 계속 운영할 전문성도 갖고 있지도 않다. 혁신형 창업이 발달한 미국과 영국과 같은 나라에서는 이러한 투자 기회가 많이 있기 때문에 이들 벤처 투자자들은 기업경영이 아니라 다음의 대박 벤처를 찾아서 육성하는게 훨씬 이익이고 그런 전문성을 믿고 투자금이 모이는 것이다.

또한 이런 구조 과정에서 창업가들도 소수의 지분만 가지고 있었다고 해도 어마어마한 부자가 된다. 젊은 CEO 주커버그의 경우 상장하자마자 몇 십조의 자산가가 되었다. 앞서 설명한 대로 우버의 창업 과정에서 30조의 외부 자금이 유입되고 이 과정에서 우버의 공동 창업자 트래비스 칼라닉(Travis Kalanick)의 상장시 지분은 10%로 축소되었다. 그는 상장하면서 자신의 주식 지분의 30%(전체 주식의 3%)를 시장에 팔아서 14억불(약 1조 7천억원)을 현금화하고 현재 7%의 주식을 소유하고 있다. 상장시의 가치로 이 7%도 약 50억불, 한화로 6조원 정도의 부자가 되었다. 10년간의 창업이 이 창업자에게 가져다 준 부는 결국 7-8조원에 가까운 천문학적인 것이다. 이러한 천문학적 부가 주어질 때, 자신이 만든 기업을 계속 경영할 것인가, 그 돈으로 좋은 일하고 살거나 또 다른 창업으로 또 다른 도전을 할 것인가의 선택이 주어진다.

대규모 투자를 외부에서 받았기 때문에 어차피 대주주의 지위는 상실된다. 그러니, 자식에게 경영권을 승계하는 일도 쉽지 않다. 즉 이런 금융 환경의 차이로 인해 창업 과정에 대규모 자본을 투자한 금융회사와 창업자가 공히 경영 지배권을 포기할 수 있게 된다. 그리고 그 포기는 더 큰 기회에 의한 것이지, 강요된 포기가 아니다.

창업 과정의 투자가 얼마나 위험한 투자인가는 실리콘 벨리의 데이타들이 증명하고 있다. 창업 기업의 극히 일부만이 초기 투자를 받는다. 그렇게 어렵게 초기 투자를 받은 실리콘 밸리의 1027 개의 기업들은 5번 정도의 후속 투자의 과정에서 다 탈락하거나 다른 기업에 인수되고 마지막에 대기업으로 존속하는 것은 1개에 불과하다(Capitalist, 2019c).

그 이후 후속투자가 진행되면서 투자 금액은 기하 급수적으로 커지게 된다. 5차가 되면 천억원 대의 투자가 이루어지고, 위에 설명한 쿠팡이나, 우버의 경우는 조 단위의 투자가 이루어졌다.

미국이 실리콘밸리에서 벤처캐피탈 1천여 개 이상이 사업을 하고 있다. VC와 투자은행들은 될 성 싶은 스타트업에 계속 투자를 해 줘야한다. 그런데 지속적으로 투자를 받지 못하고 걸러지는 벤처들이 생긴다. 그래서 1천개 투자하면 나중에 상장까지 가는 벤처 기업은 최종 9

개 정도로 실제적으로 확률이 1%만 살아 남는다.

위의 단계에 따라 산업에 따라 크게 다르지만 최근의 기술 혁신 기업의 통계에 따르면 초기 투자가 50만불에서 백만불(6-12억원)을 받은 스타트업들은 1-2년의 기간 내에 후속 투자를 받아야 생존하고 1차 후속 투자는 3-5백만불(시리즈 A 라운드, 36억에서 60억원), 3차 투자는 80억-120억원, 그리고 4차는 150-200억원, 그리고 그 이후에는 수천억에서 우버나 쿠팡의 경우와 같이 조단위의 투자가 이어지기도 한다.

그런데 작은 나라에는 이런 시스템이 없다. 자기가 창업했다고 해서 몇 년 사이에 몇 십조의 자산가가 되는 경우가 드물다. 최근 게임회사 넷마블처럼 십 몇 조 자산가가 되면 고민할 것이다. 이 돈을 회사에 넣고 경영을 할 것인지 아니면 팔고 나가서 그 돈으로 다시 창업을 하거나 다른 일을 하면서 살 것인가 고민할 것이다. 아직까지 이런 사례가 과거 우리에겐 없었다. 요즘처럼 워낙 자본시장이 커지면서 이런 사례도 우리나라에서 비로서 가능하게 된 것이다.

우리나라의 소유와 경영이 분리되는 대규모 투자은행 또는 벤처캐피탈에 의한 투자가 이루어지지 않는 이유는 그 분야에 전문성이 없고, 또한 자본이 충분하지 않았기 때문이다.

오늘날 우리나라 재벌의 수직계열화와 소유와 경영이 분리되지 않은 것은 물론 문화적 영향도 크지만, 기업이 만들어지는 과정이 달랐기 때문이다. 대한민국에 대규모 사업을 하기 위해서는 선택할 수 있는 대안이 계열사를 통한 투자 이 외는 존재하지 않았기 때문이다. 이는 세상에 존재하는 것들은 가능한 것들 중에 최선의 선택의 결과라는, 지금의 구조가 형성된 것에는 다 이유가 존재한다는 팽글로스 (Pangloss) 원칙을 기억해야 한다는 점을 재벌개혁론자들은 상기할 필요가 있다.

그리고 그러한 투자는 최근에 규제가 가해지기 전까지 명백히 합법적이었으며 권장된 일이기도 하다. 그것을 소급해서 비판하고, 부정하는 일은 사적 재산권을 소급입법으로 침해하는 일이기도 하고, 역사의 부정이기도 하다.

3. 5 다른 나라의 기업 지배구조의 모습들

앞의 3.2에서 다른 나라의 기업의 지배주주 분포가 매우 다양하다는 것은 많은 연구에서 일관되게 보여주고 있다. 그림 3-2, 3-3과 표 3-1에서 보듯이 대기업 중에, 영국, 미국은 기업의 지분이 광범위하게 분산되어 지배주주가 뚜렷하지 않은 반면에, 독일은 금융회사가 지배하는 기업이 절대 다수이고, 일본은 게이레츠로 여러 회사의 상호 출자의 네트워크를 통해 지배 받는 기업이 절대적으로 큰 분포를 갖고 있다. 반면 싱가포르, 홍콩 등과 같은 아시아권 경제에서는 우리보다도 더 강한 재벌의 집중을 관찰 할 수 있고, 독일을 제외한 서유럽 국가들은 우리와 유사한 분포들을 갖고 있다.

우리는 각 나라가 왜 이런 다양한 형태의 지배구조를 갖고 있는지에 대한 이해를 통해 우리나라의 급진 재벌개혁 주장의 타당성과 위험성에 대해 생각해 보자.

3.5.1. 일본의 기업집단과 지배구조

우선 일본의 기업지배구조를 논의하기 전에 아래 그림과 같이 도요다 자동차 그룹의 상호출자도에서 보듯, 한국 재벌의 순환출자 또는 피라미드 지배의 구조와 큰 차이가 없는 구조의 기업들이 일본에 존재한다.

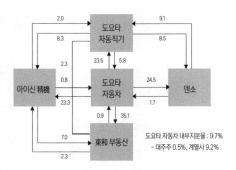

그림 3-6: 도요다 자동차 그룹의 상호출자 지분관계
(La Porta et al. 1999).

한국의 재벌의 개혁 필요성을 거론하면서 늘 따라붙는 이야기가 일
본의 재벌(zaibatsu, 財閥)의 이야기다. 한국의 재벌 구조는 아시아에 흔
하게 보여지는 구조이지만 특히 일본의 2차대전 이전의 자이바수쯔
(zaibatsu)는 같은 한자어 재벌(財閥)에서 유래한 용어다. 한마디로 일제
잔재다. 한국의 재벌이나 일본의 재벌은 공히 가족이 다양한 산업의
많은 수의 계열사를 거느리는 기업집단을 의미한다는 점에서 동일하
다. 2차 대전 후에 패전국 일본이 미군정하에서 재벌을 해체해서 일본
내에서 경쟁을 촉진한다는 정책으로 인해 모기업(지배기업)의 주식을 매
각하는 정책으로 개별 기업이 가족 통제로부터 독립시키는 정책을 추
진하여 부분적 성공을 거두었다. 하지만 주주의 변화만 있었지 관계사
간의 협력은 이전의 같은 재벌에 속했던 계열사에 국한됨으로써 재벌
해체를 통한 경쟁강화라는 목표와는 거리가 멀다.

그렇다면 미군정 하에서 재벌이 개혁되었다는 일본의 기업의 재배구조는 어떠한가? OECD (2018) 보고서는 일본의 재벌의 변화에 대해 다음과 같이 기술하고 있다.

2차대전 이전의 재벌 기업군은 오늘날 일본의 게이레츠(Keiretsu)로 진화하였다. 하지만 이들은 재벌(Zaibatsu) 기업들 사이의 연계를 그대로 유지하고 있다. 일본의 게이레츠는 한국의 재벌 그룹의 특징들을 공유한다. 특히 그룹의 계열사간의 상호출자에 의한 지배구조가 그것이다. 하지만 주요한 차이는 한국의 그룹들은 가문이 지배하는 피라미드 구조의 소유라면, 일본의 게이레츠는 우호적인 기업들간의 상호 출자라는 것이 차이다. 이 차이는 한국의 재벌 그룹들은 은행을 소유할 수 없는 반면에, 일본의 게이레츠는 허용된다는 금융환경의 차이에서 나타나는 현상이다. 국가별 비교 연구(Masulis et at. 2011) 는 한국과 다른 나라들에서 발전한 피라미드 구조를 통한 내부 자본을 활용하는 재벌 그룹은 외부 자본의 접근이 제한된 것에 따른 결과임을 보여주고 있다. 외부 자본에 대한 접근의 제약을 직면하지 않고 있는 일본기업들은 위험을 공유하는 방편으로 게이레츠에 의존하고 있다. 한국 재벌의 구조는 일본의 과거 재벌과 현재의 게이레츠의 중간의 모습을 하고 있다.

한국과 일본의 그룹의 조직의 차이는 일본 기업들의 사업의 운영상의 차이를 만들고 있다. 첫째로, 게이레츠의 중심인 은행은 기업들이 관련성이 적은 사업으로의 다각화를 억제하고 대신 상호 도움을 강조하고, 특히 장기적인 고객과 공급사로서의 관계를 강조한다. 공급사의 부분적인 소유지배는 상호 이익을 증진한다. 둘째로는 지배적인 가문이 존재하지 않기 때문에, 게이레츠는 내부 승진에 의해 육성된 전문

경영진에 의존한다.

  이러한 차이에도 불구하고, 일본과 한국의 그룹들은 공히 외부의 경쟁에 의한 거래보다는 그룹 내부거래에 의존하고 있다. 외부에서는 이러한 관행이 경쟁을 제한하고, 소액 주주들의 이익을 침해한다고 비판한다. 자본시장의 발전과, 국제적 개방은, 독립 기업간 거래의 비용을 크게 떨어뜨리고 있기 때문에, 내부 거래의 장점보다 단점이 더 크게 부상하고 있다. 사실 일본의 디플레이션 환경에서 원가절감의 압력에 직면하고, 일본경제의 개방성이 확대되면서 자동차와 같은 글로벌화한 산업에서 게이레츠는 약화되는 경향을 보이고 있다.

  일본의 재벌(Zaibatsu)이 진화한 일본의 현재의 기업집단 게이레츠(Keiretsu)의 전향적인 지배구조의 모습은 은행, 보험회사, 부동산 회사가 연합해서 많은 기업에 공동투자를 하고 그래서 자금조달, 위험관리와 부동산 투자의 기능을 투자 회사들이 맡고 다양한 산업의 기업에 투자를 하고, 이 투자된 기업들은 마치 하나의 그룹처럼 움직인다. 우리나라에서 내부거래라고 일컬어지는 거래들을 이런 연합체 속에서 수행한다.

  가문이 없어진 일본의 재벌은 게이레츠(계열사)라는 이름으로 불리우지만 과거 재벌 구조하의 연계성은 유지되고 있다. 그 지배구조상으로는 한국의 재벌구조와 별 다를 것이 없는 형태를 유지하고 있다. 계열사들은 상호 순환 출자로 묶여 있다. 다를 바가 있다면 한국은 가계가 중심이 된 수직적 순한출자 구조가 존재한다는 점이다. 하지만 이도 그간 정부의 순환출자 구조의 해체 노력에 힘입어 일부 재벌(삼성, 현대자동차 등)에만 존재한다.

일본과 한국의 지배구조의 차이에도 불구하고 일본의 계열 그룹사와 한국의 재벌 그룹사들은 계열사들이 독립적으로 물건을 사고 팔기보다는 계열사간의 내부 거래에 의존하는 비중이 매우 높다는 점에서 유사하다.

　위와 같이 일본의 그룹은 종종 은행을 중심으로 구성되는데 여러 은행 중심의 그룹이 연합해서 일반 기업을 지배하고 서로 상호 출자에 의한 지배 구조를 갖고 있다. 도요타 자동차의 주요 주주는 미쯔이 그룹(사꾸라 은행, 미쯔이 보험 등), 산와 은행과 니폰 생명이 중심인 산와 그룹, 도카이 은행의 도까이 그룹, 그리고 아이와 은행의 다이와 그룹과 도요타 그룹으로 구성되어 있다. 주력 지배주주는 도요타의 지분 12.1%를 장악하고 있는 미쯔이 그룹이고 이 구룹의 구성원인 사꾸라 은행의 지분 2.4%는 반대로 도요타 자동차가 지배하고, 미쯔이 F&M의 지분 2.1%, 미쯔이 T&B의 지분 1.8%를 도요타 자동차가 갖고 있다. 즉 미쯔이 그룹과 도요타는 상호 출자를 하며 장기적인 협력관계를 유지하고 있다. 이는 은행들이 중심이 되어 산업을 지배하고 있고, 이들은 서로 상호출자로 묶여 있다는 특징을 갖는다(La Porta et al. 1999).

　2차대전 이전만 해도 일본은 지금의 한국, 캐나다, 프랑스, 이탈리아, 스웨덴에서와, 유사한 강력한 재벌 가문이 기업을 지배했다. 하지만 전쟁 중인 1930년 군사정권하에서 전쟁을 수행하기 위해 계획명령경제로 이행하였으며 개인의 재산권은 종이 쪽지에만 존재하였다. 이러한 재산권의 국가 몰수의 배경이 전후에 미군이 재벌의 지분을 매각하여 영국과 미국과 같이 지분이 분산된 기업으로 대체하게 하였다. 하지만 이러한 변화는 소액의 주식을 사서 경영권을 인수하겠다는 위협(그린메일이라고 한다)이 가능해졌다. 이에 대한 일본의 경영진은 여러 회사들(대부분 이전 자이바쯔의 계열사들)과 블록 지분을 서로 교환해서 이러한 우호 지분의 합이 과반 지분이 되도록 상호 지분을 교차 소유하는 것으로 경영권 보호의 수단을 강구한 것이 지금의 게이레츠가 되어 있고 그 중심에 은행이 놓여있다.

1990년의 일본의 버블이 꺼지고 기업들이 부실화되었지만, 은행들은 자신들이 소유하고 있는 기업들에게 계속 자금을 공급하면서 은행의 부실화와 일본의 좀비경제화를 확대한 것으로 일본의 잃어버린 30년의 한 원인으로 지목되고 있다. 재벌이 정치적 영향력으로 군사정부 아래서 우월적 혜택을 받았던 지대추구를 했다면, 현재의 게이레츠는 은행을 상대로 지대추구를 해서 일본의 금융의 발달과 경제구조개혁을 지연시키고 있다(Morck and Nakmura, 2005).

우리나라의 재벌개혁론자들은 일본에서 재벌이 해체되었다는 사실만 강조하면서 마치 한국에서도 그래야 되는 것처럼 주장한다. 일본은 2차대전의 과정과 이후에 이어지는 군사정권 하에서나 가능했던 일이다. 그리고 재벌을 대체한 게이레츠는 일본의 잃어버린 30년의 큰 원인으로 지목되고 있다. 한국의 재벌의 피해가 더 큰지, 일본의 게이레츠의 피해가 심각한지는 따져 보지도 않는다. 일본의 지배구조를 연구한 학자들은 "우물 안 개구리는 바다에 대해 전혀 모른다"라며 일본의 전근대적 기업의 지배, 소유구조를 한탄하고 있다(Morck and Nakmura, 2005). 재벌개혁론자들에게는 재벌이 해체되었다는 사실만 중요하지, 그 이후의 일본의 지배구조가 잃어버린 일본의 30년의 한 원인이라는 것은 관심 밖이다.

3.5.2 독일의 기업집단과 지배구조

독일 기업지배 구조의 특징은 일본과 유사하게 은행, 보험회사와 일반 산업 간의 상호 출자, 장기간 지분 보유, 그리고 다른 회사들의 이사들 간의 긴밀한 세습적이고 개인적인 관계를 특징으로 하고 있다.

도이치 뱅크, 알리안츠, 커머즈 뱅크 등 독일의 5대 금융회사(Universal Banks)들이 BMW, 바스프(BASF), 이온(E.ON), 시멘스(Simens), 유통 대기업 메트로(Metro), 폭스바겐(Volkswagen), 도이치 텔레콤 등 대표적인 대기업들의의 지분을 갖고 지배할 뿐만 아니라 이사회의 상당 비중을 직접 장악하고 있어서 바로 금융에 의한 일반 산업의 지배의 특징을 갖고 있다(Onetti and Pisoni, 2009). 독일의 산업구조를 흔히 "금융 자본주의"(Financial Capitalism)이라고 불린다.

이러한 상호 출자는 일본의 경우처럼 안정적인 경영권을 보장하고, 은행들이 여러 산업의 연결고리가 되면서 필요한 산업에 자금을 효율적으로 공급하면서 2차대전 이후에 독일경제 부흥을 이끈 중요한 독일 경제의 특장점으로 칭송되어 왔다.

다임러-벤츠 자동차 회사의 지배 주주를 보면 도이치 은행이 24.4% 지분, 그리고 알리안츠와 여러 개의 은행들이 지분을 갖고 있는 스텔라와 쿠웨이트 정부의 지분이 3대 주주를 형성하고 있다(Porta et al. 1999).

최근 치열해지는 글로벌 경쟁에 직면한 독일 은행들은 자신들의 생존을 위해 관계 기업들에 대한 금융 등에서 변화가 있고, 2000년 전후의 닷컴 버블과 함께 파산기업이 급증해서 이러한 은행중심의 지배구조에 투명성을 더하는 제도적 변화가 수반되었다(Fohlin, 2005). 하지만 이러한 변화가 은행이 주도하는 안정적 기업 지배구조나 영미 체제로의 수렴이 되고 있다는 증거는 희박하다(Goergen et al., 2008; Onetti and Pisoni,

2009). 특히 히든 챔피온, 또는 강소기업으로 불리우는 중견기업들은 대를 잇는 가족 중심경영을 하며 그 장점을 살리고 있다(Simon, 2009).

여기서 일본이나 독일의 지배구조의 특징은 경영권의 안정적 보호다. 이후의 장에서 자세히 논의하겠지만 피라미드 구조를 권장하는 조건 중에 하나가 경영권 보호 수단의 결핍이다. 우리나라서 재벌개력론자들은 재벌에게는 세상에 있는 모든 규제에 더해 한국적 규제를 누적하면서, 다른 나라에 광범위하게 존재하는 경영권 보호 수단은 불허하고자 우기고 있다는 점이다

3.5.3 서유럽 국가들의 기업 지배구조의 변화

프랑스의 대표적 재벌 가문인 루이비통의 지배구조다. 우리나라 재벌들의 구조와 큰 차이없이 피라미드와 순환출자로 얽혀 있다(Whittington and Mayer, 2000). 그 뿐만 아니라 재벌가문(grandes familles)들이 프랑스의 온갖 사업, 프랑스 은행은 물론 주식시장까지 통제하며 혈족에 의한 지배가 여전하다고 보고되고 있다. 이러한 이유에 대해 프랑스 역시 은행과 자본시장이 기업체의 자금 수요에 대응하지 못해서 금융

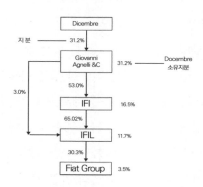

그림 3-7: 이탈리아 앙넬리 가문의 피아트 자동차 그룹 피라미드 지배구조
(The Economist, 2007)

지주회사 하에 많은 기업들을 거느리는 소위 문어발식 재벌구조를 만들어 냈다고 설명한다(Murphy, 2005). 미국이나 일본의 경우와 마찬가지로, 프랑스의 기업지배구조는 금융과 제도 등의 차이는 물론 오랜 역사적 충격의 산물이라는 것을 설명하고 있다.

기업의 지배구조 분포가 얼마나 자본시장에 의해 영향을 받는 것인가는 이탈리아의 실증연구에서도 증명되고 있다. 그림 3-7에서 이탈리아 재벌의 피라미드 출자구조의 예로 앙넬리(gnellis)가문의 피아트 자동차 그룹을 지배구조에서 볼 수 있다. 대주주의 피아트 그룹의 법적 소유분은 3.5%에 불과하지만 수직계열사의 의사결정 사슬을 통해 사실상 지배하는 우리나라에서 흔히 말하는 쥐꼬리만한 지분으로 그룹을 지분한다는 비난과 정확하게 같은 모습이다.

재벌기업과 피라미드 투자구조는 증시의 발전과 밀접하게 관련이 있다는 것이 이탈리아의 기업의 역사에서 분명하게 나타나고 있다(Aganin and Volpin, 2005). 앙넬리 가문의 지주사 역할을 하는 디셈버(Dicembre)를 앙넬리 가문의 후손들이 지배하고 있고, 이 모기업을 중심으로 피라미드 구조를 통해 피아트 자동차 그룹을 지배하고 있다.

기업의 지배구조를 개선하고 투자자를 보호하기 위해 이탈리아도 많은 제도적 개혁을 1990년에서 2005년까지 시행하였다. 새로운 은행법, 증권법의 시행, 그리고 자본시장의 발전에 따른 기관투자자들의 영향력의 증대, 주식 시장의 민영화, 기업지배구조 규범의 개정과 시행, 상법의 개정과 저축에 대한 새로운 법들이 모두 투자자(주주) 보호의 강화를 목적으로 도입되었다. 이탈리아도 우리와 같이 재벌 지배가 늘 논란이 되는 나라이기 때문이다. 이러한 변화가 기업의 지배구조에 어떤 영향을 미쳤는가를 추적한 연구의 결과는 이러한 개혁적 변화에도 불구하고 기업들의 소유와 지배구조에 끼친 영향은 매우 제한적이라는 것이다. 비상장 회사는 대주주의 일원들의 주식의 이전을 제한할 수 있는 예외 규정을 통해 대주주들의 기업 지배권한을 유지하려고 하고, 상장기업들은 과거의 피라미드 투자를 통한 경영권 보호를 독일과 일본에서 보듯이 은행-기업간의 상호출자는 물론 다양한 연합을 통해 유지하는 경향이 강해지고 있다고 관찰되고 있다. 대주주들이 경영권을 잃지 않으려는 강력한 대응은 이탈리아에서 소유와 경영의 분리가 요원함을 보여주고 있다 (Bianchi and Bianco, 2006).

  미국과 같이 캐나다 또한 이민자들에 의해 국가의 제도가 제대로 정립되기 이전에 영국 식민지 시대 때부터 재벌기업들이 융성하여 20세기 초에는 경제를 강력한 재벌 가문과 개인들에 의해 지배되었다. 하지만 20세기 중반에 미국과 같은 소유와 경영이 분리된 지분이 분산된 기업들이 잠시 늘었으나 70년대부터 다시 가문의 지배하에 있는 기업들이 다시 부상하게 된다. 이러한 변화에는 캐나다 초기 기업의 중상주의의 뿌리와 금융의 발달과 더불어, 노사관계등 여러 정치적 요소들이 복합적으로 작용하고 있다(Morck, Percy, Tian and Yeung, 2005)
  우리는 일본, 독일, 이탈리아의 사례에서 보듯이 기업들을 제도적 개혁으로 소유와 경영의 분리가 쉽지 않음을 알 수 있다. 그리고 미국과 영국에서 관찰되는 형태의 기업이 기업과 국가적으로 더 바람직하다는 아무런 증거도 없다.
  미국이 록펠러, 카네기, 포드 가문과 같은 소수의 재벌 가문이 지배하던 1900년대의 미국은 지금처럼 예외적이지 않고, 우리가 개탄하는 상황보다 더 강력한 재벌 가문이 경제를 통제하였다. 왜 미국의 공개 기업이 대규모 지분(block holdings)을 갖고 있는 주주가 매우 적은 소위 '소유와 경영이 분리'된 경제로 진화 했는지는 우리나라의 재벌개혁론자들의 자신감처럼 분명하지 않다. 그들은 이 변화는 다른 나라에서 나타나는 관행이나 유형과 전혀 다르며 예외적인 현상이라고 분석한다. 일부는 초기의 재벌들이 블록 지분이 없이도 이사회를 통해 기업지배를 계속할 것으로 착각했다고 한다. 록펠러는 자신의 회사 스탠다드 오일, 인디에나의 사장을 해고하는데 큰 어려움을 겪으면서 지분구조없이 회사를 지배하고, 경영권을 안정화시키는 것이 환상이라는 것을 뒤늦게 후회했다. 공정 거래법과 상속세 등 제도의 변화, 투자은행과 같은 금융의 급속한 발달, 길드 형 재벌 가문들이 자선 사업가로 변모하는 문화 등의 여러 요인과 정치와 포퓰리즘의 압력 등 많은 요소들의 누적에 의한 것으로 추정할 뿐이다. 이를 연구한 미국과 유럽의 경제학자는 그 원인을 자신들도 온전히 알고 싶다는 겸손한 결론을 토로하고 있다(Bech and Delong, 2005)

미국과 일부 서구에서 나타나는 또 하나의 특징은 창업자들이 상속세를 피하기 위해 자신의 지분을 공익재단에 기부하고, 그 공익재단을 통한 기업지배를 계속하는 것이다. 상속세 제도와 기부문화가 미국의 기업의 지배구조를 변경하는 주요한 요인 중에 하나다(Becht and Delong, 2005). 포드 자동차의 창업자 포드가 그 후손들이 계속 포드에 대해 영향력을 행사하도록 만든 것이 바로 포드 재단에 기부된 20%의 주식의 차등 의결권에 의한 지배다.

여성들이 좋아하는 기업인 에스더 로더(Est e Lauder)의 경우를 보자. 이 회사를 지배하는 라우더 파운데이션이라는 공익재단이 있다. 이 공익재단은 창업가들이 신탁자산으로 유산 상속하는 곳이다. 또한 레오나르드 와 로나르드 로더 형제의 두 회사가 페이퍼컴퍼니로 유한 회사를 만들고 그 유한회사가 다른 회사들을 지배한다. 또한 여기에는 이들이 만든 신탁재산이나 공익 재단이 주주로 참여하여 결국 유한회사, 신탁재산, 공익재단들이 기업의 지배에 동원되며 이들은 개인이 가지고 있는 지분율 보다 훨씬 높은 차등 의사결정권을 행사한다. 또한 페이퍼컴퍼니 비슷한 여러 개의 지주 회사 성격의 유한회사들은 지분율보다 3배 높은 의결권을 가지고 있다. 당연히 창업자의 후손들이 지배하는 재단의 의결권은 지분율보다 높다.

왜 거기에 서구의 부자들은 이러한 재단에 기부를 했을까? 대부분 상속세를 피하기 위해 상속할 때 만들어진다. 사실 워렌 버펫이나 빌 게이츠가 그렇게 많은 부를 빌 멜린다 게이츠 재단에 기부하는 이유는 상속세를 내지 않고 영향력을 계속 행사할 수 있는 방법이기 때문이다. 우리 나라는 이 조차도 금지하고 있다. 이러한 공익재단에 돈을 넣으면 그 후에 재단을 만든 사람들이 돈을 가지고 갈 수도 없는데 우회 상속을 한다고 겁내어 5% 이상의 지분에 대해서는 증여로 간주하고 어마어마한 증여세를 부과한다. 게다가 그렇게 해서 소유한 주식으로 경영권 행사도 못하게 한다. 결국은 높은 상속세로 경영권 상속을 막고, 공익재단에 기부하는 행위도 금하고 있어서 입구와 출구를 다 봉쇄하고 있다. 그렇게 해 놓고는 외국의 기업들은 기부를 많이 하는데 우리나라 기업들은 기부를 안 한다고 비난만 한다.

3. 6 소유와 경영의 분리가 글로벌 스탠다드인가에 대한 결론

우리의 재벌 비판의 핵심 중에 하나가 재벌 총수가 소유와 경영의 일치를 통해서 방대한 기업군을 지배한다는 것이다. 이러한 계열사간 피라미드 출자에 대한 비판적 시각은 우리나라에 너무 오랫동안 당연시되어왔다. 문재인 정부의 3대 경제 정책의 하나인 공정경제로 이들이 이야기하는 재벌 개혁은 한마디로 순환출자 구조를 바꾸자는 것으로 모아진다.

문재인 정부의 이러한 인식은 특히 '재벌 저격수'로 이름을 떨친 김상조 전 공정위원장의 기용으로 분명해졌고, 그는 기회 있을 때마다 한국 재벌의 전근대성을 공격하면서 정치적 압력을 행사해 왔다. 그리고 재벌의 지배주주에 의한 배임적 행위를 질타해 온 또 다른 재벌 저격수 장하성 전 정책실장의 뒤를 이어 지금 청와대의 정책실장으로 중용되고 있다.

이제 우리는 일본, 독일, 프랑스, 인도, 미국에도 피라미드 구조, 즉 피라미드 출자의 대기업들이 광범위하게 존재한다는 것을 알았다. 이들의 예들은 아주 예외적인 사례들인가? 한국에서는 이런 영미형 대기업 조직 형태가 글로벌 스탠다드이고 피라미드 기업 집단은 한국과 같은 개발도상국에서나 존재하는 예외적 형태라고 재벌 개혁론자들은 주장해 왔고 언론과 정치권도 그렇게 알고 있다. 하지만 우리가 앞에서 실증연구들을 통해 살펴 본 바에 따르면 사실은 정반대로 영미형 기업조직이 오히려 미국적 예외(American Exceptionalism)인 것이다. 미국과 영국의 대기업들도 다수의 기업들이 부분적 중층적 출자 구조로 연결되고, 지배주주의 통제를 받는 형태의 기업집단은 미국, 영국 등 일부를 제외하고 세계 도처에 산재한다. 국제학계에서 지배구조를 연구한 사람들의 결과는 '피라미드 기업집단은 세계 도처에 있는 매우 일반적인 것이다. 즉 예외가 아니라는 보편적 현상이다'라는 것이다(Morck and Steier, 1998).

그럼 왜 우리나라에서는 대부분이 예외적으로 있는 미국의 예외적 현상(American Exceptionalism)의 신화를 믿는 사람들이 넘쳐날까? 아마도 우리나라의 지식인들이 미국 편중의 사고에서 벗어나지 못하고 있기 때문일 것이다. 경제학과 경영학자의 대부분이 미국에서 학위를 받은 사람들이고, 세계 언론은 대부분 구글, 아마존, IBM 등 미국 기업의 이야기를 접하고 살고 있다는 점과 무관하지 않을 것이다. 다음의 장에서 자세히 논의하겠지만 아마존과 구글 등의 회사의 소유지분은 우리처럼 피라미드 구조가 아니지만 창업자의 절대적 의사결정권한을 인정하는 또다른 '황제 경영'을 하고 있다는 점이다.

결론적으로 피라미드 구조 또는 순환출자 구조를 통한 총수 (지배주주)의 지배는 대한민국 또는 후진국에만 있는 예외적 사항인가?
정답은 절대 아니다. 이는 세계 도처에 있는 보편적인 형태의 지배구조이고 영미형 구조가 예외적이다가 답이다.

그렇다면 왜 우리나라에서만 유독 재벌을 악마화하고, 개혁의 대상으로 몰아 부치고 있는지 묻지마 재벌개혁론자들은 왜 재벌이 개혁되어야 하는지, 어떻게 개혁되어야 하는지에 대해 국민 특히 청년들을 상대로 선동하기 전에 진지한 자기 탐구성 질문을 해야 한다.

(1) 어떤 지배구조도 원천적으로 우월하지 않다
비록 눈에 보이는 재벌은 존재하지 않아도 독일과 일본처럼 상호출자를 통해 경영권을 안정적으로 보장 받는다는 점에서 이들 기업도 재벌을 비난하는 이유가 되는 재벌가의 사익을 추구하고 소액주주들의 이해를 침해한다는 점에서 크게 다르지 않다. 소위 경영진이 안정적 지배구조를 통해 지대 추구를 하는 현상에서 크게 다르지 않다. 일본의 자산 버블 후에 금융의 실패가 장기적인 디플레이션 경제의 원인이고 이는 금융회사들의 상호출자 회사에 대한 좀비성 금융에 기인했다는 것은 잘 알려진 사실이다.

앞의 연구자들은 미국의 예외적인 현상이 반드시 좋은 현상만으로 치부하지 않는다. 미국의 기업지배구조의 역사를 연구한 논문은 어떤 지배구조 체제가 더 지속가능하고, 미국 체제야 말로 원천적으로 우월한 것은 없다고 단언한다("no one system seems durably and obviously superior not even that of the United States") (Becht and Delong, 2005). 미국의 천문학적 회계부정 엔론 사태와 휴렛-팩카드의 경영진 선정에서의 혼란 등에서 주인 없는 기업의 병폐가 잘 들어난다. 다음 장에서 설명하지만 급박하게 진화하는 기술 중심의 디지털 경제도 안정적이고 강력한 리더십을 요구한다. 한국 경제의 성공 요인으로 재벌의 장기적이고 과감한 투자는 부인할 수 없다(Sharma and Sharma, 2019).

미국의 주인 없는 기업들은 주주가 이사회를 통제하고, 이사회가 경영진을 통제하는 이상적인 모습과는 거리가 멀다. 주총은 형식일 뿐이고 이사회는 스스로가 스스로를 임명하는 구조다. 2011년 러셀 3000기업의 이사회 빈자리 16,797를 위해 추천된 후보 16,822명 중에 16,797명이 기존 이사회에 의해 추천된 후보이고, 단지 26명만 주주 추천이다. 기존 이사회 추천 인사의 임명 성공률은 99.9%이고, 주주들의 추천 인사의 성공률은 이의 반에도 미치지 못한다(Becker and Subramanian, 2013).

(2) 기업의 경영권 보호 수단의 강구는 필요하고 집요하게 유지된다
재벌개혁이 지배주주의 도덕적 해이를 방지하기 위해 자본시장과 상법, 공정거래법 등을 통해 시도해도 많은 기존기업들의 다른 경영권 보호 수단을 강구하여 자신들의 경영권을 보호 한다. 일본과 독일, 그리고 이탈리아에서 보듯이 상호출자, 차등의결권 등을 활용하여 안정적 경영권을 확보하고 지배구조에서 큰 변화를 유도하지 못한다는 점이다. 그것은 기업들의 지대추구 또는 도덕적 해이 보다는 누구나 사업을 하면서 경영권을 포기하지 않고 싶다는 인간의 본성이자, 안정적 지배구조가 기업의 운영에 꼭 필요하기 때문이기도 하다. 특히 정치적 사회적 혼란이 크거나, 법치가 안정적이지 않는 나라에서 이러한 경향은 더욱 강하다.

(3) 상법과 공정거래법으로 지배구조를 개혁할 수 있는가?

앞에서 설명한대로, 기업들이 피라미드 구조를 갖고 기업군들을 지배하는 것은 금융 시스템과 경영권(또는 투자자)의 보호 체계의 미비에 대한 대응으로 발현된 것이다. 기업의 지배구조에서 법률 체제가 중요한 요소임은 이 분야의 가장 권위 있는 연구들이 일관되게 지적하고 있다 (La Porta et al. 1997, 19997a, 1998, 1999, 2000, 2000a; Acemoglu et al. 2000,2001, 2002, 2003).

여기서 한국의 재벌개혁론자들은 근원적인 고민이 필요하고 우리 사회도 재벌개혁 또는 기업의 지배구조의 지향점이 어디인가에 대해서 생각해 볼 필요가 있다. 법률 체제는 영미 계의 관습법(Common Laws), 프랑스, 독일, 스칸디나비아로 크게 분류된다. 한국의 상법은 독일법률체계를 따른 것으로 분류된다. 이 독일법의 체제를 갖고 있는 나라는 주요 국가 중에는 독일, 일본과 한국일 뿐이다(Spamann,2009). 이는 일본이 독일을 베끼고 한국이 이를 베낀 것에서 유래한 것이다. 독일과 일본은 문화적으로 많은 것을 공유한다. 신뢰에 입각한 노사관계는 물론이고, 사회가 합의에 의한 조정경제시장(Coordinated Market Economy)에 기반하고 있다.

우리는 신뢰의 자산이 결핍하고 극도의 대립적 노사관계를 갖고 있는 나라다. 그래서 이 상법과 노동법의 체계 자체도 우리 문화나 경영 현장에서 큰 파열음을 내며 갈등 구조의 관리에 실패하고 있다. 여기에 재벌개혁론자들이 상정하는 기업의 모습은 미국과 영국의 공개기업들의 모습이다. 또 하나의 거대한 부조화의 결합을 시도하고 있는 것이다.

(4) 뿌리가 다른 역사와 정치, 문화적 요소들로 진화적으로 발전한다.

미국과 달리 캐나다의 기업의 지배구조가 재벌 중심인 것은 캐나다 건국 초기의 중상주의의 뿌리가 작용하고 있다. 해외에서 위험한 사업을 영위하는 기업들은 안정적 지배구조가 필요했기 때문이다(Morck wt al. 2005). 우리나라 또한 이보다 더 강력한 해외시장 개척의 중상주의에 기반한 경제로 발전했고 기업들은 이에 부응하는 경영 구조를 만들었다. 한국의 재벌 중심 구조의 핵이 되었던 종합상사가 바로 해외 개척의 능력이 집대성된 첨병이었다.

금융 자본주의로 유사하지만 독일보다 일본에서 금융권에 대한 기업들의 지대추구, 또는 금융회사들의 도덕적 해이가 더 심하고 경제에 부작용이 훨씬 컸다는 것은 제도 이전에 그 사회의 도덕적 기반의 영향이 크다는 것을 보여주고 있다. 즉 제도만으로 인간의 행동을 규제하기 어렵다는 것이다.

경영의 안정성을 위협하는 많은 요소들이 있다. 우리나라에서 지금 목격하는 것처럼 강력한 대결적 노조는 경영권을 심하게 위협한다. 가문에 의한 강력한 기업 지배가 바로 이러한 강력한 노조에 대한 대응이라는 것은 선진국의 역사에서도 발생했다는 것은 옥스포드 대학의 연구자들에 의해 자세히 설명되어 있다(Roe, 2003). 노조의 부상은 정치적 배경과 무관하지 않다. 진보적 정권하에서 노조의 힘이 강해지고, 좌파적 정책이 기업의 경영환경을 더 불안하고 불확실성을 높일 수록 역설적으로 재벌 구조의 강화를 가져왔다는 것이 캐나다의 역사에서 증명되고 있다(Morck et al. 2003).

지금 문재인 정부의 친노조, 반재벌 정책은 재벌 구조가 형식적으로는 변화할 지 모르지만 근본적으로 경영권 안정의 욕구를 강화할 것이라는 것을 짐작할 수 있다.

이러한 많은 중요한 요소들은 무시되고 우리나라 재벌개혁론자들은 재벌의 규제 강화로 지배구조를 개혁할 수 있다는 착각에 빠져 있다. 이는 경제 시스템이 구성원들의 이성적 대응의 결과라는 것에 반하는 구성주의자들의 지적 오만에서 비롯된 것이다.

기업의 소유와 지배구조를 연구하는 학자들의 결론을 종합하면, 우리나라에서 재벌의 존재와 행태가 한국만의 부조리로 단정하고 무조건 뜯어고치겠다는 것은 경영학에 무지하거나 이념적으로 편향된 반기업 선동가들의 오만의 산물이다. 그 선두에 문재인 대통령이 나팔수가 되어 있다.

IV

환상형 지분 구조와 황제경영 시비

"The whole problem with the world is that fools and
fanatics are always so certain of themselves, and wiser
people so full of doubts"
이 세상의 모든 문제는 바보들과 광신도들은 언제나 자신
들이 확신에 차 있고, 현자들은 의심이 가득하다는 것이다
– 영국 작가, 철학자이자 노벨 평화상 수상자, 버트란드 러셀 (Bertrand Russell)

4

[김상조의 글로벌 거짓말]
쥐꼬리만한 지분과 황제 경영

　2018년 5월 18일 당시의 김상조 위원장은 "삼성 그룹의 지배 구조는 바꿀 수 밖에 없다"고 단언하고 "현재 삼성 그룹의 소유 지배구조, 이 구도가 지속 가능하지 않다는 것은 삼성에서도 잘 알고 있습니다. 이재용 부회장-삼성물산-삼성생명-삼성전자로 이어지는 출자 구조를 서둘러 고쳐야한다는 겁니다"라며 소위 재벌 구조개혁을 압박했다.

　그러면서 "이 결정이 늦어지면 늦어질수록 삼성 그룹과 한국 경제 전체에 초래되는 비용은 더 커질 것이라고 생각합니다"라며 현재의 지배구조가 삼성의 기업은 물론 국가경제에도 해가 된다는 주장을 하며, 현재의 후진적인 지배구조가 재벌의 '일감 몰아주기'와 편법 승계 등 재벌의 탈법의 원인이라고 지목하면서 우리 사회가 더이상 용납하지 않을 것이기 때문에 자신의 임기 3년, 문재인 정부 임기 5년 동안 일관되게 흔들림 없이 가겠다고 단언했다.

그리고 순환출자의 해소 대안으로 차등의결권과 같은 경영권 보호 수단을 허용해야 한다는 요구에 대해

'포이즌필이나 차등의결권 같은 경영권 방어 수단은 21세기에 들어선 어떤 나라도 이 수단을 바람직하지 않다고 보고 있으며, 이게 글로벌 스탠다드다' 라고 단언을 했다.

정말 이것이 글로벌 스탠다드일까?

'재벌 저격수'김상조 전 공정위원장이 말하는 재벌의 소유 지배 구조 상의 문제란 무엇인가? 재벌의 지배구조를 비판하는 말 중에 가장 자주 듣는 말이 쥐꼬리만한 지분으로 무소불위의 황제 경영을 한다는 말이다. 좀더 전문가연하는 사람들은 재벌들이 가공지분(假空持分)에 의존해서 기업을 지배한다는 말을 한다. 가공지분이란 대주주들이 갖고 있는 주식의 소유지분보다 더 큰 의사결정 권한(의결권)을 행사한다는 것이다.

우리는 재벌 저격수 또는 개혁론자들이 말하는 재벌의 지배구조가 정말 지탄의 대상이고 김상조 전 공정위원장의 단언처럼 바꿀 수 밖에 없는가를 냉정하게 따져 보기 위해서는 다음의 사항들을 따져 보아야 한다.

1. 한국의 재벌의 지배(소유) 구조에서 무엇을 문제로 지적하고 있는가?
2. 한국 재벌의 소유지배 구조 (가공 지분)는 소액 주주들의 이해를 침해하는가?

3. 소수 지분으로 기업을 지배하는 경영권이 한국적 예외인가? 그리고 지배주주의 경영권을 보호하는 수단들은 김상조 실장이 주장하는 바와 같이 폐지하는 것이 글로벌 표준인가?

4. 한국적 지배구조 (가공 지분)에 의한 기업 경영은 기업의 성과에 부정적인가?

이러한 질문에 답하기 위해서는 우선 재벌 저격수들이 말하는 지배구조의 문제가 무엇인지를 정의해야한다.

4. 1 대기업의 피라미드 (중층) 소유구조와 가공지분(假空持分)

쥐꼬리만한 지분으로 거대 기업집단을 독단적으로 지배한다는 말이 재벌의 '황제경영론'이다. 즉 기업의 대주주가 누구의 견제도 받지 않고 전횡을 하고 있다는 비판이다.

이것이 가능하게 하는 것이 피라미드(즉 계열사를 통한 출자 연결 구조) 그 중에서도 바로 환상형 지배구조다. 앞장에서 설명한 대로 이와 같은 순환출자 구조는 피라미드 구조의 특수한 형태다. 대주주(재벌 총수)가 현대차를 지배하고 현대자동차, 기어자동차, 현대모비스로 이어지는 수직적 지배 고리에 다시 현대 모비스가 시작점인 현대자동차에 투자하여 고리를 완성하는 것이 순환출자의 형태다. 이는 현대자동차와 현대모비스간의 간접적인 상호출자와 같다. 앞장에서 설명한 상호출자를 금지하고 있는 나라는 극히 일부의 국가에 한정된다.

그림 3-1에서 2011년 말 기준의 현대, 기아 자동차 소유구조는 정몽구 회장의 현대자동차에 대한 지분은 5.17%이지만 순환출자를 통

해 지배하고 있는 계열사 현대모비스가 갖고 있는 지분 20.8%를 합쳐서 현대차에 대한 지분율 25.97%를 장악하고 있다. 정 회장 일가는 현대차에 대한 자기 지분율 5.17%의 5배가 넘는 25.97%를 행사할 수 있는 것이다.

파라미드 구조의 문제는 지배주주의 법적 소유지분과 의사결정 지분(Voting Rights)에 대한 괴리의 문제이다. 한마디로 가공 지분이란 주식의 소유지분을 초과해서 행사하는 의결권의 비율이다. 사실 회사의 중요한 지배는 주총의 의결권으로만 이루어지는 것이 아니다.

환상형 구조의 가공지분의 계산이 복잡하기 때문에 아래 그림에서 전형적인 피라미드 구조를 통해 이슈를 정의해 보자.

아래 그림은 재벌 가문이 모회사 A의 지분을 80% 갖고 있고 그 회사가 계열 회사 B의 지분을 40%를 갖고 있는 구조다. 우리나라와 달리 많은 나라에서 지분보다 높은 의결권을 갖는 주식을 허용하고 있다. 이를 차등 의결권이라고 한다. 모회사가 자회사에 대해 지분은 40%이지만 의결권은 60%로 보통 주식에 비해 1.5배의 의결권을 갖고 있는 경우다.

기업을 지배하는 또 다른 방법은 이사회를 얼마나 장악하느냐 하는 것이다. 이사회가 주요 경영의사결정을 하기 때문이다. 이 그림의 사례는 이사회의 70%를 가문에서 실질적으로 임명하는 권한을 갖고 있는 경우이다. 수직적 소유 관계로 인해 회사 B에 대한 가문의 지배 권한을 분석해 보자.

자회사 B의 가문의 법적 소유지분은 모회사를 80% 소유하고 있고 (회사 A 통제하는 가문의 지분 C=80%), 그 모회사가 40%를 지배하고 있기 때문에 자회사의 법적 지분은 32%가 된다.(O= 40% x 80%=32%). 모회사는 자회사의 의결권을 60% 행사하기 때문에 가문의 의결권 지분은 48%가

된다 (V= 60% x 80% = 48%)

가문이 이사회 지분 (B=70%)를 갖고 있어서 우리는 일반 의사결정에서의 소유괴리와 이사회 임명권에서의 소유괴리를 생각해 볼 수 있다.

따라서 우리는 다양한 소유괴리를 생각해 볼 수 있다.

D1= V-O = 16% (소유지분과 의결권 지분 괴리)

D2= C-V = 12% (통제 지분과 법적 의결권 지분 괴리)

D3= B-O = 38% (이사회 지분 괴리)

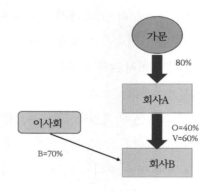

그림 4-1: 피라미드 지배구조하의 소유지배 괴리
(자료원: WEF, 2013)

앞장의 그림 3-7 이탈리 앙넬리 재벌의 예에서 보듯 소유사슬이 길어질수록 지배주의 법적 의결권 지분은 점차 작아져서 그룹사 전체를 보면 쥐꼬리만한 것으로 줄어들고 가공지분은 커지게 되어 있다. 하지만 각 연결 고리에서 수직 계열사의 지배 주주(의사결정권한을 갖는 일대 주주의 블록)의 지위를 유지하는 한 하위의 회사의 의사결정을 완전히 장악할 수 있다.

스웨덴의 대표적 재벌 발렌베르(Wallenberg)가의 기업지배의 구조를 보면, 가문의 재단이 피라미드 구조로 얽혀 있으며, 스웨덴 뿐만 아니라 독일과 이탈리아 등의 재벌 가문들과 상호 출자로 얽혀 있고, 위에서 설명했듯이 소유지분과 의결권 지분이 다른 차등의결권을 많이 활용하는 것을 볼 수 있다(ISS, EGCI, Shearman & Sterling, 2007).

우리가 재벌을 이야기할 때 대주주는 한 개인이 대주주의 가족 또는 대주주와 대주주와 주식의 의결권을 같이하는 특수관계인, 그리고 계열사들의 총지분율을 대주주의 내부지분율이라고 한다. 이러한 내부지분율은 결국 지배주주가 사실상의 기업을 지배하는 의사결정권 즉 경영권이다. 대주주와 우호적인 개인들이 연합해서 블록을 만들어서 기업을 지배하는 것은 대주주 간의 협력이라서 문제될 것이 없다. 우리나라에서 쥐꼬리 만한 지분으로 황제경영을 한다고 할 때는 개인의 지분보다 훨씬 큰 계열사의 지분을 대주주들이 활용하는 소위 가공지분을 문제시 삼는 것이다.

아무래도 기업의 소유가 많이 분산되어 있고, 자본금이 큰 기업의 대주주가 기업을 지배하려면 도움을 받는 우호지분(내부지분 또는 가공지분)이 커야 한다. 자본금이 작은 기업은 대주주가 많은 지분을 소유할 수 있지만 큰 기업은 그것이 가능하지 않기 때문이다. 예를 들어 최근 삼성그룹의 상장사 시가총액은 약 500조원으로 평가된다. 삼성그룹의 이건희 회장 일가의 재산은 2019년 포브스지의 평가에 의하면 31조다. 즉 가문이 지배할 수 있는 지분은 한 회사로 간주하면 모두 주식만 재산으로 보유하고 있다고 가정 해도 삼성 그룹 시가 총액의 6%에 지나지 않는다. 따라서 이건희 회장의 일가가 삼성 그룹을 지배하는 방식은 계열사를 통한 내부 지분 즉 가공지분의 비중이 높아야 한다.

2020년 문재인 대통령은 "대기업 집단의 순환출자 고리가 대부분

해소"되어 공정하고 건강한 시장경제가 안착되고 있다고 주장했다. 이런 주장의 배경에는 환상형 지배구조는 가공지분을 키우기 때문에 나쁜 구조라는 그릇된 인식이 자리잡고 있다.

우리나라의 잘못된 상식 중에 환상형 순환출자가 가공 지분에 의한 지배의 수단으로 착각하는 것이다. 위의 그림 3-7처럼 얼마든지 환상형 출자 없이도 계열사의 수직적 투자 관계인 피라미드식 출자에 의해 가공 지분율을 얼마든지 높일 수 있다.

만약 가공지분에 의한 기업지배가 잘못된 것이라면, 한국에서 가장 극심한 불법적 가공 자본에 의한 기업 지배자는 정권이다. 한 예로 우리 나라 증시를 관장하는 한국거래소(KRX)는 증권사들이 지분을 갖고 있는 100% 민간 주식회사다. 정부의 인허가를 통해 설립되었다는 것 하나만으로 이 회사는 정부, 정확하게는 기획재정부의 통제하에 있다. 이 회사의 자회사로 한국예탁결제원과 증권전산이라고 불리우는 코스콤이 있지만 이들 회사의 최고경영자의 임명과 경영은 모두 공기업으로 간주되고 소위 정권의 승인을 받은 모피아의 자리로 되어 있다.

그 뿐이 아니다. 소위 공기업을 민영화해서 민간 기업화한 국민기업 포스코, KT, 국민은행 등은 정부의 지분이 없는데 이들 기업의 최고 경영자 또는 감사와 같은 자리들은 정권의 트로피가 된지 오래되었다. 물론 정권이 바뀔 때 마다 이들 기업은 큰 홍역을 앓고 비교 대상의 민간 기업에 비해 경영성과는 매우 떨어진다.

이뿐만 아니다. 공기업 또한 자회사, 투자회사를 많이 두고 있다. 한전 그룹의 가공지분의 비중은 재벌 기업보다 높다. 만약 가공지분이 문제라면 왜 재벌의 지배주주만 문제인가에 대해 답을 해야 한다. 기업의 최고 경영자가 기업의 이해가 아니라 대주주 가문의 사적 이해를 위해 배임적 의사결정을 하는 것과 정권이 자신의 자리를 위해 유사한 그것을 하는 것이 무슨 차이가 있는가?

그보다 더 지독한 가공 지분에 의한 지배구조가 세계적으로 보편화 되어 있다. 그것은 다음에 설명하는 차등의결권이다. 주식에 다른 비중의 의결권을 주어 지배 주주가 소유지분의 몇배가 넘는 의결권을 행사하는 것이다.

4. 2 가공지배 수단은 피라미드 구조만 있는가?

우리는 여기서 분명히 해야 할 사실이 있다. 앞장에서 살펴 보았듯이 재벌이 대기업을 지배하는 현상도 일부 국가를 제외하고는 보편적인 현상이고, 계열사간의 수직적 위계질서에 의한 지배도 전세계에 보편적으로 나타나는 현상이며, 재벌의 황제경영이라는 소수의 지분으로 지분을 넘는 의사결정 권한을 갖는 가공 지분의 존재도 전세계적으로 공히 나타나는 보편적 현상이라는 것은 이미 앞 장에서 자세히 설명했다.

파리미드 지배구조의 본질은 지배주주의 경영권 강화 수단이다. 이러한 피라미드 구조 이외에도 대주주의 지배를 강화하는 많은 수단(Control-enhancing mechanisms (CEMS))들이 존재한다. 유럽 기업지배구조 연구소는 13 가지의 경영권 보호 수단을 열거하고 있다(ISS, EGCI, Shearman & Sterling, 2007).

최근 EU에 가입한 동구권을 제외한 유럽 16개국중에서 가장 보편적으로 쓰이고 있는 제도들은 다음과 같다.

표 4-1: EU 16개국의 경영권 강화 제도와 채택률 (자료원: ISS, EGCI, Shearman & Sterling, 2007)

제도	제도 허용 비율	기업들의 실제 채택률
피라미드 구조	100%	75%
주주간 계약	100%	69%
상호출자	100%	31%
차등의결권	50%	44%
황금주	44%	31%
지분 상한 제한	37%	25%

우선 우리나라에서 시비의 대상이 되고 있는 죄꼬리만한 지분으로 계열사를 지배한다는 피라미드 구조는 100% 합법적으로 허용되고 있다. 상호출자 또한 100%로 허용되고 있다. 피라미드 구조와 상호출자를 결합하면 쉽사리 환상형 순환출자를 만들 수 있다. 따라서 이번 정부가 지속적으로 압력을 가하고 있는 순환출자 또한 시비의 대상이 아니다.

우리나라에서는 주총에서 1주에 1표를 행사하는 모든 주식이 동일한 것이 민주적이고 합당한 것이라는 '경제 민주화'의 신화에 빠져 있다. 하지만 많은 나라에서 경영권 보호를 위해 특정 주주에게 우월적 지위를 인정하는 많은 제도들이 허용하고 되고 있음을 알 수 있다.

● 황금주: 특정 주식 한 주만으로 주요 경영사안에 거부권을 행사할 수 있도록 하는 제도이다. 즉 황금주를 소유한 주주의 동의 없이는 이사회나 주총에서 아무런 결정을 할 수 없는 경우로 그야말로 황제 경영이 가능한 제도이다. 흔히 공기업을 민영화할 때 정부가 민영화된 회사가 국가 경제에 반하는 의사결정을 하는 것을 예방하기 위해 정부가 소유한 1주를 황금주로 지정하는 것으

로 영국이 80년대 민영화하면서 시작해서 많은 유럽 국가와 러시아 등에서 채택되었다.

- 포이즌필(독약처방): 적대적 인수합병시에 대응할 수 있도록 기존 주식에 특별한 권리를 부여하는 제도이다. 예를 들어 기존주주들이 신주 발행시에 신주를 훨씬 싼 값에 인수할 수 있는 권리를 부여하면 적대적 인수합병의 시도를 할 경우 기존 주주들이 신주를 많이 발행해서 시가보다 훨씬 싼 가격에 인수하면 적대적 인수 공격자들은 기존 주주들에게 비해 훨씬 비싼 가격에 주식을 인수하여야 하기 때문에 인수합병을 어렵게 만들 수 있는 제도 등이다. 따라서 기존 주식을 사는 순간 적대적 인수합병자들이 주가에서 손해를 볼 수 있게 되어 독약 처방이라고 불리는 것이다.
- 차등의결권 주식: 보통 주식에 비해 높은 비율의 의결권을 허용하는 주식들을 말한다. 보통 1:10, 심한 경우는 1:100의 높은 의결권을 허용하는 경우도 있다.

우선 이 보고서만 보더라도 '포이즌필이나 차등의결권 같은 경영권 방어 수단은 21세기에 들어선 어떤 나라도 이 수단을 바람직하지 않다고 보고 있으며, 이게 '글로벌 스탠다드다'라고 주장한 김상조 정책실장의 공정위원장재직중에 한 발언은 사실이 아니다는 것을 알 수 있다.

피라미드 출자 구조는 다른 나라에서 시비의 대상이 되는 경우가 적고, 황금주와 포이즌 필은 기존 주주들의 이해를 보호하는 수단으로 비교적 그 활용의 빈도가 낮다. 하지만 최근에 차등의결권에 대한 논란은 비교적 뜨겁다. 차등등의결권에 대한 추세를 통해 김상조 실장의 발언의 사실 여부를 다시 한번 검증해 보자.

4. 3 경영권 강화 수단, 차등의결권의 급증

이 중에 가장 보편적으로 나타나는 경영권 보호 제도는 차등의결권이다. 우리에게 너무도 잘 알려진 페이스북의 창업자 마크 저커버그(Mark Zuckerberg)는 보통주의 10배의 의결권을 갖는 주식 9.1%의 의결권의 60%를 장악하고 있다. 그의 공동 창업 팀이 함께 갖고 있는 의결권은 65%가 넘는다. CNBC (2018)는 저커버그가 페이스북을 독재자처럼 지배하고 있다고 표현하며 황제경영을 보도하고 있다. 잘 알다시피 페이스북은 기업가치평가로 세계 5-6위를 하는 거대 기업이다 (Govindarajan et al. 2018).

호주 출신의 뉴스 미디어 재벌 머독(Merdoch)과 가족들이 지배하는 뉴스 코프(News Corp)는 미국의 TV 팍스 채널, 월스트리트저널 등 유명 언론사들을 비롯해서 호주, 영국 등의 TV, 신문, 잡지 등 거대 미디어 기업들을 소유하고 있는 대규모 기업집단이지만 머독과 가족의 주식들만 의결권이 있고, 증시에 상장된 주식들은 모두 의결권이 없는 주식들로 완벽하게 황제 경영을 하고 있다.

구글 또한 공동 창업자 래리 페이지(Larry Page), 세르게이 브린(Sergey Brin), 에릭 스밋(Eric Schmidt) 3인이 약 6.69%의 지분을 소유하고 있지만 10배의 의결권이 있는 차등의결권 주식을 통해 의결권의 54% 이상을 지배하고 있다. 따라서 세계 1-2위를 하고 있는 거대기업은 3인의 황제 경영을 하고 있는 중이다. 이들 기술 기업들 중에 차등의결권을 갖고 있는 회사들은 구글과 페이스북, 아마존, 알리바바, 링크드인, 질로우, 그루폰, 피빗, 고대디, 드림웍스 애니메이션, 옐프 등 수 없이 많다.

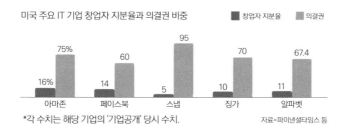

그림 4-2: 미국 주요 IT기업들의 차등의결권 현황

차등의결권이나 계열사를 통한 피라미드 구조를 통한 기업 지배와 소유지분보다 높은 의결권을 갖고 기업을 지배하는 것은 가공 지분에 의한 기업지배라는 관점에서 동일하다.

재벌의 지배구조 개혁을 앞장서온 김상조 전 공정위원장은 공정위원장 재직시에 포이즌필이나 차등의결권 같은 경영권 방어 수단은 21세기에 들어선 어떤 나라도 이 수단을 바람직하지 않다고 보고 있고, 이게 '글로벌 스탠다드다' 단언을 한 적이 있다. 정말 이것이 글로벌 스탠다드일까?

OECD에 의하면 차등의결권은 덴마크, 핀란드, 프랑스, 아일랜드, 이탈리아, 뉴질랜드, 노르웨이, 스웨덴, 스위스, 영국, 미국, 체코, 터키 등이 허용하고 있다 (OECD, 2007).

과연 김상조 전 공정위원장이 주장하는 글로벌 스탠다드의 경영권 방어 수단은 21세기에 들어서는 어느 나라도 바람직 하지 않다는 것이 사실인가? 최근 미국의 신규 상장회사들 중에 차등의결권 주식을 갖고 있는 기업의 비중을 보자. 김 상조 전위원장의 주장과는 정 반대로 점증하고 있다. 그것도 급격히 늘고 있다.

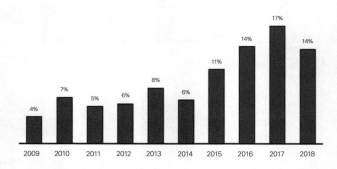

그림 4-3: 미국 신규 상장사의 차등 의결권 채택 기업의 비중 (Papadopoulos, 2019)

2019년 1월에서 5월까지 미국의 기업 중에 신규 상장 금액 기준으로 상장한 톱 10 기업 중에 차등의결권이 없는 3개사는 우버, 아반토(Avantor), PIMCO 모기지 3개사일 뿐이고, 7개 회사는 모두 차등 의결권을 허용하여 차등의결권의 인기는 더 해가고 있다. 이들에는 차량공유업체 리프트(Lyft), 사진 SNS 기업, 핀터레스트(Pinterest), 애완용 사료 온라인 유통회사 츄이(Chewy), 장외 파생 상품 및 금융 상품 거래소 트레이드웹(Tradeweb), 청바지 회사로 유명한 레비 스트라우스(Levi Strauss & Co), 사이버 보안 회사 크루우드스트라이크(CrowdStrike Holdings) 등 다양한 산업의 회사들이 차등 의결권으로 창업자의 경영지배권을 보호하고 있다.

더 긴 기간의 변화는 이 추세가 최근의 추세만이 아니라는 것을 알 수 있다. 2001년 상장사의 1% 기업만이 차등 의결권을 갖고 있었는데 2017년 거의 20%를 육박하고 있다(Govindarajan et. al, 2018).

보통의 차등 의결권은 1 주에 1표의 의결권을 갖는 보통 주(Class A 주식)에, 10배의 의결권을 갖는 차등 주(Class B 주식)으로 이루어져 있다. 페이스북, 알파벳, 알리바바 등 최신의 IT회사 뿐만 아니라 포드 자동차, 뉴욕 타임즈 등 기업들은 이러한 오래된 두 가지 주식을 발행하는 관행에 따르고 있고, 차등 의결권 주식의 폐지를 주장하는 워렌 버펫의 버크셔 해다웨이도 자신의 말과는 달리 차등 의결권 주식을 유지하고 있다.

크게 논란이 된 것은 2017년 3월에 젊은이들에게 화상 채팅 앱으로 잘 알려진 스냅챗을 운영하는 회사 스냅(Snap, Inc.)를 상장하면서 무려 35억 달러(약 4조 2천억원)의 주식을 신주 발행했는데 모두 무의결권 주식을 발행하였다. 그로서 당시 27세의 창업가이자 회사 대표인 이반 스파겔(Evan Spiegel)과 공동 창업자가 90%의 의결권을 갖고, 나머지 10%의 의결권 마저 내부의 특수 관계자들이 소유하면서 상장 기업이지만 창업팀이 100% 지배하는 경우가 발생하면서다.

구글의 지주회사 알파벳, 청년들에게 인기 있는 신발 및 스포츠 의류 회사인 언더 아모어(Under Armour), 식재료 배달 서비스로 인기가 높은 불루 애프론(Blue Apron) 등이 더 극단적인 무의결권 주식의 발행으로 완벽하게 창업자들의 황제 경영을 보호하고 있다. 아래 미국의 기관투자자들의 이해를 대변하는 기관투자자 협의회(Council of Institutional Investors)에 나오는 차등의결권을 갖고 있는 시가총액 2억불(한화 약 2400억원) 이상의 기업들의 리스트 중에 우리에게 잘 알려져 있는 기업들을 추린 것이다.

표 4-2: 미국의 차등의결권 회사의 대주주 지분과 의결권 (자료원 Council of Institutional Investors, 2019)

회사	지배주주 지분 (%)	의결권 (%)
아파벳(Alphabet)	6.69	54.16
ACM 리서치	11.78	72.75
아테시안 리소스	9.5	100
캘리포니아 은행	0.94	100
버크셔 하더웨이	0.05	84.09
익시피디아	8.6	48.48
페이스북	15.83	65.29
포드 자동차	1.78	40
고프로	20.84	72.47
킴볼 인터내셔널	0.68	100
리프트 (Lyft)	4.4	47.92
메들리 매니지먼트	0	100
몰슨 쿠어스	2.46	80
오픈하이머 홀딩스	0.77	100
라프 로렌	33.15.	83.22
스냅(Snap)	16.89	97.89
스퀘어	20.5	72.05
뉴욕타임즈	0.49	70
트립어드바이저	6.74	57.95
타이슨 푸드	19.19	70.37
US 셀룰라	0.38	86.09
유니버살 헬쓰 서비스	8.03	89.72
바이아콤(Viacom)	12.26	100

메들리 자산운영사의 지배주주는 사실상 지분이 퍼센트로 계산할 수 없을 정도로 적지만 100%의 의결권을 갖고 있다. 차등의결권 철폐를 찬성한다는 의견을 밝힌 워렌 버펫도 외부적 의견과는 전혀 다른 상황이다. 버크셔 하더웨이 회사는 0.05%의 지분으로 84% 넘는 절대 지배를 하고 있다.

포드 자동차도 창업자의 후손들이 1.78%의 지분으로 의결권의 40%를 지배하고 있다. 통신사 유나이티드 스테이트 셀루라(United States Cellular)도 0.38%의 지배주주가 그야말로 쥐꼬리만한 지분으로 86%가 넘는 절대적 지배권을 갖고 있다.

우리나라의 재벌의 가공 지분을 비난한다면 미국 기업들의 차등의 결권에 의한 가공지분은 상상을 초월하는 경우가 많다는 것을 알 수 있다. 우리나라의 재벌의 지배구조의 문제를 가공지배라고 주장하는 것이 얼마나 황당한 것인지를 보여주고 있다. 최근 연구에 의하면 차등의결권을 갖고 있는 회사들의 80% 이상이 지배주주들이 10% 미만의 지분으로 완전하게 지배력을 행사하고 있고, 상당 비율의 회사들이 5% 미만의 지분으로 회사를 지배하고 있다(Bebchuk and Kastiel, 2018).

포이즌 필, 황금주, 그리고 차등의결권은 지배주주의 경영권 보호를 위한 제도들이다. 당연히 금융회사인 기관투자자들은 이해가 상충되기 때문에 늘 반대의 의견을 개진한다. 따라서 기관투자자들의 의견을 갖고 김상조 전 공정위원장이 포이즌 필, 황금주, 차등의결권 같은 경영권 방어수단은 21세기에 들어서는 어느 나라도 바람직 하지 않고, 이것이 글로벌 스탠다드라는 주장은 헷지펀드나 투자은행과 같은 금융회사들의 이해를 대변하는 주장을 앵무새처럼 대변했다고 볼 수 밖에 없다.

그렇다면 왜 이처럼 기관 투자자들의 항변에도 불구하고 차등의결권 수용 비율이 급증하고 있을까? 이에 대한 사회적 논의가 뜨거워지자 이 사안에 대한 기업의 지배구조를 연구하는 경영학자들의 견해는 최근 하버드 비즈니스 리뷰에 잘 정리되어 있다. 다트머스 대학의 석좌인 고빈다라잔(Govindarajan) 교수, 콜롬비아 대학의 석좌교수인 라지고 팔(Rajgopal) 교수, 캘거리 대학의 석좌인 스라바스타바(Srivastava) 교수, 그리고 같은 대학의 이나체(Enache) 교수들의 결론을 정리하며 다음과 같다(Govindarajan et al.2018).

"차등의결권 금지는 기업 지배구조에 대한 중요한 이슈를 제기했지만, 이를 실행할 경우 득보다는 해가 훨씬 클 것이다. 그것은 디지털 혁명으로 인한 도전과 기존 기업들도 그들의 사업모형을 시급히 전환해야 하기 때문이다."

이것이 기업의 편에 서기 쉬운 경영학자들만의 결론인가? '포이즌 필이나 차등의결권 같은 경영권 방어 수단은 21세기에 들어선 어떤 나라도 이 수단을 바람직하지 않다고 보고 있고, 이게 글로벌 스탠다드다'라는 김상조 전 공정위원장의 주장은 사실인가?

우선 가장 보편적인 경영권 보호 수단인 차등의결권에 대한 OECD 종합보고서의 결론을 보자. 차등의결권에 관한 종합적인 보고서는 그런 결론에 도달한 적이 없다고 분명히 적고 있다.(OECD 2007) OECD는 그 이후로도 이에 대한 입장을 바꾼 적이 없다. 여기서 말하는 비례성은 주당 의결권의 비를 의미한다.

"OECD의 기업 지배에 관한 원칙은 주식의 비례성에 대해 입장을 갖고 있지 않다
(The OECD Principles of Corporate Governance do not take positions on proportionality)".

OECD의 최근 입장은 변화가 있을까? 기업의 지배구조에 관한 OECD의 2019년 보고서는 기업의 지배구조에 대해 이렇게 쓰고 있다(OECD, 2019).

"G20/OECD의 원칙은 회사의 최적의 자본구조는 경영진과 이사회가 주주총회의 승인을 거쳐서 결정하는 것이 최선이다. 이것은 차등의결권의 발행을 포함한다. 실제 이 보고서가 검토한 49개 증시 관할 권한 중에 3개를 제외하고는 의결권이 제한되는 주식의 발행을 허용하고 있다."

(The G20/OECD Principles state that the optimal capital structure of the company is best decided by the management and the board, subject to approval of the shareholders. This may include the issuing of different classes of shares with different rights attached to them. In practice, all but three of the 49 jurisdictions covered by the Factbook allow listed companies to issue shares with limited voting rights.)

1주식 1 의결권의(One Share-One Vote) 원칙에 대해서는 EU와 미국이 다른 접근을 해 왔고 기업 지배 구조에 대한 규제와 관행도 다르게 발전해 왔다. EU와 미국의 차등의결권을 허용하고 있는 대표적 기업들을 비교 연구한 결론은 다음과 같다(Taypor, 2013).

정책입안자, 학자들, 기관투자자들은 1주 1표 원칙이 최선이고, 소액주주들의 의결권을 보호하는 것이 기업의 이해에 최선이라는 어떤 결론에 도달하지 않고 있다."

(policymakers, scholars, and institutional investors have not reached consensus that one share-one vote is a best practice or that provisions that safeguard minority shareholder voting rights are in a firm's best interest.)

이 분야의 권위자인 하버드 경영대학의 석좌교수들은 기업의 지배구조에 관한 논란에 대해 기업이 어떻게 지배되어야 하는가에 대해 다양한 의견이 있고, 기업의 목적, 이사회 역할, 주주의 권리, 기업의 성과 측정 등에 있어서 여전히 이견을 보이고 있고, 주주 중심의 경영과 다른 사회적 이해를 대변해야 하는지에 대해서도 계속 다투고 있다고 정리하고 있다(Paine and Srinivasan, 2019)

도대체 경영권 강화(방어)수단이 21세기에 들어서 바람직하지 않다는 것이 글로벌 스탠타드라는 주장은 어떤 근거를 갖고 하는 말인가? 김상조 전 공정위원장(청와대 정책실장)은 이에 대한 나의 언론의 컬럼을 통한 공개적 질의에 대답한 적이 없다.

4. 4 가속화하는 창조적 파괴와 경영권 보호

차등의결권 등 경영권 강화를 옹호하는 중요한 이유는 다음과 같다.
(1) 경영의 독립성이 강하게 요구되는 언론사 등 특수한 산업이 있다
(2) 기술의 급속한 발달과 가속화되는 창조적 파괴가 경영자의 신속한 판단을 요구한다.
(3) 창업자에게 유리한 자금시장의 변화가 있어 왔다.
(4) 헷지펀드의 증가, 개인투자자들의 주식 소유의 단기화 등의 주주 구성의 변화가 경영권 보호를 요구한다.
(5) 장기적인 관점의 인내 자본의 과감한 투자 결정이 필요하다

4.4.1 언론, 미디어 기업의 독립성 보호
첫번째는 독립성을 유지해야 하는 미디어 회사들이다. 이미 언급

한 바 있는 Fox TV를 운영하는 보수적인 언론 재벌, 뉴스 코퍼레이션 (News Corporation)이 대표적인 가족경영 회사이지만 진보적 매체의 대명 사인 뉴욕타임즈도 0.49%의 대주주가 70%의 의결권을 갖고 있고, CBS도 6.1%지분으로 100의 의결권을 지배하고 있다. 2.1%의 소수 지분으로 지배하고 있는 컴캐스트(Comcast), 50.82% 지분으로 91.18% 를 통제하는 DISH 네트워크 이외에 리버티 미디어, AMC 지주, 12.26% 지분으로 100%를 지배하는 바이어컴(Viacom) 등이 그 예들이 다. 지극히 적은 소수의 지분으로 절대적 의사결정 구조를 갖고 있기 때문에 정치적, 사회적 압력으로부터 언론사의 독립이 가능하다. 지분 과 무관하게 정부와 노조가 지배하는 우리의 방송들이 늘 정치적 중립 성에 의심을 받는 것과 크게 대비되는 것이다.

4.4.2 가속화하는 창조적 파괴가 강력한 경영 리더십을 요구

두번째 이유는 바로 디지털 혁명의 급격한 기술변화를 들고 있다. PWC의 조사에의하면 2015년에서 2018년의 미국에 상장한 회사들 의 차등의결권의 비중은 디지털 기술회사에 압도적으로 높다. 아래 그 림에서 보듯 기술, 미디어 통신 분야는 거의 50%로 다른 사업에 비해 압도적으로 높다. 다음이 전자상거래가 지배하고 있는 유통 분야다. 그런데는 이유가 있을 것이다. 이는 폭풍처럼 몰아 닥치고 있는 디지 털 혁명 때문에 모든 기업들이 생존을 위한 빠른 변신과 혁신을 요구 하고 있다는 점이다. 소위 파괴적 혁신 경쟁의 속도가 상상할 수 없는 속도로 가속화되고 있다.

2019년 6월 21일 기준으로 기업의 주가총액 기준으로 세계 톱 10 회사 중에 과반인 구글(설립 1998년), 아마존(1994년), 페이스북(2004년), 알리 바바(1999년), 텐센트(1998년) 5개 사는 닷컴 혁명 이후에 설립된 회사들로 20여년의 짧은 역사에 500조에서 1000조의 주가 총액을 갖는 세계 최대의 기업으로 탄생됐다. (Visual Capitalist, 2019)

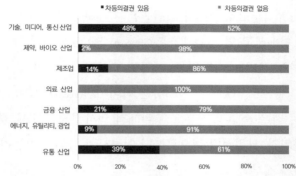

그림 4-4: 2015-2018년 상장회사의 산업별 차등의결권 회사의 비중 (Klausner, 2018)

　이러한 순수 정보기술 회사들 뿐만 아니라 과거에 아날로그의 물리적 상품에서 디지털로 변환된 새로운 기업들이 속출하고 있다. 사진, 서적, 음악 등이 그런 변신을 거쳤고 이들은 영화를 디지털로 유통하는 Netflix는 1985년부터 오프라인에서 영화 유통을 독점해왔던 블록버스터를 사실상 파산시켰다. 서적은 반스엔노블스에서 아마존의 e북으로 중심이 옮겨가면서 시장의 주인공을 대체하였다.

　디지털 콘텐츠가 아닌 물리적인 상품이나 서비스를 제공하던 회사들도 디지털 혁명에서 전혀 자유롭지 않다. 아마존은 월마트, 시어스(Sears), 메이시스 백화점(Macy's) 등 다른 유통회사들을 궁지에 몰아 넣어 디지털 전환 중에 있거나 생존을 위협하고 있다. 우리나라도 오프라인의 대형 유통회사들이 전자상거래 경쟁자들의 거센 도전에 직면해 있다. 사물인터넷(IoT)으로 이제 모든 상품들이 물리적요소에 디지털 기술들과 결합되고 있다. 포드, 현대차 등은 구글의 자율주행 자동차와 자율주행 기술이 집적되어 있는 테슬라와 같은 새로운 도전자에 의해 생존을 위협 받고 있다. 서비스 산업도 예외는 아니다. 우버는 택시 산업을, 에어비엔비는 호텔 및 숙박 산업을 완전히 뒤집어 놓고 있다. 그 어떤 산업도 빛의 속도로 진행되고 있는 디지털 기술의 충격으로부터 자유롭지 않다(Govindarajan, 2018).

이미 시장에 확고한 지위를 확보한 초우량 기업으로 인정받고 있는 S&P 500 기업들의 이 성공 클럽에서의 존속 기간의 변화를 보면 비즈니스의 변혁의 속도를 실감할 수 있다. 1955년 기업들의 S&P 500 클럽의 평균 존속 기간은 61년이었지만 2015년의 그 기간은 17년으로 급속하게 줄어 들었다. 2027년에는 이 기간이 12년으로 줄어들 것으로 예상되고 있다. 2001년부터 2015년까지 15년 사이에 S&P 500의 리스트에서 52%가 탈락했다(CBInsights, 2015).

1955년 포춘 500 대기업 중에 2019년에도 그 지위를 누리고 있는 기업은 52개에 불과하다. 60여년의 역사를 거쳐 약 10%만이 대기업 지위를 유지하고 있을 뿐으로 우리의 상식과 달리 대마불사의 신화는 존재하지 않는 것이 기업의 세계다.

이러한 이유에는 새로운 기술을 활용한 창업이 용이해지고 있기 때문이다. 엎프론트 벤처(Upfront Venture)사의 계산에 따르면 기술 스타트업을 시작하는데 드는 비용이 2000년에 5백만불에서 2011년에 5천불로 1000분에 1로 낮아졌다. 수 많은 소프트웨어가 오픈 소스로 무료로 제공되고 클라우드 서비스는 전산장비의 투자없이 싼 값에 빌려 쓰고, 이제 스마트워크로 인해 큰 사무실도 필요 없는 모빌리티 시대가 되었기 때문이다. 거기에 크라우드 펀딩, 풍부한 벤처캐피탈 등 다양한 자본시장 기업의 탄생을 전과 비교할 수 없도록 빠른 속도록 가능하게 만들고 있다.

다른 한편 성공적인 스타트업들이 성숙한 기업으로 성장하는 속도
또한 매우 빠르게 단축되고 있다. 신규상장에서 성숙한 기업으로 전환
되는 기간이 80년대에는 10년, 90년대에는 7.6년으로 그리고 2000
년 이후로는 5년 이하로 단축되고 있다(Govindarajan, 2018). 창업에서부터
상장 전후까지 다 합쳐서 기업 가치가 10조원이 되는데 걸리는 시간
은 80년대의 경우 성공한 기업이 20년~25년이 되어야 10조원에 도
달했다. 그런데 지금은 탄생 후 순식간에 10조원의 기업 가치를 인정
받는 대기업으로 성장하는 경우가 종종 있다(Erdogan et al. 2016). 스냅챗
(Snapchat)의 경우 상장하면서 대략 2년 7개월만에 10조원의 기업이 되
었다. 요즘은 디지털 플랫폼 회사들은 애초에 글로벌 기업으로 탄생하
는 본 투 글로벌(Born to Global) 현상을 보인다.

어떤 기업이 급성장한다는 것은 어떤 기업들은 갑자기 망한다는
것을 뜻한다. 한때 SNS를 지배할 것처럼 인식되었던 마이스페이스
(Myspace)는 2003년에 시작해서 2005년에서 2008년까지 세계에서 가
장 큰 SNS 독점 기업처럼 보였다. 하지만 2006년에 시작한 보잘것없
는 신생기업 페이스북에게 무참하게 유린당하고 말았다. 한국에서 선
점하고 독점적 지위를 누리던 사이월드가 급격하게 무너진 것도 페이
스북의 부상 때문이다. 2008년 세계에서 가장 빠르게 성장하는 기업
으로 구룹팡(Groupang)은 지금 아무도 주목하지 않는 회사가 되어 버렸
다.

최근의 디지털 기술기업만의 이야기가 아니다. 소프트웨어의 강자
마이크로소프트는 1998년 8월에서 다음 해 9월까지 일년 사이에 기
업가치가 무려 2700억불(약 320조원)이 급증했지만 이어지는 13개월 사

이에 3400억불(약400조원) 잃었다. 시스코 (CISCO) 전후 3천억불의 기업 가치 상승 후에 이어지는 한 해 사이에 약 4200억불을 상실했다.

창업자들에게 증시 상장은 창업의 성공을 뜻하는 것으로 인식되어 왔다. 하지만 미국의 상장회사들의 상장 후 5년 생존율은 급격하게 낮아지고 있다. 60년대 92%의 생존율에서 2천년대에 63%로 낮아지고 있다. 닷컴 버블의 예외적인 상황의 데이타를 제외하고 분석해도 이 경향은 크게 다르지 않다(Govindarajan and Srivastava, 2016).

기업들이 가속화하는 창조적 파괴에 대응하기 위해서는 과감한 기술 투자를 신속하게 하는 압력에 직면하고 있다(Govindarajan, and Srivastava, 2016). 아래 그림 4-5는 미국 기업들이 총자산 규모 대비 R&D에 투자하는 비중의 변화를 보여주고 있다. 산업이 기술 집약적으로 변화하면서 과감한 R&D 투자 경쟁이 치열하게 진행되고 있는 모습을 보여주고 있다. 그리고 그러한 기술 투자는 창업자와 같은 그 사업의 방향을 확실히 알고 있는 최고경영자들의 판단에 근거할 수 밖에 없다.

자체 R&D 투자만으로 가속화하는 창조적 파괴의 속도에 대응할 수 없다. 이러한 속도에 대응하는 기술 기업들의 전략 중에 하나가 신속한 인수합병과 과감한 투자 결정이다. Crunchbase의 통계에 따르면 기술 대기업들은 활발한 인수 합병을 행하고 있고 그 중에서 구글은 최근 일주일에 하나 꼴로 인수하면서 성장해 왔다.

기업들이 얼마나 과감한 인수 합병을 하고 있는지는 마이크로소프트의 실패를 통해서도 알 수 있다. 스마트 폰의 혁명에서 소외되었던 마이크로소프트는 2014년에 한 때 전화기 시장 점유율 41%를 갖고 있던 노키아 폰 사업을 72억불(약 8조원)에 인수하였다가 폰 사업에서 실패하자 2년 후에 그 피처폰 자산을 3억5천만불에 매각하였다. 2년 사이에 인수 가격의 4.9%에 매각한 것이다.

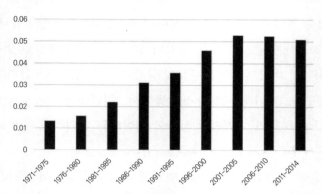

그림 4-5: 총자산 대비 R&D 지출 비중 (단위 퍼센트) (Govindarajan and Srivastava (2018)

아마존이 온라인 책방에서, 온라인 종합 유통회사, 클라우드 사업, 식료품 유통회사로 사업모델을 확장하면서 기업가치가 세계 최고로 성장한 것은 이러한 인수합병과 사업모형의 신속한 전환의 결과이다. 1991년부터 2017년 사이에 구글(알파벳)은 236개사, 마이크로소프트사는 225개사, 애플은 109개사, 아마존 85개 페이스북 79개의 회사를 인수했다. 인수기업 중에는 인수 금액이 몇 조에서 몇 십조원에 이르는 초대형 인수도 허다하다(Visual Capitalist, 2019b).

표 4-3은 그런 대형 인수합병의 사례다. 이러한 인수 합병이 위에 열거한 거대 기업들만 그렇게 대응하는 것이 아니다. 스타트업체들도 다른 스타트업체들을 마구 인수합병하면서 성장해 간다. 예를 들어 드롭박스(Dropbox)라는 회사는 2000-2016사이에 23개 회사를 인수하며 성장하는 것을 보여준다(CBInsights, 2016).

아마존은 진공에서 성장하지 않는다. 아마존의 성공은 반스엔 노블스라는 오프라인 서적 유통점을 공략해서 성공했으며, 곧바로 전통적인 유통업체인 월마트를 위협해 왔는가 하면, 한때 장난감 유통의 강자였던 토이자러스, 그리고 전산 자원을 네트워크를 통해서 공급하는 클라우드 서비스, 그리고 식품의 유통에까지 새로운 사업 영역을 끊임없이 확장하는 것으로 기업을 거대하게 성장시키고 있다. 어떤 산업도 아마존으로부터 안전하지 않다는 공포가 지배하고 있고, 아마존이 진입하는 산업은 곧 바로 구조조정이 되고 주가가 요동친다는 "아마존 효과"도 널리 알려진 사실이다(Govindarajan 2018).

표 4-3: Alphabet (구글)의 대형 인수합병 (Visual Capitalist, 2019b)

인수기업(연도)	금액	업종
Motorola (2012)	$12.5 billion	통신
Nest (2014)	$3.2 billion	기술
DoubleClick (2007)	$3.1 billion	마케팅
Looker (2019)	$2.6 billion	소프트웨어
YouTube (2006)	$1.7 billion	소셜 미디어

애플이 PC영역에서 실패해서 완전히 사라지는 위기에 아이팟이라는 MP3 플러이어로, 아이폰이라는 새로운 사업, 그리고 태블릿이라는 새로운 컴퓨터와 스마트 시계와 그리고 아이튠즈를 통한 음원 판매 등의 컨텐츠 판매로 급속한 창조적 파괴의 혁신으로 성장하고 있는 것이 작금의 현실이다.

디지털 혁명은 과거의 산업혁명과 속도와 내용에서 크게 다른 변혁이다. 미국 상장회사들의 투자 내용의 급격한 변화를 보면 물리적 자산인 유형자산의 비중은 급격히 하락하는 반면 지식 자산 무형자산의 비중은 반대로 급격히 상승하고 있다. 이러한 무형자산(지식자산)은 전문지식과 경험이 없으면 평가가 훨씬 어려울 수 밖에 없다.

급격하게 가속화되는 창조적 파괴의 환경에서 기업들은 미래 기술과 경쟁력 확보를 위해 경쟁을 하고 있다. 기업의 혁신이란 장기간의 구상과 비전으로 이루어지고, 일반 투자자들은 이해하기 쉽지 않은 독점적 정보와 제품의 주기, 경쟁회사로의 노출의 위험 때문에 함부로 밝힐 수 없는 미래 상품과 서비스 등의 전문성을 갖게 된다. 이러한 첨단의 기술 집약 경쟁이 치열한 환경에서 창업자의 의사결정이 최선인 경우가 많다. 그리고 그들의 판단에 따른 기술과 미래 경쟁력 확보를 위해 많은 회사들이 경쟁하기 때문에 신속한 의사결정을 요구한다. 이러한 신속하고 과감한 의사결정은 견고한 경영권하에서 가능하다. 그것이 차등의결권, 즉 지배주주의 가공 지분인 차등의결권을 허용해야 한다는 다트머스 대학의 석좌인 고빈다라잔(Govindarajan) 교수 등의 미국의 경영대학의 석학들의 결론이다(Govindarajan et al.2018). 이것이 차등의결권을 통한 CNBC가 개탄한 '독재자와 같은' 통솔이 나타나는 이유다(CNBC, 2018).

이러한 디지털 경제의 빠른 기술의 속도와 사업의 글로벌화, 승자독식의 생존경쟁들속에서 기업의 창업주의 경영권 보호가 더욱 중요해지고 가치가 있다는 것이 지금의 추세다. 이는 21세기들어 경영권 보호 수단이 바람직하지 않다는 것이 글로벌 스탠다드라는 김상조 실장 주장과 정면으로 배치하고 있다.

4.4.3 자본시장간 경쟁으로 창업자의 협상력을 높이고 있다

이렇게 창업자에게는 유리하고, 기관투자자들에게는 불리해 보이는 경영권 보호 수단이 세를 얻는 것은 자본시장의 역학에 큰 변화가 생기고 있기 때문이다. 자금은 넘치고 대박이 될 회사들은 언제나 희귀하다. 따라서 유망한 회사에 투자를 하기 위해 벤처캐피탈들이 경쟁하는 공급과잉의 상태가 창업자들의 협상력을 높이는 것도 한 원인이다.

　2014년 9월 19일 중국의 전자상거래 업체, 알리바바는 그 때까지 증시 역사상 가장 큰 규모의 상장을 뉴욕증시에 단행하였다. 그 상장 주식의 규모는 구글, 페이스북, 트위터를 합친 금액보다도 더 큰 대규모 거래였다. 이 거대한 상장을 홍콩이나 싱가포르 증시는 탐날 수 밖에 없었다. 하지만 두 증시는 차등의결권을 허용하지 않았기 때문에 차등의결권을 갖고 있는 알리바바는 애초에 중국 기업들이 선호하는 홍콩 증시를 고려의 대상으로 삼지 않았다. 상장 전에 알리바바의 주요 주주의 지분은 아래와 같다.

표 4-4: 알리바바의 상장 이전의 주식 지분 구조 (Xi and Yang, 2018)

주요 주주	지분
소프트뱅크	34.4%
야후	22.6%
마 윈 (Jack Ma), 창업자	8.9%
Joseph Tsai (蔡崇信), 공동 창업자	3.6%
기타	31.5%

　지분만 보면 알리바바는 소프트뱅크와 야후가 전체 지분의 57%를 소유한 손정의 회장의 회사로 보아야 한다. 그것은 창업과정에서 마 윈 회장이 손정의 회장의 회사들로부터 대규모 투자를 받았기 때문이다. 이런 구조에서는 알리바바는 일본 기업이 될 수 밖에 없다. 마윈의 대응은 차등의결권과 파트너 제도를 통한 이사회의 장악이다. 알리바바는 다수의 파트너를 두고 그 파트너가 이사회를 구성하는 제도를 갖고 있고, 마윈과 공동창업자들이 파트너의 결정권의 75%를 갖고 있고, 소프트뱅크와 야후는 과반의 지분을 갖고도 5명의 집행 이사 중에

1명만 지명권을 갖는다. 결국 파트너 제도와 보통 주의 10배에 해당하는 차등의결권은 마윈이 주주총회의 의사결정을 번복하는 절대 지배권을 보장하고 있다. 말 그대로, 알리바바는 일반적인 차등의결권을 넘는 창업자 마윈의 절대적 황제적 결정권(Super-voting powe)를 허용하고 있다(Xi and Yang, 2018). 그 결과 95%의 주주들이 동의하지 않고서는 마윈 중심의 지배 권한을 바꿀 수 없는 구조가 되어 있다(Hodgson, 2014)

중국의 또 다른 인터넷 강자 바이두 또한 2005년 미국의 나스닥에 상장했는데 보통 주의 10배의 차등의결권 주식 제도를 갖고 있고, 같은 나스닥 상장주인 JD.co (징둥)은 20배의 차등 의결권을 창업자들에게 허용하고 있다(Xi and Yang, 2018). 이렇게 거대 기업들이 중국, 홍콩, 싱가포르를 외면하자 홍콩 증시(Robertson 2018)와 싱가포르 증시(Tan, 2018)가 상장기업의 1주1의결권의 원칙을 포기하고 차등의결권을 허용하게 되었다. 이러한 변화의 결과 알리바바는 2019년 11월에 홍콩 증시에 신규상장을 추가로 해서 무려 112억달러의 자금을 마련하게 되었다.

알리바바만이 아니다. 2012년 영국의 명문 축구 팀, 맨체스터 유나이티드가 프로 축구 팀으로는 처음으로 뉴욕증시에 상장을 했다. 그러나 미국은 축구에 대한 관심이 높은 나라가 아니다. 원래는 팬들이 밀집된 아시아 증시 중의 하나에 상장하고자 하였으나 바로 차등의결권을 허용하지 않아서 뉴욕증시에 상장을 하게 된 것이다(Condon, 2019).

이처럼 차등의결권으로 대표되는 대주주, 창업가의 경영권 보호 수단은 김상조 전 공정위원장의 말과는 정반대로 세를 얻고 있다. 경영권 보호 수단이 없을 경우 경영권 보호를 하고 있는 해외 증시로 상장을 하게 되는 자본의 탈출을 막기 위해서라도 대주주의 경영권 보호 수단의 박탈은 위험하다는 것이 현실적인 결론이다(Govindarajan et al. 2018).

4. 5 행동주의 펀드의 부상과 경영권 보호

왜 미국과 같은 자본시장이 잘 발달되고 주주가 분산된 나라에서 마저, 최근 들어 경영권 보호 수단인 차등의결권이 급증하고 있는 이유에 대해 우선은 주식보유 기간의 단기화 경향을 거론한다. 비교적 장기간 보유하는 기관투자들의 비중이 매우 높은 미국에서마저 뉴욕증시의 평균 주식 보유기간은 60년대 8년이 넘는 보유기간에서 2016년 말에는 8.3개월로 1/8 이하로 짧아졌다. 이러한 주식 소유의 단기화 경향의 강화는 전세계 모든 증시에서 나타나고 있다(Guardian Capital, 2019).

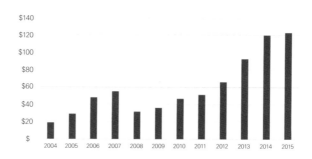

그림 4-6: 행동주의 투자기관의 투자 자산 총액 (단위 10억불, 자료원 Govindarajan and Srivastava, 2018)

솔버린 등의 헷지펀드, 또는 벌처 펀드로 불리우는 행동주의 투자기관들의 급증 또한 경영권 보호의 필요성을 크게 키우고 있다. 이들 행동주의 투자기관들이 내 거는 명분과는 달리 행동주의 투자기관들은 단기적 투자이익을 우선으로 하며 기업들을 털어먹는다는 비판을 받고 있다.

주주행동주의를 내 거는 글로벌 헷지펀드의 우리 기업 공격 사례들을 살펴 보면서 과연 지배주주의 경영권을 보호하지 않는 기업구조가 바람직한지 살펴보자.

4.5.1 타이거펀드와 솔버린에 털린 SK그룹

외환위기로 정신이 없어 우리 대기업들은 생존 투쟁을 벌이는 와중에 글로벌 헤지펀드 또는 사모펀드의 공격 목표가 되기 시작했다. 대표적인 사례가 타이거펀드에 의한 SK텔레콤의 적대적 인수합병 위협이었다. SK텔레콤은 1984년 KT의 자회사인 한국이동통신으로 설립되었고, 1994년 당시의 선경그룹(현 SK그룹)이 KT지분 21%를 인수하여 SK그룹의 계열사가 되었다. 하지만 당시 KT가 여전히 19%의 지분을 갖고 있는 2대 주주로 남아 있었다. 이때 아시아지역 전문투자 헤지펀드인 타이거펀드가 당시 SK텔레콤의 지분 6.6%를 매집하고, 여기에 외국인 지원세력을 규합할 경우 의결권 15%까지 확대가 가능하고, 2대 주주인 KT와 연합할 경우 지분이 34%가 되어 SK 그룹 지분율 21%를 크게 넘게 되어 경영권 위협이 가능해졌다.

여기에 참여연대라는 재벌저격수들이 모인 단체가 가세하여 SK텔레콤과 SK그룹간의 부당내부거래에 대한 부당이익환수, 관련 임원 사태 및 재발방지등을 요구하고, 독립된 사외이사 선임, 대규모 내부거래시 사외이사의 동의 요건으로 정관변경, SK증권에의 출자 중단 등을 요구하여 SK그룹은 이러한 요구 사항을 대부분 수용했다. 이는 우리나라 재벌 기업들이 외부의 위협에 굴복하여 경영 간섭을 받은 보기 드문 사례가 되었다.

하지만 1999년 6월 SK텔레콤은 경영권 위협을 인식하고 경영권 방어와 시설투자를 겸한 유상증자 계획을 참여연대와 타이거펀드로 구성된 사외이사와 KT 비상임 이사의 반대 속에 가결하자 사외이사가 대표이사 해임을 청구하는 소송을 내고, 타이거 펀드가 신주발행을 금지하는 가처분 소송을 제기하며 경영권 분쟁에 돌입하였다.

이 분쟁에서 벗어나기 위해 SK그룹 계열사인 SK와 SK글로벌이 고가로 타이거펀드의 지분을 매입하는 것으로 사태를 해결하였는데 이 과정에서 타이거펀드는 6,300억원이라는 시세차익을 보았고, SK그룹은 SK텔레콤의 경영권 방어를 위해 2조원 이상의 막대한 자금을 사용하였고 이는 SK그룹 계열사들의 재무구조 악화로 이어졌다.

이런 와중에 SK텔레콤 경영권 방어에 6천억원을 투입했던 SK글로벌의 부도가 발생했고, 1조 3천억원을 투입한 SK(현 SK이노베이션)는 주가가 주식시장에서 저평가 되면서 이어지는 2003년의 또 다른 뉴질랜드계 헤지펀드 소버린의 공격 목표가 되었다. 최태원 회장이 분식회계 혐의로 구속되면서 SK(주)의 주가가 급락하자 소버린의 자회사인 크레스트는 1천768억원을 동원해 자산 30조원의 SK그룹 장악을 시도했다. 소버린 또한 많은 경영개선 요구를 하며, 2년여간의 분쟁기간이 지난 후 600%의 수익률로 8000억원이 넘는 막대한 시세차익을 올린 '먹튀' 후에 철수했다.

이후에도 악성 투기자본들은 우리나라 대기업 집단의 지배구조의 약점을 노려서 공격이 계속되었다. 기업 사냥꾼으로 이름 높은 아이칸에 의한 KT&G의 공격으로 아이칸은 단 기간에 이사회 자리 하나를 확보하고 주주행동주의의 본때를 보여주면서 10개월만에 1천억원의 차익을 실현하고 철수하였다.

이러한 역사는 왜 우리나라 기업들이 금융위기를 거치면서 내부 지분 비율을 높이게 되었는지를 시사한다. 바로 경영권 위협에 대응하기 위해서이다. 따라서 내부 지분이라고 불리우는 계열사와 대주주 일가와 특수 관계인의 지분이 우리 대기업들의 유일한 경영권 안정화 수단이기 때문에 자본시장이 개방된 IMF의 개혁 이후에 지분율 상승이 뚜렷하게 증가하였다는 점을 분명하게 인식할 필요가 있다(김현종, 2012).

이러한 와중에 우리나라의 참여연대 등의 소위 시민단체들은 이들 헤지펀드들이 내세운 '재벌구조해체' 내지 '투명경영' 등에 동조해서 협력하고, 당시 소액주주와 SK 노조의 지분을 소버린에게 이양하는 상황까지 벌어지는 어이없는 상황이 연출되었다. 우리나라 대기업이 아니라 글로벌 먹튀 헤지펀드들을 편들어 막대한 국부 유출을 돕는 짓들을 서슴지 않았다는 점에서 우리 사회에 재벌구조에 대한 반감이 얼마나 강력한 것인지 보여주는 것이다. 김상조 전 공정위원장의 발언이나 문재인 정권의 '공정경제' 정책은 재벌총수의 피라미드 소유구조에 의한 황제경영보다는 우리 나라 대규모 기업집단이 글로벌 먹튀 투기자본의 희생양이 되는 것이 차라리 더 좋다는 인식을 반영한다.

4.5.2 엘리엇이 멈춘 현대차 지배구조 개편

현대차 그룹은 2018년 4월 순환출자구조를 악으로 보는 정부의 압력과 경영권 승계 작업의 일환으로 지배구조를 수정하고자 하였다. 즉 표면적으로는 순환출자 고리를 대부분 해소하는 것이 주 목표였다 (매일경제신문, 2018).

2015년 지분 7.12%를 갖고 삼성물산과 제일기획의 합병에 반대해 짭짤한 재미를 봤던 미국계 행동주의 펀드 엘리엇이 현대차, 기아차, 현대모비스 보통주 10억달러어치(당시 1조500억원 상당)를 보유하고 있다고 밝히며 현대차그룹이 현대모비스를 중심으로 추진하던 지배구조 개편에 제동을 걸어 임시 주총 취소를 끌어냈다. 그들은 현대차와 현대모비스를 합병하고 지주회사 아래 현대차와 기아차를 두는, 즉 현대차와 기아차 간의 수직적 관계를 해소하는 미국형 지주회사 체제를 요구하며, 배당률 40-50%의 8조3000억원 고배당과 자신들이 추천하는 다국적 경험의 사외이사 3명선임은 물론 자사주 소각 등을 요구했다.

물론 배당률 상향 조정 외에는 모두 현대차그룹이 현실적으로 받아들일 수 없는 요구들이다. 우선 엘리엇이 주장하는 미국식 지주회사 체제는 우리나라의 말도 안되는 규제로 인하여 지주사 전환 시 그룹 차원의 인수·합병(M&A) '빅딜' 전략이 어려워진다. 현행 공정거래법상 지주사 체제를 갖추게 되면 자회사가 공동 출자해 다른 기업을 인수하는 것이 불가능하기 때문이다. 전문가들은 엘리엇의 요구는 모두 현대차 그룹의 중장기적인 지속가능한 성장이 아니라, 단기 배당 수익을 노린 압력으로 평가했다. 정 회장 부자는 보유 중인 글로비스 지분(30%)을 매각해 분할하여 현대모비스 매입 자금을 마련하는 방안으로 개편 과정에서 대주주 정 회장 부자가 납부해야 할 양도세만 1조원이 넘을 것으로 분석된 이 지배구조 개선은 결국 주총에서 이들의 요구를 격퇴하고 2020년 1월말까지 구조조정은 중단되고 말았다.

우리나라만 기업들이 행동주의 펀드에 시달리는 것은 아니다. 펩시가 콜라 중심의 사업에서 건강음료 중심으로 사업을 재편하려고 하자 행동주의 펀드 트라이안 펀드는 펩시에게 자신들의 지분을 소유하고 있는 식품회사와 합병 후에 식품과 음료로 회사를 다시 분할할 것을 요구했다. 이들은 이를 위해 막대한 은행 융자를 받고 고배당을 하라는 요구도 동시에 하여 그들의 요구가 기업의 장기적 이해를 대변하는 것이 아님은 분명하다. 미국에서 2013년 한 해 동안에도 이러한 행동주의 공격이 200건이 넘는다(George and Lorsch, 2014).

앞서 설명한 대로 기업들은 빛의 속도로 변화하는 환경에서 와해적 혁신의 중요성을 너무도 잘 알고 생존하기 위해 발버둥치고 있다. 한

때 GE의 디지털 혁신을 이끌었던 이멜트 회장은 "당신이 지난 밤에 제조업으로 잠들었다면, 다음 날 아침에는 소프트와 애널리틱스 회사로 깨어 날 것이다"라고 변화의 중요성을 강조했다. 하지만 그는 2017년 투자자들의 미래를 위한 투자보다 더 많은 배당의 요구에 시달리다가 GE를 떠났다. 그 후 한때 최고의 혁신 기업으로 칭송 받던 GE는 끝모를 추락을 계속하고 있다. 이처럼 혁신을 과감하게 추진하려는 경영진과 단기적 고 배당을 추구하는 투자자들간의 갈등은 계속되고 특히 행동주의 펀드들은 경영진들에게 골치덩어리가 되고 있다 (Bharadwaj et al. 2018).

우리나라의 적대적 M&A를 통해 경영권을 위협했던 헷지펀드도 주주이고, 대부분 주식의 장기 보유보다는 단기적 주가 상승에만 관심이 있는 일반 투자자들과 우리나라 재벌이나 거대기업을 일구고 그 기업을 키우는 것이 삶의 중요한 일부인 창업가들도 모두 주주들이다. 주주들은 이처럼 다양하게 구성되어 있다. 그런데 위에서 이야기한 이해당사자 균형 관점의 기업관에서 보면 단기 투자의 일반투자자들과 적대적 인수 합병을 위협하는 헤지펀드들이 기업의 가치와 종업원과 거래처, 지역사회 또는 국가적 이해에 부합하는 주주라고 동일시하는 것은 큰 무리가 있다.

김상조 전 공정거래위원장은 최근 "우리 기업이 외국 투기 자본 공격에 무방비로 노출돼 있지 않다"며, 공격을 받는 곳은 삼성, SK그룹, 현대자동차뿐이라고 주장했다. 이들은 국내 1~4위 기업 집단이다. 재벌에 의한 경제의 과중한 집중을 말할 때는 선두 4대 재벌이 경제를 압도적인 비중으로 장악하고 있다고 비판하면서 외국 투기자본의 공격 위협에 대해서는 3개 그룹 뿐이라 대수롭지 않다는 식의 자기 부정적인 발언을 하고 있다. SK 그룹의 약한 지배구조 고리를 공격했던 솔버린은 단기간에 1조원 가까운 단기 차액을 챙기고 소위 '먹튀'를 했다. 최근 해외 벤처캐피탈의 공격으로 현대자동차 그룹은 지배구조 개편을 2년이나 중단했었다. 이것이 정부의 고위 관리들에게는 별일이 아닌 모양이다.

4. 6 황제 경영은 잘못되었고 주주 평등주의는 옳은가?

쥐꼬리만한 지분으로 모든 의사결정을 하면서 기업이 창출하는 이익을 과도하게 독점한다는 것이 소위 "황제 경영"비난의 핵심이다. 앞에서 보았듯이 다른 나라에서도 기업이나 신탁재단에 의한 순환출자에 의한 피라미드 지배도 보편적으로 나타나는 현상이고, 우리나라의 재벌 총수보다도 더 큰 가공지분을 인정받는 차등의결권과 같은 "황제 경영"을 허용하는 것이 늘고 있다는 것도 알아 보았다. 특히 하이테크 분야에서는 보편적으로 나타나고 있고, 그래서 중국도 차등의결권을 인정하고, 홍콩과 싱가포르 증시도 그들의 규정을 고칠 수 밖에 없는 것이 글로벌 추세다.

그렇다면 한국에서 '재벌의 황제 경영'을 비난하는 근거는 무엇인가? 기업의 지배구조에 관한 논란은 기업의 이해관련자들의 이해 상충의 가능성 때문에 발생한다.

지금까지 기업의 지배구조에서 이해 당사자들의 갈등 관계를 보는 시각은 아래 그림과 같이 크게 세가지 관점으로 진화하여 왔다.

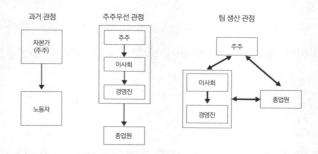

그림 4-7: 기업의 이해 구조에 관한 관점의 진화(자료원: Clerc et al. 2012)

(1) 과거의 자본가 - 노동자의 관점

우리나라서 반재벌, 반기업의 선동의 논리에는 종종 불행하게도 자본주의의 여명인 19세기에 탄생한 과거 관점의 칼 막스의 기업관을 근거로한 선동이 적지 않다. 기업을 자본가가 노동자를 착취하는 수단이거나 매개로 보는 관점이다. 사실 자본주의의 시장경제는 이미 자본가와 일반 근로자의 구분이 분명하지 않은 세상으로 진화해 왔다. 하지만 이 막스주의의 자본가에 의한 착취론은 우리나라에서 재벌에 의한 착취론으로 끊임없이 반복되고 있다. 1960년에 미국에서 기업연금이 소유한 주식은 4%에 불과했지만 2015년에는 이미 50%를 넘어서고 있다. 일반 투자자들이 주식을 더 광범위하게 소유하고 있는 것과 함께 연기금을 통한 간접 소유가 크게 늘어서 전국민이 주주인 세상에 살고 있다. 우리나라도 국민연금과, 기업의 퇴직연금의 주식 지분은 크게 늘고 있고, 국민연금은 그 규모에서 비교할 상대가 없는 큰 손으로 성장했다. 따라서 기업이 창출하는 부의 상당부분이 국민의 은퇴 후의 소득으로 흘러 들어가고 있는 세상이다.

(2) 주주우선주의 (Shareholder Primacy View) 관점

우리나라의 식자층과 언론이 보는 기업의 지배구조 두 번째의 시각은 주주평등주의 또는 주주(경제)민주주의에 기반하고 있다. 기업의 지배구조에서 주주와 경영진간의 도덕적 해이의 문제가 핵심이다. 대리인 문제(Agency Problem)라고 널리 알려진 이슈는 회사는 주주들의 소유이고 경영진들은 주주들의 위임을 받아서 기업을 경영하는데 종종 주주들의 이익에 반해서 자신들의 이해를 추구하여 주주와 경영진의 이해 충돌 문제를 기업 지배의 핵심적 이슈로 보는 관점이다. 한마디로 요약하면 경영진이라는 대리인들에 비해 정보에서 어두울 수 밖에없는 주주들이 보호 받아야 된다는 관점이다. 요즈음 유행어로 하면 경영진이 갑이고, 주주가 을이 되어서 법의 보호 대상으로 보는 관점이다. 사실 이러한 관점은 과거 막스주의 관점에서는 주주의 역학관계는 정반대로 볼 수 있다. 막스주의는 주주들이 자본가로서 기업의 강자들이었는데 돌연 주주들을 경영진에 의해 착취당할 수 있는 약자의 위치에서 보호의 대상으로 인식하는 것이다. 이러한 관점에서 중요한 이슈는 경영진과 주주들의 이해를 일치시키는 것이 중요하다. 따라서 경영진들이 주가를 올리는데 최선을 다하게 하는 주식 옵션과 같은 제도가 탄생했다.

주주우선주의 관점의 이론 중에 또 하나는 시장에 의한 규율 이론이다. 주가가 낮으면 기업은 인수합병의 위협에 노출되기 때문에 경영진들은 자신들의 지위를 유지하기 위해 이러한 위협이 더 강할수록 도덕적 해이를 하지 않고 최선을 다하게 된다는 것으로 인수합병 등을 권장하고 주주들이 인수합병에서 오는 이익에서 소외되지 않게 하여야 한다는 이론이다. 이러한 견해를 바탕으로 주식시장은 기본적으로 인수합병에 대해 매우 개방적으로 발전해 왔다.

경영진과 주주의 갈등은 경영진을 주주 중에 지배주주(Control Shareholder or Blockholders)가 임명하고 통제하는 경우, 결국 지배주주와 소액주주들의 갈등으로도 볼 수 있다. 우리나라에서 재벌의 황제 경영의 비판의 핵심은 바로 재벌총수가 지배주주로 경영진을 겸임하거나 완전히 통제하면서 소액주주들의 이익을 침해한다는 것에 기반을 두고 있다. 이러한 이론은 이미 70년대에 이론화 됐고 20세기의 지배적인 기업 지배구조의 이론으로 자리잡았다(Jensen and Meckling, 1976).

이러한 관점은 종종 기업을 국가의 정치적 구조와 동일시하는 오류를 범한다. 기업은 정치적 시스템과 하등 관련이 없다. 기업의 정치 시스템과 동일시하고 비교할 아무런 과학적 근거도 없을 뿐더러, 1주 1표결권 원칙(1 Share 1 Voting Rule)은 민주주의와도 관련이 멀다. 이 원칙은 주식을 많이 가진 사람들에게 더 많은 의결권을 주는 것으로 우리가 아는 민주주의와는 거리가 먼 금권정치의 모습에 더 접근해 있다. 그런데 마치 지배주주(대주주)에게 더 통제권한을 주면 비민주적이고 1주 1표결권을 주면 "주주 민주주의"(shareholder democracy)라고 생각하여 경제민주화라는 주장이 만연되고 있다.

(3) 팀 생산의 관점 (이해당사자 관점, Team Production View)

김상조 전 공정위원장이 대주주의 경영권을 보호하지 않는 즉 소액주주들을 보호해야 한다는 주주우선주의가 대세이고 글로벌 트렌드라고 단언한 것과는 정반대로 이러한 관점은 20세기 말에 집중적으로 비판을 받았다(Clerc et al. 2012). 첫째로, 주주우선주의 관점에 대한 가장 강한 비판은 주가로 대변되는 주주의 이해를 과도하게 우선시하는 것이 기업의 지속가능성을 해치는 단기 주의(Short-termism)의 위험에 빠트린다는 것이다.

두번째 비판은 기업을 통해 부를 창출하는데 주요한 구성원인 종업원들은 주주에 비해 더 약자의 지위에 있다는 점이다. 상장된 회사의 주주는 주식을 사고 팔면서 관계를 아무런 제약없이 즉시 청산할 수 있다. 그리고 소액주주들은 헤아릴 수 없는 많은 투자 대상의 주식 중에서 어떤 회사의 주식을 선별해서 투자할 수 있는 폭넓은 선택의 자유가 언제나 주어져 있다. 대주주에 의한 소액주주의 이해가 침해당한다고 해도 그것이 지속적으로 진행될 수 없는 것은 언제나 손쉽게 그 관계를 청산할 수 있는 선택의 자유가 있기 때문이다. 하지만 근로자들은 기업과 관계를 시작할 때부터 그 선택폭은 주주들만큼 많지 않다. 자신의 자격, 자질, 그리고 지리적 제약 등으로 인해 선택의 폭도 적고, 종업원은 기업에서 일을 하면서 자신의 회사에서는 매우 유용한 지식과 경험에 투자를 하게 된다. 하지만 회사를 옮기는 순간 그러한 투자의 가치는 즉시 상실된다. 이를 경제학에서는 자산의 특정성 또는 전속성(Asset Specificity)이라고 부른다. 또한 종업원이 퇴사를 하고 다른 직장을 찾는 과정에는 상당한 시간과 노력이 필요하다. 따라서 종업원은 주주들에 비해 훨씬 높은 위험에 노출되어 있다.

세번째 비판은 다른 이해 당사자들, 예를 들어 거래선, 지역사회 등의 이해를 무시하는 것은 많은 부작용을 초래한다는 것이다.

따라서 과거 주주들간의 이해만을 보는 관점이 아니라 경영진과 이 사회는 주주의 일방적인 대리인이 아니라 종업원과 다른 이해당사자들의 이해도 고려해서 의사결정을 하는 중재적 권력(Mediating Hierachy)이 되어야 한다. 이러한 기업에 대한 확장되고 형식적인 이론들은 이미 80년대 경제이론이 설명하지 못하는 기업의 문제들에 주목했던 상법을 연구하던 하버드 법대의 로버트 클락 교수(Clark, 1986)와 그리고 마가레트 블레어 교수(Blair,1995; Blair, 1999, Blair and Stout,2005) 에 의해 발전하였다.

우리나라 기업들은 외환위기를 지나면서 커다란 변화를 겪어왔다. 글로벌 시장에서 성공하는 기업들이 늘어나는 만큼 외국인 투자자들에게 매력적인 기업들도 늘어났다. 그림 4-8에서 보여주듯 외환위기 이후 대규모기업집단의 외국인 지분율은 늘어나는 반면 계열사 투자율은 현격하게 떨어지고 있다. 기존 재벌회사들이 투자를 줄이고 배당을 늘리는 것이 그간의 재벌개혁론자들이 주장했던 주주중심주의 입장에서 소액주주들을 보호하는 긍정적 변화로 볼 수 있을 것이다. 하지만 투자부진에서 오는 결과는 종업원과 하청업체 등의 입장에서는 기회의 상실이고 때로는 구조조정에 의한 퇴출을 의미한다. 국가적으로도 성장저하와 좋은 일자리 부족이라는 관점에서, 그리고 그 결과는 소득격차의 확대를 초래하고 있다는 점에서 재벌개혁론자들의 주장만큼 일방적으로 사회적으로 좋은 것인가에 대해서는 많은 사람들이 동의하기 힘들 것이다.

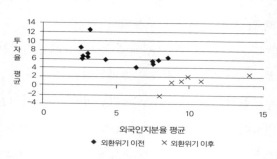

그림 4-8 외국인지분율과 계열사 투자율 (김현종, 2012)

주주우선주의와 이해당사자 간의 균형주의의 시각의 차이는 다른 말로 하면 시장(금융) 중심주의와 산업 또는 기업 관점의 차이로 대별된다. 금융중심의 관점은 시장이 기업을 모니터링하고 규율하는 제일 좋은 수단이고 주가가 그것을 반영하고 있다. 인수합병의 위험이 경영진의 탈선을 규율하기 때문에 주식이 바로 회사의 자산의 집단이고 이들이 투자의 위험을 지기 때문에 주주들이 최종 의사결정권을 갖게 된다는 것이다. 모든 주주의 이해를 지배주주들이 침해할 수 있다는 점에 유의한다.

반면에 산업(기업)의 관점은 지배주주(Blockholders)들이 회사를 통제하는 최선의 위치에 있다는 이론이고, 이 관점은 시장이 경영진을 규율한다면 누가 시장(㈜주)들의 단기실적 주의를 규율하느냐는 의문을 갖고 있다. 주주들보다 기업의 이해가 우선되어야 한다는 관점이다. 앞에서 길게 설명한 차등의결권 등을 통한 창업자들의 경영권을 보호하는 경향은 이러한 20세기 말부터 발전하기 시작한 이해당사자 균형관점을 더 많이 반영하고 있고 자본시장의 과도한 단기 주의에 대한 반성에서 출발하고 있다는 것이 분명하다.

따라서 재벌의 경영권 자구 수단인 순환출자 등을 비판하고 황제 경영을 비판하면서 경영권 보호 수단이 바람직하지 않다는 주장은 사실은 이미 오래 전에 폐기된 20세기의 이론에 집착하는 것이다.

기업을 보는 관점은 나라마다 역사적 그리고 문화적 배경에 따라 다르게 발전해 왔고 법률적 체제도 그에 상응해서 다양하게 발전해 왔다. 대표적인 것이 아래의 3가지 모델이다.

표 4-5: 기업지배 구조의 3가지 모델 (Clarc et al. 2012)

주주중심 모델 (영국)	회사 중심 모델 (콘티넨탈 유럽)	경영진 중심 모델 (미국)
분산된 주주 인수위협으로부터 방어 없음	지배 주주 약간의 인수 방어 회사 이해 중심	분산된 주주 강한 인수위협 방어 수탁자 의무

이미 미국적 모델, 즉 주주 중심 모델이라고 원천적으로 우월하지 않고, 이사회를 통해 주주들이 경영진을 통제한다는 것도 사실과 달리 이사회와 경영진이 자신들의 이해를 중심으로 움직이고 있다는 것은 앞 장에서 설명한 바가 있다.

이해자 균형관점 또는 경영권 보호관점은 기본적으로 주주들은 다 같은 주주가 아니라는 인식에서 출발한다고 볼 수 있다. 이들은 소액주주의 이해보다 기업의 지속가능성을 우선으로 하는 지배주주의 존재와 그 가치를 인정하는 것이다.

왜 주주는 다 같은 주주가 아니고 주주우선주의(Shareholder Primacy View)가 절대선이 아닌 이유는 지배구조가 취약한 우리 대기업 집단이 글로벌 헷지 펀드들에게 당한 역사가 강력하게 증언하고 있다. 다음 장에서 소액주주의 과보호가 왜 잘못된 것이고 경영권의 보호가 필요한지 우리나라의 사례를 중심으로 살펴본다.

이러한 논쟁에서 우리가 유념해야 하는 주주의 소유권은 우리가 일상적으로 알고 있는 자산의 주인의 일방적인 "소유권"과는 구분이 된다는 점이다. 소유권이란 재산권에 대한 지배는 물론 그 재산에서 파생되는 모든 이익에 대한 소유권을 갖는다. 하지만 주주란 주식의 소유권을 말하는 것이지 회사에 대한 온전한 소유권과는 거리가 멀다. 소액주주들은 주식을 갖고 있다는 이유로 회사에 무단으로 진입을 하거나 점유할 수도 없고, 회사의 자산을 자신이 분할해서 처분할 권한 등이 존재하지 않는다. 이는 회사가 만들어내는 이익의 일부를 배당 받을 권리와 주총에 참여할 수 있는 제한된 권리만 갖는다. 회사의 운명을 좌우할 수 있는 주인은 바로 지배주주들이다. 이 두 주주 그룹은 원천적으로 역할과 권리가 다르다. 주주우선주의가 회사의 경영권을 무시하고 모두가 동일한 주인이라는 잘못된 평등주의가 빚어내는 개념의 혼란이 매우 크다.

"Love means attention, which means looking after the things we love. We call this stable management."
사랑은 관심을 의미하고, 관심은 우리가 사랑하는 것을 돌보는 것이다. 우리는 이것을 안정된(마굿깐) 경영이라고 부른다.
– 미국 올림픽 금메달리스트 승마 선수, 조지 모리스(George H. Morris)

4. 7 한국의 재벌 개혁론자들의 치명적 오류

우리나라의 재벌 개혁과 기업의 지배구조에 관한 논쟁에서 종종 기업의 경영이 아니라 법률, 경제학적, 또는 정치적 관점의 주장들이 간과하는 중대한 문제가 있다.

이는 기업의 지배구조에서 오는 문제점 즉 이해 당사자 간의 이해 침해의 관점에서만 논의를 집중한다는 것이다. 일반적으로 소유와 경영이 분리된 경우 기업지배구조의 논의는 경영진과 주주 간의 이해 충돌, 즉 경영진이 주주들의 이해에 반하는 행위 여부가 논의의 주를 이룬다. 이와 유사하게 이사회가 주주의 충분한 대리인 역할을 하는지가 관심이다. 소위 대리인 문제가 핵심이다.

우리가 재벌이라고 부르는 가족 회사의 경우, 대주주가 경영을 장악할 경우 주주와 경영자 간의 이해는 일치하는 반면 지배주주가 소액주주들의 이해를 침해하느냐는 것이 관심이고, 한국의 재벌 개혁론은 지배주주들이 소액주주 또는 종업원, 하청업체의 이해까지 침해한다는 주장을 하고 있다.

하지만 이는 파이를 나누는 관점의 논쟁일 뿐이다. 그와 못지 않게 기업이 지속가능하게 성장하고 좋은 성과를 내느냐는 우리나라의 재벌개혁론자들의 머리 속에는 아예 존재하지도 않는다.

위에서 본 차등의결권과 같은 경영권 보호 장치는 기업가와 기존 주주의 이익을 대변하기도 하지만 그것이 미국과 같은 선진 사회와 유럽에서 광범위하게 허용되고 또 증가추세에 있는 것은 능력 있는 경영자들의 안정적 경영권이 기업의 성과에 긍정적인 경우가 많이 있기 때문이다.

우선 가업승계를 상정하는 가족경영 기업(재벌)들은 단기적 경영성과보다 가문의 지배 유지와 기업의 영속성을 추구하는 경향을 보인다. (Kotlar and De Massis, 2013). 가족 경영회사들은 단기적 성과 보다는 미래 세대의 영속성을 위해 투자를 한다(Sirmon and Hitt, 2003). 즉 재벌 기업을 평가할 때, 앞서 단기적 성과를 요구하는 개인 투자자 또는 행동주의 펀드 들과 미래 세대까지 기업을 영속하고 싶은 지배주주가 어느 것이 회사 또는 사회에 더 바람직한 지배구조인가를 따져야 한다는 것이다.

'인내 자본(Patient Capital)'이라는 책에서 이러한 장기적 관점의 지배구조의 성공 사례로 한국의 재벌 특히 삼성의 사례가 소개되고 있다. 일본의 게이레츠, 한국의 재벌, 그리고 인도의 재벌들은 수익이 나는 기업과 현금을 창출하는 사업을 통해 계열사에 아주 장기적인 수익이 기대되는 인내 자본적 투자를 하는 경향을 띠고 있다. 특히 70년대와 80년대 한국의 재벌들은 엄청난 재무적 부담 속에서도 이러한 인내 자본의 투자 전략으로 반도체(DRAM) 산업에서 대만과 일본을 제치고 승자의 지위에 올랐다. 이병철 회장이 전문 경영인이라서 주주 총회나 이사회에서 단기간의 수익성에 의해 지위가 위협을 받았다면 반도체 투자는 상상도 할 수 없는 것이다. 정주영 회장의 조선업 투자도 마찬 가지다. 이러한 장기적 투자는 당연히 ⓐ 사회적 또는 장기적 목표를 위해 단기 재무 성과 최대화를 포기하고 ⓑ 전통적 자본에 비해 훨씬 높은 위험을 감수하며, ⓒ 투자 회수 기간을 훨씬 장기간으로 보고 ⓓ 수익보다 성장을 지지하는 경영의 특성을 갖는다 (Sharma and Sharma, 2019). 한국의 재벌 구조는 바로 이러한 인내 자본의 전형적인 성공의 사례인 것이다.

맥킨지의 보고서는 장기적 관점에서 경영하는 기업이 단기적 목표에 연연하는 기업에 비해 수익, 매출, 그리고 주가 총액에서 월등한 우위를 점하고 있는 것을 볼 수 있다. 재벌 또는 가족 경영기업이 영속하는 장점에는 바로 대를 이어 지속해야한다는 지속 가능성의 목표가 우선하기 때문이다(MaKinsey Global Institue, 2017).

이코노미스트 지는 가족 경영회사의 장점을 현대 자본주의의 두가지 치명적 결점을 주인의식으로 극복하는 대안이라는 것을 강조하고 있다. 그것은 단기주의(short-termism)과 소위 대리인 문제(Agency Problem)이다. 단기주의는 위에서 설명한 바와 갖고, 대리인 문제는 바로 앞 장에서 설명한 바와 같이 이사회와 경영진과 주주들간의 이해 충돌이다. 대리인 문제는 이사회와 경영진들이 주주가 아니라 그들의 리그 속에서 임명하고 높은 임금을 책정하는 등의 도덕적 해이 문제다(Becker and Subramanian, 2013).

재벌이 아닌 미국의 차등의결권 주식을 허용하는 기업과 아닌 기업과의 성과의 차이에 대해서는 학술적 논문들은 양분되어 있다. 단일 주식에 비해 차등 의결권 주식 회사들의 기업가치가 하락한다는 연구 (Gompers, Ishii and Metrick, 2009), 신규상장(IPO)의 주가가 상대적으로 낮게 책정된다는 연구(Smart, Thirumalai, and Zutter, 2008), 경영진의 강한 지위 구축, 경영자들은 높은 임금과 기업 가치 파괴행위 등을 중앙집중화된 경영의 역효과에 대한 연구들이 있다. 하지만 높은 성장을 추구하고, 외부의 투자 유치가 필요한 기업들은 차등 의결권을 허용하는데 아마존과 구글과 같은 적극적 성장 추구 기업(Dimmitrov and Jain 2006) 과 가족 경영 회사(Anderson, Ottolenghi, and Reeb, 2017)의 차등의결권은 장기적으로 높은 투자 수익을 달성한다는 것이 보고되고 있다. 2007-2017년 사이에 차등 의결권을 갖고 있는 주식이 미국, 유럽, 개도국 할 것 없이 모두 더 높은 주가 상승을 보였음이 보고되고 있다(MCSI, 2018). 컨설팅 회사 PWC의 보고서는 차등의결권을 가진 회사의 벤처 개피탈 투자 금액도 2배 가까이 크고, 주가 상승률도 2017년에는 차등의결권이 없는 회사가 27%인 반면, 있는 회사는 32%, 2018년에는 35% 대 52%로 격차가 크다는 것을 알 수 있다(PWC, 2018). 재벌개혁론자들의 주장대로 황제경영이 도덕적 해이가 크다면 차등의결권을 갖는 그러한 회사에 더 많은 투자를 하는 벤처 캐피탈 회사들은 모두 비이성적 투자자가 되는 것이다.

기업이 창출하는 부의 배분과 경영 의사결정의 투명성을 높이는 많은 제도들이 발달해 왔다. 특히 한국의 대기업들은 이제 한국을 벗어나 글로벌 기업이기 때문에 한국의 법에만 지배를 받고 있지 않다. 그런데 부를 어떻게 만들고, 기업이 생존을 넘어 성장하고 경쟁에서 이기는 본질적 문제는 망각된 채로, 마치 기업은 누가 경영하든 같은 성과를 낸다는 비현실적인 전제 하에 이해 당사자들 간의 이해 충돌 가능성에만 집착해서 재벌의 문제, 기업 지배구조의 문제를 논의하고 있는 어이없는 상황이 계속되고 있다.

이들은 주인의식(Ownership)의 힘을 무시하고 있다. 어떤 책임감도 주인의식을 대체하기 힘들다. 주인 의식이 애정이고 집중이며, 인내 자본(Patient Capital)의 투자를 만들고 장기적 안목의 결단을 불러 오는 것이다. 성경의 요한복음 10장은 다음과 같이 쓰고 있다.

> "나는 착한 목자다. 착한 목자는 양들을 위하여 자기 목숨을 내놓는다. 삯
> 꾼은 목자가 아니고 양도 자기 것이 아니기 때문에, 이리가 오는 것을 보
> 면 양들을 버리고 달아난다. 그러면 이리는 양들을 물어 가고 양 떼를 흩
> 어 버린다. 그는 삯꾼이어서 양들에게 관심이 없기 때문이다."

**이것이 주인과 주인 아닌 사람들의 차이다. 목숨을 내어 놓고 양떼를 지
키는 사람들은 주인이거나 주인의식이 철저한 사람들 뿐이다. 이것이 기
업에서 경영권이 중요한 이유다. 현대 사회에서 경쟁을 통해 조직의 존재
자체가 없어질 수 있는 조직은 군대와 기업뿐이라고 할 수 있다. 이 두 조
직은 애초부터 민주주의의 대상이 아니다. 리더십에 대한 복종과 규율과
생존의 전투력이 본질인 조직이다. 우리 사회는 이러한 기업의 본질을 잊
은 민주화 투사들만이 목소리를 높이고 있다.**

4. 8 경영권 보호 수단의 추세에 대한 결론

우리나라의 재벌문제에 대해 지금은 유력 정치인이 된 유승민 의원
은 자신이 KDI 연구원 시절에 쓴 "재벌, 과연 위기의 주범인가"라는
도발적 제목의 보고서에서 한국의 재벌 논의를 "정신분열적 기업관
과 잘못된 재벌경제학"에 입각하여 진행되고 있다고 쓰고 있다(유승민,
2000).

우리는 재벌총수의 비공식적 기업지배 행위를 불법적이고, 잘못된 것으로 주장하면서 한편으로는 공정거래법에 의해 정부가 기업집단의 총수를 지명하는 모순된 일을 하고 있다. 그리고 이런 대주주에게 기업이 망하게 되면 사재를 털어서 기업의 구조조정에 주주의 법률적 권한 밖의 책임을 요구한다. 이것은 정신분열이 아니면 발생할 수 없는 모순된 주장과 사회적 압력이 계속되고 있다.

재벌에 대한 개혁론을 우리는 차례로 검증하겠지만 기본적으로 그룹식, 선단식 경영이 문제이니 계열사의 독립경영을 해야한다고 하고, 다각화(문어발 경영)가 문제이니 전문화 해야 한다고 주장하며, 지배주주에 의한 오너경영이 문제이니 소유와 경영의 분리된 전문경영체제를 해야한다고 주장한다. 이런 주장을 뒷받침할 어떤 합의된 경제학이나 경영학 이론도 존재하지 않는다. 또한 이 대부분 미국의 일부 상장대기업의 모습으로 그것이 무조건 기업이 미국 기업과 같은 조직과 지배구조를 따라야 한다는 맹목적인 주장들이다. 이 또한 정신분열적인 그릇된 기업관과 잘못된 재벌경제학의 선동이다. 한국과 미국의 어떤 차이가 기업들의 조직과 지배구조, 전략적 선택을 달리하는지는 9장의 문어발 경영에서 자세히 설명한다.

기업의 구성원에는 경영진, 직원, 이사회 그리고 주주와 지역 사회 등 여러 구성원들이 존재한다. 우리나라의 재벌 개혁론자들은 마치 이 구성원 중에 지배주주인 재벌만 대리인 문제를 야기하는 양 치부한다. 미국과 같은 지배구조 하에서도 이사회와 경영진이 주주의 이해를 침해하는 도덕적 해이와 기업 범죄는 빈번하게 발생하고 주주 중심주의의 단기주의는 늘 비판의 대상이다.

최근 우리나라의 가장 큰 기업 부정은 대우조선해양의 분식회계였다. 이는 산업은행이 대주주인 상황에서 전문경영진이 저지른 범죄다. 이런 경우가 '주인이 없는' 기업에서 발생하는 대리인 문제이다.

　　지난해 중국이 차등의결권 도입 정책을 확정한 것도 4차 산업혁명의 빠른 기술진보와 거대 벤처캐피털이 주도하는 자금 시장의 변화로 인해 차등의결권 없이는 혁신 기업을 육성하지도 지키지도 못한다는 현실을 반영하고 있다. 우리나라도 지금의 벤처 회사에 한해 차등의결권을 허용하는 쪽으로 공감대가 모아지고 있다. 차등의결권에 대한 우려는 언제나 존재하지만, 증권시장의 단기 주의에 대한 대응을 위해 필요하다는 견해가 세(勢)를 얻고 있다.

"포이즌필이나 차등의결권 같은 경영권 방어 수단은 21세기에 들어선 어떤 나라도 바람직하지 않다고 보고 있고, 이게 글로벌 스탠더드다." 라는 김상조 실장의 말의 진위를 파악할 수 있을 것이다.

　　물론 명백한 거짓이다. OECD, EU, 미국의 자료들을 상세히 소개한 대로 그 어디에도 기업지배 구조에 대한 표준이 있거나 1주 1표의 원칙을 표준이라고 주장하는 곳은 없다. 반대로 경영권 보호 수단들은 강화되고 세를 얻고 있는 중이다.

　　경영권 보호 수단이 바람직하지 않다는 것이 글로벌 스탠더드라는 주장은 김상조 전 공정위원장의 참여연대 시절부터 재벌 공격수로 세뇌된 명백한 가짜 뉴스다. 이념이 이런 거짓말을 하게 만드는지, 폴리페서들의 게으름이 최신 정보를 보지 못하고 학창시절에 배운 마르크스 세계관의 무지에서 비롯된 것인지는 모른다. 하지만 명백하게 온 국민과 국제무대에 가서 까지 망신스러운 가짜 뉴스를 남발해 왔다는 점은 분명하다.

대한민국의 권력자들이 툭하면 기업 경영자들을 불러 놓고 훈계하고 협박하는 것이 일상화되어 있다. 기업인들을 이렇게 능멸하고 겁박하는 나라가 있는가? 그것도 주주의 재산권인 지분 구조와 지배구조를 갖고 시비를 하고 정치적 압력을 가하고 있다. 우리나라에서 기업은 아무리 커져도 사유재산이라는 자본주의의 기본 질서가 망각되고 있는 나라가 되고 있다.

분명한 사실은 대한민국의 관료나 학자 누구도 삼성그룹이나 글로벌로 성공한 대그룹 집단이 더 성과를 잘 내는 조직으로 수술의 방향을 정해줄 자격도 능력도 없다는 것이다. 전세계 어떤 컨설팅 회사도 삼성을 수술해서 더 좋은 성과를 낼 것이라고 장담하지 못한다. 삼성전자는 그 구조로 전세계 제조회사에서 가장 가치 있는 회사로 우뚝 솟았다. 그런데 구멍가게 한번 해본 적이 없는 학자 출신이 그것도 기업지배구조나 경영의 성과에 대한 공부도 충실하지 않은 것이 분명한 사람들이 완장을 차면 기업을 훈계하고, 겁박하는 것은 한국 정치의 후진성과 국민 속에 깊게 뿌리 내린 반재벌 정서가 빚어내는 어이없는 그렇지만 매우 위험한 코메디다.

경제력집중

"Where did this 'monopoly power' come from?! If the firm has a monopoly because the government made competition illegal, the solution isn't antitrust; it's legalizing competition. If the firm has a monopoly because it's the best, the solution isn't antitrust; it's a little freakin' appreciation."

기업의 독점력은 어디서 유래하는가? 만약 그것이 정부가 경쟁을 불법으로 만들어서 이루어진 것이라면 공정거래법이 해법이 아니라, 경쟁을 합법으로 만들어야 한다. 만약 그것이 시장의 최적의 결과라면, 그것은 공정거래법이 해법이 아니라, 그 자체를 인정하고 감사해야 한다.

– 조지메이스 대학, 가토연구소, 경제학자 부라이언 카플란 (Bryan Caplan)

5

[김상조의 이상한 산수]
한국은 '삼성 공화국'인가?

5. 1 큰 놈만 골라서 패겠다는 문재인 정부

한국의 경제적 문제점을 이야기할 때마다 소수 '재벌에의 경제력 집중'은 우리 사회와 국제적 언론들도 가장 흔하게 거론하는 이슈다. 이 사실을 더 자극적으로 표현 하는 것은 '재벌 공화국' 또는 '삼성 공화국'이라는 비아냥이다. 소위 자칭 진보적 또는 좌파적 시민단체들 중에는 재벌 개혁을 주 업무로 하는 단체들이 즐비하고 이들 '재벌 저격수'들은 문재인 정부에서 경제 권력을 틀어 쥔 주축이 되고 있다.

문대통령은 후보 시절 재벌 이전 정부와는 달리 모든 재벌이 아닌 10대 재벌, 그중에서도4대 재벌 개혁에 집중하겠다면서 그 이유를 "30대 재벌 중 삼성의 비중이 5분의 1, 범삼성으로 넓히면 4분의 1에 달한다"고 설명했다. 한마디로 선두의 기업집단들의 자산이나 매출 비중이 크기 때문에 규제의 대상이 되어야 한다는 주장이다.

문대통령에게 이런 재벌 개혁의 논리를 제공했던 '재벌 저격수' 김상조 위원장은 취임 후에 똑 같은 주장을 폈다. 30대 재벌의 자산총액에서 4대 재벌의 비중은 2015년 기준 51.6%에 달하고 CJ와 신세계까지 포함하면 65.2%라며 역시 자산총액의 비중이 경제력 집중의 척도라고 주장한다.

김상조 교수는 공정위 위원장이 되어 2019년 세르비아에서 개최된 각국의 공정위 정책자들이 모이는 공정위국제경쟁정책워크숍의 기조연설을 통해 재벌의 경쟁력 집중을 강조하기 위해 30대 재벌 집단의 자산총액이 GDP보다 더 크다는 우려를 표명했다.

특정 기업이 매출액이나 자산이 크다는 것이 경제력 집중 또는 경제 권력의 지표이고 규제의 대상이 되어야 한다는 것은 우리나라의 수 많은 기업 규제에 그대로 녹아 있다. 1980년에 제정된 "독점규제 및 공정거래에 관한 법률"은 사업자의 시장지배적 지위의 남용과 과도한 경제력 집중을 방지하고 공정하고 자유로운 경쟁을 촉진하는데 목적이 있다면서 자산 총액 5조원이 넘는 기업집단과 자산 총액 1천억원이 넘는 지주회사를 규제 대상으로 정하고 있다. 한마디로 큰 기업은 나쁜 것이고 규제 대상이라는 사상이 녹아 있다.

실제로 경제 개발과 재벌이 등장한 이후에 끊임없이 같은 이야기를 들어온 우리 국민 71%는 우리나라의 경제력 집중의 문제가 매우 심각하다고 인식하고 있으며 너무 높아 위험한 수준이라는 문제의식이 점차 강화되어 왔다(황인학, 송용주, 2014) 더 놀라운 것은 위의 조사에서 국민 중 59% 가량이 우리나라에 대기업이 많은 편이라고 인식하고 있다는 것이다.

이러한 '집중된 경제 권력'에 대해 문재인 대통령은 후보 시절에 "재벌총수 일가는 분식회계, 비자금 조성, 세금 탈루, 사익 편취 등 수많은 기업 범죄의 몸통이었다"고 단언하며 문재인 대선 캠프의 김상조 한성대 교수는 "과거 공정위 조사국 조직처럼(대기업) 조사 기능을 강화하고 기업 갑질과 소상공인의 어려움을 해결하도록 하겠다"고 주장했다.

한마디로 대기업을 정부가 규제하고 감시를 강화하면 중소기업과 소상공인의 어려움이 해결된다는 발상이고 한국의 경제문제의 근원은 대기업의 경제력 집중이라는 주장이다.

이러한 인식의 배경에는 재벌의 경제력 집중에 대한 묻지마 비판을 당연한 것으로 생각하는 우리 사회의 오래된 인식과 그것을 받아 적는 언론의 보도 태도와 무관하지 않다.

이와 관련해서 황인학, 최원락(2013)이 개탄한 언론의 보도를 보자.

- 모 방송 보도(2012. 7. 16): "대기업의 무차별 영토 확장도 문제입니다. 슈퍼마켓에 빵가게에 물티슈까지 골목 상권과 서민업종을 가리지 않고 닥치는 대로 몸집을 불렸습니다. 최근 4년 동안 35개 대기업 집단의 계열사는 400개 가까이 늘었습니다. 그리고 지난해 5대 재벌의 매출은 국내 총생산의 절반을 넘어섰습니다. 경제력 집중이 극심했던 외환위기 직전 수준에 바짝 다가선 겁니다."
- 모 일간지 기사 내용 일부(2011. 3. 1): "공정위에 따르면 2008년 55%였던 10대 그룹 계열사의 경제력집중도는 2010년에 75.6%까지 급증했다. 중소기업 설 자리는 그만큼 줄었다는 얘기다. … 대기업과 중소기업이 공정한 룰 속에서 경쟁한 결과라고 하기는 어렵다는 게 중론이다."

그럼 최근에는 우리 국민과 언론의 인식이 달려졌는가? '공정거래법상의 지주회사 현황 분석'이라는 발표를 하면서 공정거래위원회의 담당과장은 재벌집단이 지주회사에 편입된 기업들과 지주회사 체제 밖에 계열사를 두고 있는 사실에 대해 "전환집단의 체제 밖 계열사 중 절반 이상이 사익 편취 규제 대상이거나 사각지대에 있다는 것은, 이들 회사를 이용한 총수 일가의 지배력 확대, 경제력 집중 우려가 여전하다는 뜻"이라며 "예를 들어 지주회사 밖 계열사와 지주회사 내 계열사의 부당 내부거래 가능성 등이 있기 때문"이라고 설명했다(연합뉴스, 2019.11.11).

재벌 일가가 대주주인 회사가 지주사 산하이면 정상이고 지주사에 편입하지 않으면 사익 편취를 위한 규제 사각지대라는 인식도 놀라울 뿐만 아니라, 이를 '경제력 집중의 우려'로 보고 있다. 이러한 인식은 재벌 기업은 다 잠재적 범죄 집단으로 우리 사회의 인식을 반영할 뿐만 아니라 규제 당국자들의 자신의 권한을 확대하기 위한 논리이기도 하다. 이러한 주장을 보도하는 언론에 의해 우리 국민들은 재벌로의 경제력 집중이 사회적 문제이고, 그 집중이 강화되고 있다는 확증 편견이 오랜 세월 동안 강화되어 왔다.

그럼 경쟁력 집중이 우려할 수준이고, 중소기업의 설 자리는 그만큼 줄었다는 주장이 왜 엉터리인지 생각해 보자.

5. 2 쉽고 더러운 (Quick and Dirty) 선동 지표들

(1) 격차는 나쁜 것인가?

우선, 소수 성공한 기업들의 자산이 다른 기업에 비해 빨리 커지면 이들 기업 또는 기업군의 자산 비중은 높아진다. 이것이 나쁜 것이고 규제의 대상이 되어야 하는 것인가?

쉬운 예를 들어 비유해 보자. A 학급의 수학 시험이 아주 어렵게 출제되었다. 50명 학급에서 수학에 탁월한 학생 1, 2등 학생은 100점을 맞았지만 나머지 학생들은 5점씩을 받았다. 두 학생은 전체 점수 440점 중에 200점이 되어 점유율이 무려 45%다. B 학급에는 수학을 특별히 잘하는 학생이 없어서 1, 2 등이 10점을 맞았고 나머지 학생들은 역시 5점을 받았다. 이 학급의 1, 2 등의 학생의 비중은 학급 전체의 점수 250점 중에 20점으로 7.7%에 불과하다. 우리는 A학급이 B학급보다 나쁜 경우라고 생각하는가?

우리나라 경제에서 삼성 또는 범 삼성가의 비중이 높아진 이유가 무엇인가? 2019년말 삼성 그룹의 상장회사 16개의 시가 총액은 434조원이고 그 중에 삼성전자가 350조원으로 전체의 80%를 차지하고 있다. 삼성전자는 2020년 1월에 시가총액으로 세계 18대 기업으로 우뚝 섰다. 즉 삼성의 시가총액, 자산의 비중이 큰 대부분의 이유가 삼성전자의 눈부신 글로벌 성공에 기인하고 있다. 이게 문제인가? 그렇다면 삼성전자가 이전의 내수기업으로 남아서 자산도, 시가총액도 작은 상태로 남아 있으면 한국경제는 재벌의 경제력 집중이 없어서 더 좋은 나라인가? 범 삼성 그룹의 자산을 크게 늘린 그룹은 신세계 그룹이고 그 성공의 대부분은 할인점 사업을 성공한 이마트에 기인한다. 이마트는 우리나라에 진입했던 월마트, 까르프 등과의 경쟁에서 승리하고 급성장했다. 국내의 유통시장을 해외 거대기업들에게 내주었으면 범 삼성그룹의 자산과 매출의 비중은 훨씬 작을 것이다. 이것이 한국 경제에 더 좋은 상황이라는 말인가? SK그룹은 SK하이닉스, 현대차그룹은 현대차, 기아차 그리고 LG그룹은 LG전자와 LG화학이 글로벌 시장에서 성공하면서 자산의 축적과 매출이 급성장하여 우리경제의 비중이 커진 것이다.

어떻게 글로벌하게 성공한 기업이 탁월한 성과를 내서 자산과 매출이 다른 기업들보다 높아진 것이 경제력 집중이고 국가적 "문제"라고 우리 사회는 일관되게 주장하는가? A학급에서 1, 2등의 우수한 학생들이 자신이 1, 2등을 하기 위해 다른 학생들의 시험공부를 방해한 결과로 1, 2등을 했다면 그것은 물론 잘못된 것이다. 여기서 중요한 것은 그들이 얼마의 점수를 받았고, 그들이 다른 학생들에 비해 얼마나 점수가 월등히 높은 것이 아니라 다른 학생을 방해했거나 부정으로 점수를 받았느냐 것이다.

그래서 다른 나라의 불공정 규제는 규모나 시장점유율이 아니다. 그 기업들이 우월적 지위를 이용해서 다른 기업 또는 소비자의 이해에 반하는 반공정 '행위'를 했느냐로 규제한다. 그런데 앞에 설명한 것과 같이 우리는 자영업, 중소기업, 중견기업, 대기업의 규모에 따라 사전적으로 규제하고 대기업은 특히 재벌 기업에 대해 어마어마한 사전 규제를 하고 있다. 마치 1, 2, 학생이 학급에서 사라지면 전체 나머지 학생들의 성적이 쑥 올라갈 것처럼 주장하고 있다.

문재인 정부가 집중해서 때리기로 한 4대 재벌 또는 10대 재벌의 불공정 행위로 다른 기업 또는 한국경제가 어려운 것인지는 이후의 장에서 차례로 검증하자.

(2) 국가 GDP와 기업의 자산과 매출의 비교가 경제력 집중을 말하는가?

다음의 이슈는 대기업 집단의 매출액이나 자산 규모를 국가 GDP와 비교하는 것이다. 우선 기업의 자산은 자본금과 사업을 하여 벌어들인 돈으로 사업에 필요한 자원을 사서 축적하는 것이다. 즉 기업이 정상적으로 성장한다면 자산의 규모는 매년 늘어나는 것이 정상이다. 특히 우리나라 대기업은 2000년 이후 글로벌로 크게 성공한 기업들이 늘어났다. 대표적인 기업이 삼성전자이다. 이러한 기업들은 전세계 시장을 상대로 사업을 하기 위해서는 막대한 자산이 필요하다. 그러니 자산은 매년 크게 늘어난다. 그렇게 재벌의 자산 규모가 문제인 것처럼 주장하던 문재인 대통령은 삼성과 현대차를 방문해서 삼성전자의 반도체 공장의 300조 투자 계획과 현대차의 수소 차 및 미래자동차 공장의 투자계획을 고마워하였다. 이러한 막대한 투자는 이들 재벌 기업의 자산을 크게 늘린다. 그런데 왜 이런 모순된 행동을 하는가?

기업의 자산규모와 국가총생산(GDP)을 비교하는 것은 다음의 비유와 동일하다. 우리가 매달 500만원의 급여를 받아서 100만원을 적금을 든다고 한다고 하자. 첫 달의 급여는 적금의 100만원의 5배가 되지만 두번째 달 급여 500만원은 적금 잔고 200만원의 2.5배가 된다. 5달이 지나면 1배가 되고 10달이 되면 1/2로 줄어든다. 즉 급여는 매달의 일정한 흐름이고 적금에 쌓아두는저축은 누적되는 자산이기 때문이다.

GDP는 그해 국민 전체가 벌어들인 소득이라서 위의 급여와 같고, 기업의 자산은 적금과 같다. 흔히 유량(流量)과 저량(貯量)의 비교는 한 기간의 유량이 크게 폭증하지 않는 한 시간이 갈수록 축적되는 저량은 유량에 비해 상대적 크기가 늘어날 수 밖에 없다. 즉 경제력 집중을 개탄하는 재벌 개혁론자들은 지금까지 늘어날 수 밖에 없는 통계를 갖고 국민을 선동해 온 것이다.

만약 대기업의 자산규모가 GDP 대비 커지는 것이 경제력 집중이라면, 중소기업의 자산의 GDP 대비 집중도는 2008년 88%에서 2010년 94%로 단 2년 사이에 6%나 급증했고 매출 또한 GDP의 120%라서 우리나라의 경제력이 중소기업에 집중되고 있다고 걱정해야 온당하다. 공공기관의 자산집중도 또한 82%로 공기업으로 경제력이 집중된다고 크게 우려해야 할 판이다. 기업의 자산과 매출은 늘어나고 그 중에서 부가가치만 GDP에 잡힌다는 것을 모르는 국민들에 대한 대표적 선동의 통계가 바로 김상조의 이상한 산수의 실체인 것이다.

국가 경제에서 큰 비중을 차지하는 기업이 존재한다는 것이 문제인지 살펴보자. 이코노미스트지의 분석에 따르면 2011년 룩셈부르크의 아셀로미탈의 매출액은 그 국가 GDP 161%이고, 로얄더치셸은 네덜란드 GDP의 60.5%, 에사 에너지는 마우리티우스 나라의 132%에 달한다. 스위스의 그렌코아 인터네셔날은 스위스의 33.9%로 우리나라 GDP 대비 삼성그룹의 23.1% 매출 비중과는 비교할 수 없을 정도로 높다. 그런데 누가 룩섹브르크과 네덜란드가 위기에 처한 경제력 집중이 과도한 나라라고 로얄터치셸 공화국, 아셀로미탈 공화국이라는 비판을 들어본 적이 있는가?(황인학, 최원락, 김창배,2014)

상위 20대 기업의 GDP 대비 매출 및 자산 비중을 보자. 흑색은 매출, 회색은 자산 비중이다. 당연히 자산비중이 높을 뿐만 아니라 한국에 비해 다른 월등히 대기업 비중이 높은 나라들이 많이 존재하고 그런 나라들에서 대기업이기 때문에 족쇄를 채우고, 국가 경제가 위기라는 말을 들어본 적이 있는가? 김상조 전 공정위원장의 주장대로라면 유럽 선진국들은 경제력 집중으로 지금 저성장과 경제 불평등에 신음하는 후진국이 되어 있어야 한다. 2012년 통계에 의하면 선진국들의 자국의 포춘 2천 대기업의 자산 비중은 한국이 244%인 반면 스위스는 727%로 한국이 매우 낮은 편에 속한다. 룩셈부르크의 철강회사 알셀로미탈의 자산총액은 한동안 룩셈부르크 GDP의 2배가 넘은 적이 있고 지금도 1/3이 넘는다(황인학, 최원락, 김창배,2014)

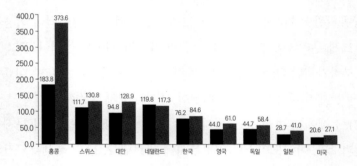

그림 5-1: 2012년 상위 20대 기업의 GDP 대비 매출 및 자산 비중 (황인학, 최원락, 김창배, 2014)

2012년 포브스 2000대기업의 국가별 GDP 대비 자산의 비중은 스위스가 727%, 영국이 565%, 룩셈부르크는 519%인 반면 한국은 244%로 비교 대상 17개국 중에 14위로 그 비중이 매우 낮음을 알 수 있다. 우리는 대기업의 자산 또는 매출의 GDP와의 비교가 얼마나 엉터리인지 명확하게 알 수 있다(황인학, 최원락, 김창배,2014). 그럼 이런 김상조나 문재인 대통령 주장대로라면 선진국 모두 대기업 집중으로 큰 사단이 난 나라들이다. 이러한 경제력 집중이나 국가경제의 건전성을 측정할 수 없는 지표의 문제점을 황인학, 최원락, 김창배(2014)가 자세히 논의하고 있다. 이 보고서에 있는 몇 개의 도표를 통해 대기업의 매출액이나 자산과 GDP 비교가 얼마나 황당한 것인지를 살펴볼 수 있다.

(3) 원래 높을 수 밖에 없는 수치를 갖고 겁주는 선동

김상조 실장과 문재인 대통령의 과도한 경제력 집중에 대한 우려는 기업의 규모의 분포에 대한 무지에서 비롯된 것이다. 무지가 아니라면 정치적 목적을 갖고 하는 선동일 수 밖에 없다.

기업의 규모별 분포는 많은 수의 영세 기업과 극소수의 초대형 기업으로 이루어져 있다. 그리고 이들 초대형 기업들이 매출, 자산, 이익을 차지한다. 따라서 가장 성공적인 기업들만 선택해서 이들의 자산과 매출 비중을 보면 압도적일 수 밖에 없다.

아래 그림은 고용규모별 기업의 분포를 보여주고 있다. 압도적으로 영세한 기업들이 왼쪽으로 큰 분포를 이루는 반면 고용이 큰 기업들은 전형적인 긴 꼬리(Long-tail)로 그 수가 매우 적지만 고용이 크다는 것은 기업 규모가 크다는 것을 의미한다(Cabral and Mata, 2003; Cho, S. 2016).

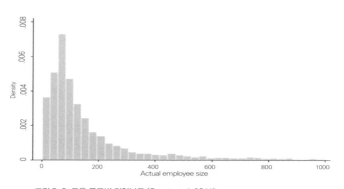

그림 5-2: 고용 규모별 기업분포 (Ozget et al, 2011)

이러한 극단적인 분포는 전체기업뿐만 아니라 대기업 중에서도 유사하게 나타난다(McKinsey Global Institute, 2018a). 장기적으로 고도 성장하는 국가들의 연간 매출액 5억 달러(한화 약 6천억원) 이상하는 대기업의 이익

분포를 보면 상위 10% 기업이 전체 이익의 454%를 점유하고 전체 기업의 60%가 적자를 내고 있어서 초대형 기업들마저 소수의 기업이 이익을 독과점 하는 현상을 볼 수 있다.

우리가 4대 재벌, 10대 재벌, 또는 30대 재벌은 이미 성공한 기업군들을 위에서부터 열거한 것이기 때문에 이들의 매출, 자산, 이익의 비중은 압도적으로 클 수 밖에 없다. 여기서 재벌의 경제력 집중을 강조하기 위한 또 하나의 수법이 재벌 계열사를 합산하는 것이다. 각 계열사들은 재벌의 지배 정도가 다 다르다. 일부는 외국과 합작회사도 있고 일반 주주가 갖고 있는 지분도 많다. 마치 재벌 계열사가 모두 그 재벌의 기업인 것처럼 합산하니 그 규모는 월등히 커진다.

이들의 큰 비중이 문제라는 인식은 앞에서 든 예처럼 수학 시험 월등히 잘 본 학생들 때문에 나머지 학생들 성적이 나쁘다는 주장을 하고 있는 것과 다르지 않다.

우리나라 기업들이 대기업에 의한 매출 자산 편중이 얼마나 심한가를 다른 나라와 비교한 자료를 보자. 표 5-1에서 2000-2012년 사이에 주요 국가의 상장기업들을 자산과 매출액 기준으로 얼마나 승자독식의 편중 현상이 심한가를 분석한 것이다. 어떤 측정치가 얼마나 균등한 가는 지니(Gini) 계수로 측정할 수 있다. 지니계수가 0이면 분석대상들이 모두 같은 값을 갖는 것이고 1에 가까울수록 최고 치에 편중이 큰 것이다.

우리는 여기서 두 가지 사실을 알 수 있다. 하나는 비교적 성공적인 상장기업만을 대상으로 하였음에도 모든 나라에서 지니계수가 매우 높다는 것이다. 이를 자영업자를 포함한 모든 기업으로 하면 당연히 편중도는 더 커질 수 밖에 없다. 우리는 여기서 클 수 밖에 없는 자료를 갖고 문제가 있는 것처럼 왜곡과 선동을 했다는 것을 알 수 있다.

두 번째는 경제대국(20-50, 지금은 30-50 국가들) 중에 규모에서 2012년 기준으로 대기업 편중도는 독일(DE)> 영국(GB) > 프랑스(FR) > 미국(US) > 한국(KR) > 이탈리아(IT) > 일본(JP) 순서다. 한국의 대기업 편중도는 다른 나라에 비해 높지 않다는 것이다.

그렇다면 지금 김상조 실장과 문재인 대통령은 독일, 영국, 프랑스, 미국 등이 재벌 공화국이고 대기업 경제력 집중으로 큰 사단이 난 나라라고 주장하는 것인가? 가내수공업만 있는 저개발 국가가 아니라면, 산업화한 나라의 기업은 이처럼 소수의 대기업이 압도적 비중을 갖는다는 보편적 속성을 갖고 마치 한국의 경우가 마치 예외적 현상인 것처럼 눈속임, 귀속임을 하고 재벌공화국의 신화를 만들어 왔다.

표 5-1: 상장기업의 총자산 (좌측 표)과 매출 규모 (우측 표)의 지니계수 비교 (황인학, 최원락, 김창배, 2014)

총자산	국가	지니계수				
		2000	2003	2006	2009	2012
20-50 국가	미국	0.901	0.908	0.908	0.911	0.896
	일본	0.794	0.832	0.844	0.847	0.853
	영국	0.910	0.915	0.911	0.924	0.926
	프랑스	0.900	0.904	0.906	0.921	0.918
	이탈리아	0.882	0.855	0.847	0.876	0.886
	독일	0.931	0.938	0.946	0.946	0.943
	한국	0.853	0.891	0.891	0.889	0.887
강소국	스웨덴	0.829	0.850	0.872	0.879	0.873
	네덜란드	0.865	0.847	0.825	0.815	0.811
	덴마크	0.751	0.833	0.855	0.860	0.871
	핀란드	0.829	0.838	0.805	0.795	0.788
	스위스	0.824	0.842	0.843	0.849	0.850
	싱가포르	0.857	0.858	0.847	0.845	0.848
	아일랜드	0.781	0.740	0.774	0.786	0.811
브릭스	캐나다	0.673	0.712	0.775	0.822	0.817
	브라질	0.824	0.844	0.839	0.816	0.824
	인도	0.835	0.865	0.894	0.907	0.916
	러시아	0.746	0.823	0.877	0.895	0.894

총자산	국가	지니계수				
		2000	2003	2006	2009	2012
20-50 국가	미국	0.901	0.908	0.914	0.916	0.908
	일본	0.784	0.813	0.822	0.823	0.828
	영국	0.901	0.908	0.921	0.926	0.935
	프랑스	0.885	0.899	0.904	0.916	0.912
	이탈리아	0.884	0.859	0.860	0.867	0.891
	독일	0.917	0.919	0.932	0.933	0.938
	한국	0.868	0.884	0.888	0.894	0.891
강소국	스웨덴	0.848	0.856	0.883	0.884	0.882
	네덜란드	0.839	0.848	0.823	0.813	0.816
	덴마크	0.721	0.816	0.867	0.866	0.875
	핀란드	0.824	0.823	0.817	0.800	0.779
	스위스	0.818	0.822	0.836	0.847	0.843
	싱가포르	0.814	0.831	0.831	0.841	0.854
	아일랜드	0.755	0.709	0.740	0.756	0.762
브릭스	캐나다	0.763	0.773	0.824	0.844	0.863
	브라질	0.793	0.822	0.836	0.811	0.836
	인도	0.851	0.882	0.899	0.903	0.916
	러시아	0.702	0.761	0.839	0.858	0.874

5.3 대기업이 국가 경쟁력이고 부의 원천이다

전세계에서 돈을 많이 벌어올 수 있는 대기업이 많아야 잘 살 수 있다는 것은 삼척동자도 알 수 있는 일이다. 그러한 대기업은 급속하게 자산을 축적해간다.

세계적인 컨설팅 회사 맥킨지는 2018년 지난 50년간 연평균 3.5% 이상 지속적으로 성장한 경제적 모범국가들의 비결을 분석하는 보고서를 출간하였다(McKinesey Global Institute, 2018). 장기적으로 탁월한 성장을 한 7개 국가 중에 당당하게 한국이 뽑혔다. 그 비결의 핵심은 이들 국가들의 대기업들이다.

그림 5-3은 국가들을 고소득 선진국, 고성장 국가들, 그리고 저성장 국가들로 나누어 각국에서 연 매출액 5억 달러(한화 5천억) 이상의 대기업의 매출액이 그 국가의 GDP에 차지하는 비중을 보여준다.

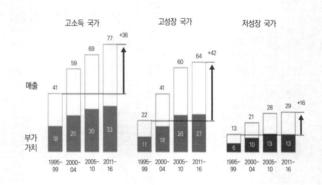

그림 5-3: 대기업의 부가가치 및 매출액의 GDP 비중 (McKinsey Global Institute, 2018)

공통적으로 시간이 감에 따라 각국의 GDP대비 대기업의 부가가치와 매출액 비중이 크게 증가해 왔다는 것이 관찰된다. 1995년에 비해 2016년의 변화를 보면 고소득 국가에서는 대기업의 매출 비중이 41%에서 77%로 무려 36%나 증가했다. 반면 장기적 고 성장한 국가들은 그 보다 더 크게 42% 늘어난 반면 저 성장 국가는 매출액과 부가가치 비중이 확연하게 적을 뿐만 아니라 증가 폭도 고성장 국가의 반에도 미치지 못한다. 즉 대기업이 국가 경제의 엔진 임을 확연하게 보여주고 있다.

기업의 자산규모가 커지는 것은 매우 기뻐할 일이라는 사실은 그림 5-4에서 잘 보여주고 있다. 기업의 자산 규모와 국민소득이 거의 완벽하리만큼 비례하고 있다.

경제가 고도화될수록 대기업의 비중이 크다는 것은 현대의 부가 어디서 만들어지는지를 이해한다면 하나도 놀랄 일이 아니다. 나라마다 다양한 산업 구조를 갖고 있음에도, 아래 그림은 일인당 국민소득과 축적된 인당 기업자산의 규모가 놀랄 만큼 비례하고 있다는 것을 보여준다. 결국 기업의 자산의 축적이 국력인 것이다.

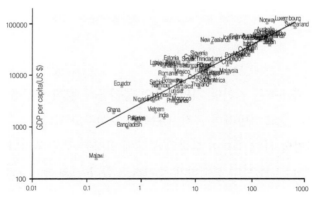

그림 5-4: 국민 일인당 기업 자산 규모 (단위 천달러)와 국민소득 (좌승희,이규태, 2016)

기업이 투자를 포기하고 자산을 매각하면 경제가 둔화되고 고용이 악화된다는 명백한 사실에도 불구하고 우리는 대기업의 자산 축적을 비난하고 경제력 집중을 성토하는 어이없는 일이 벌어지고 있다.

기업 자산의 축적과 국민소득, 경제 성장이 같이 간다는 것은 대한민국의 경제 개발의 역사가 또한 생생하게 증명하고 있다. 아래 그림 5-5는 국민 일인당 기업 자산규모와 우리나라 일인당 국민소득이 동행하여 증가해 왔음을 명백하게 보여준다.

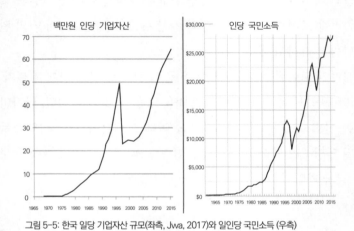

그림 5-5: 한국 일당 기업자산 규모(좌측, Jwa, 2017)와 일인당 국민소득 (우측)

다음 그림 5-6은 일인당 기업자산의 증가율과 경제 성장률도 높은 상관관계를 갖고 동반하며 움직여 왔음을 보여주고 있다.

결국 기업의 자산 축적이 부국의 중심에 있다는 것은 우리나라 역사가 그 어떤 나라들 보다 명백하게 증거하고 있다(좌승희, 이태규, 2016).

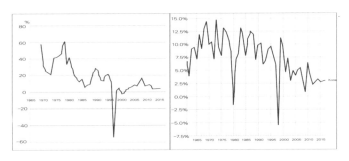

그림 5-6: 일인당 기업 자산 성장률 (좌측)과 경제성장률 (우측)

5. 4 글로벌 경제와 다국적 기업의 역할

글로벌 개방 경제에서 살아남기 위한 기업의 규모의 경제의 위력은 날로 커져가고 있다. 아래 그림은 2009년과 2016년 대비 세계 100대 기업의 시가 총액 분포의 이동을 보여주고 있다. 훨씬 큰 규모의 기업들로 포진하고 있다, 맥킨지의 계산에 따르면 상위 10%의 상장기업이 전체 수익의 80%를 장악하고 있으며 10억불(약 1조원) 이상의 기업들이 전세계 매출액의 60% 그리고 시가 총액의 65%를 차지할 정도로 수퍼스타(Superstar) 경제화가 가속화되고 있다(The Economist 2016a).

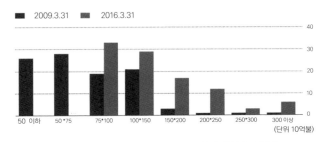

그림 5-7: 2009년과 2016년 대비 세계 100대 기업의 시가 총액 (단위 10억불)
(The Economist 2016b)

선두 기업의 비중과 경쟁력이 강화되는 이유는 바로 대기업의 R&D 투자와 혁신 능력 때문이다. 미국의 다국적 기업들이 매출과 고용 비중은 20% 남짓하지만 미국의 생산성 향상의 50% 정도를 담당하고 있다(McKinsey Global Institute, 2010). 2000년대 미국의 월마트 혼자 미국 생산성 향상의 1/4일 정도를 담당했다는 연구 결과도 있듯이 대기업의 혁신 능력이 경제 전반을 끌어 올리는 엔진이다.

우리나라의 대기업 저격수들의 바람과는 달리 이러한 대기업의 편중된 대형화는 앞으로도 더욱 가속될 것이라는 점이다. 경제의 글로벌화와 디지털 플랫폼화가 승자 독식의 수퍼스타 경제현상을 가속화하고 있다(Haskel and Westlak, 2018; Bessen,2017). 제조업과 서비스업 할 것 없이 선두 기업과 나머지 기업의 생산성 격차는 날로 커져가고 있고 (Criscuolo, 2015), 그것은 결국 선두 다국적 기업은 내수 기업에 비해 월등히 빠르게 성장하고 있고 그 격차는 확대되고 있다(McKinsey Global Institute, 2010)

세계 경제가 하나의 개방 경제로 통합되면서 글로벌 다국적 기업의 수는 급증하고 있다. 1990년 대비 2013년에 다국적 기업의 수는 2.3배가 증가했고 2013년에 이미 대한민국에도 1천개가 넘는 다국적 기업을 보유한 국가가 되었다(McKinsey Global Institute, 2015).

우리나라에서 상위 재벌 집단의 자산과 규모가 크게 증가한 것은 바로 이러한 글로벌화 성공의 결과일 뿐이다. 글로벌 다국적 기업의 특징은 많은 매출을 해외에서 일으킨다는 점이다. 본부가 있는 나라 밖에서 기업이 얼마나 사업을 크게 하고 있는가 하는 국제화 정도를 평가하는 초국가지수(超國家指數, Trans-National Index)가 UN의 통상개발 컨퍼런스에서 발표되었다. 그 일부를 발췌한 것이다.

표 5-2: 2011년 주요 다국적 기업의 초국가지수

TNI 순위	TNI 지수	해외자산 순위	회사	본사	해외자산 (%)	해외매출 (%)	해외고용 (%)
1	96.8	17	네슬레	스위스	96.6	98.0	96.7
2	92.5	40	앵글로 아메리칸	영국	93.4	92.2	92.2
37	71.4	37	혼다	일본	74.7	79.5	60.1
56	60.3	31	쏘니	일본	46.6	70.0	64.1
71	55.2	63	삼성전자	한국	36.2	83.3	46.0
76	53.1	5	토요다	일본	58.7	63.3	37.3
94	36.9	88	현대차	한국	31.3	50.7	28.7

  2011년 기준으로 가장 성공적인 글로벌 기업은 스위스의 네슬레이다. 이는 매출의 98%가 해외에서 일어나고, 자산의 96.6%가 해외에 소재하고 있다. 이 해외의 자산도 네슬레의 재무제표상에 자산으로 기록됨은 물론이다. 그렇다면 이 네슬레의 자산 규모는 여타 스위스 기업들에 비해 비교할 수 없을 만큼 크다. 매출의 98%를 해외에서 벌어오기 위해 그에 상응하는 거대한 자본을 해외에 분산해서 소유하고 있는 이 기업에 대해 스위스 사람들은 '경제력 집중의 우려'를 하고 있는가?

  가장 대표적으로 글로벌 기업으로 급성장해서, 선두 "전차 부대" 삼성전자와 현대차는 2011년 기준으로 매출 83.3%, 50.7%가 해외에서 벌어드리고 있다. 2018년 기준으로는 86.1%, 62%로 해외 비중은 날로 증가하고 있다. 현대차는 글로벌 경쟁을 위해 8개국에 13개의 거대한 자동차 공장을 운영하고 있다. 삼성전자도 베트남, 중국, 인도 등에 공장과 미국 등 선진국에 많은 수의 마케팅, 연구, 생산 시설을 갖고 있다. 이런 성공 기업이 해외에서 막대한 돈을 벌어오는데 필요한 자산의 증가가 한국경제의 경제력 집중을 강화하는 위험한 것이라는 어처구니없는 주장들을 하고 있는 것이다.

정리하면 기업의 자산과 매출의 GDP 대비 비중의 증가는 나라가 망하기 전에는 매년 늘어나는 것이 정상이고, 대기업의 비중이 급증한 것은 우리나라 기업의 글로벌화의 성공의 척도일 뿐이라는 것이다.

5.5 재벌 공화국, 경제력 집중에 대한 결론

우리는 재벌의 경제력 집중에 대한 결론을 내리기 앞서 '재벌 공화국' 또는 소수 재벌에 의한 과도한 경제력 집중이 무엇을 뜻하는 것인지에 대해 잠시 숨을 멈추고 생각할 필요가 있다. 언어는 우리의 사고를 지배한다. '경제력 집중'과 '재벌 공화국'이란 말은 이미 무엇이 잘못되었다는 것을 전제하고 있다.

(1) 일부 기업의 자산과 매출이 국가경제규모 (GDP)보다 큰 것이 위험한 경제력 집중인가?

우리는 재벌 집단이 다른 기업들에 비해 압도적 규모를 갖고 있다는 것이 경제력 집중의 척도가 아니라는 것을 자세히 설명했다. 경제규모가 작은 나라에서 글로벌로 성공한 기업들이 나오면 국가경제규모나 다른 기업에 비해 압도적으로 클 수 밖에 없다. 그래서 북구 유럽의 국가들에서 대표적 기업의 자산과 매출 비중이 우리보다 월등히 높은 것으로 나타나고 모든 나라의 기업의 자산 규모와 매출의 분포는 소수의 대기업에 압도적으로 편중되어 있는 사실을 강조했다.

사실 재벌의 경제력 집중을 보려면 이들의 자산과 전체 기업의 자산, 이들의 매출과 전체 기업의 매출에서의 비중을 보아야 일반집중이라도 타당한 비교가 된다. 물론 재벌개혁론자들이 숨기고 싶은 진실은 재벌 대기업의 전체 기업의 매출과 자산비중이 줄고 있다는 것이다.

따라서 매출과 자산을 갖고 경제력 집중을 말한 김상조와 문재인 대통령은 경제력 집중에 대한 경제학적 이해가 전혀 없거나, 정치적 선동에 기반한 이상한 산수를 주장한다.

(2) 재벌 기업의 크기는 재벌의 부의 크기와 부와 소득의 집중으로 나타나는가?

김상조, 문재인과 같이 재벌공화국, 재벌에게의 경제력 집중을 강조하는 사람들은 재벌 기업집단의 규모의 크기가 마치 재벌 일가의 경제 권력의 집중으로 동일시하는 교묘한 언어를 구사하고 있다. 기업의 재산 가치 중에서 극히 일부분이 재벌 가문의 법적 소유다. 그 법적 지분이 작기 때문에 '쥐꼬리 만한 지분'이라고 비아냥해오지 않았는가? 우선 기업의 자산이나 매출이 기업의 가치의 척도와 반드시 동일하지 않다. 테슬라는 포드나 GM에 비하면 1/10도 안되는 자동차를 생산하고 자산이 적지만 기업가치는 전통적인 두 회사의 합보다도 크다. 따라서 기업의 매출, 자산 규모가 부의 크기가 아니라는 것을 알 필요가 있다. 그들이 소유한 주식의 가치의 합만큼만 그들의 부일 뿐이다. 재벌이 지배주주로서 기업에 대한 경영권(통제권)을 갖고 있다는 것과 소유권을 갖고 있는 것은 명백하게 다른 이야기다. 그런데 마치 재벌 기업의 규모(자산, 매출, 계열사 수 등)가 바로 재벌 일가의 부로 국민들을 착각하게 만드는 선동이 자산 규모에 따른 재벌의 경제력 집중이라는 구호다.

다시 한번 이 장의 결론은 기업의 자산 규모를 갖고 경제력 집중을 말한 김상조 실장의 산수 실력은 빵점이고 이를 컨닝한 문재인 대통령의 산수 실력 또한 빵점이다.

(3) '경제력'과 재벌공화국이 암시하는 것은?

보통 사람들에게 경제력은 자신의 소득과 부를 갖고 소비를 얼마나 자유롭게 할 수 있는가 정도의 구매력 또는 소비 능력을 지칭하는 말이다. 하지만 대기업, 재벌 또는 독과점 기업에게 영어로 경제력(Economic Power)라는 것은 글자 그대로 "경제 권력"을 뜻한다. 그렇다면 권력이란 무엇인가? 다른 사람에게 원하지 않는 선택을 강요할 수 있는 폭력 이다. 즉 사적으로 강제할 수 있는 힘(private coercive power)을 지칭한다. 우리는 사적인 폭력을 배제한 법치국가에 살고 있고 재벌 또는 재벌기업이 우리에게 강요된 선택을 요구할 수 없다. 그런데 경제 권력, 그것도 재벌 '공화국'이라는 언어와 병행하여 사용할 때 갖는 인식은 자칫 국가 또는 공권력이 준하는 권력으로 이해하도록 만든다. 아마 진보(左派)진영이 재벌 공화국이라는 말을 만들어 낸 이유도 이런 목적이 숨어 있을 것이다. 그렇다면 재벌이 일반 시민들에게 무엇을 강압과 강요할 '권력'을 갖고 있는가?

자유시장경제에서 기업가들의 부는 그들이 고객을 만족시키는 혁신의 보상의 결과일 뿐이다. 즉 자유로운 거래의 결과이지 강요와 강압의 결과도, 강제된 선택을 요구한 힘의 원천도 아니다. 따라서 시장경제에서 '경제 권력'(Economic Power)는 애초에 성립하지 않는 말이다 (Rothbard, 2019).

글로벌로 성공하는 기업의 경영자 또는 기업가들은 천문학적 부를 단기간에 축적한다. 우리가 매일 듣고 있는 페이스북의 저커버그, 아마존의 베조스, 마이크로소프트 창업가 빌 게이츠는 다 이런 사람들이다. 이런 부와 삼성의 이건희 일가의 부는 다르지 않다. 이 천문학적 부가 강제와 강압으로 축적된 것으로 믿는가? 이 천문학적 부는 사실 그들이 만든 혁신의 사회적 가치에 비하면 아주 티끌만한 작은 비중이라는 것이 노벨경제학상을 수상한 예일대학의 노르드하우스 교수의 연구의 결과다(Nordhaus, 2005).

자유시장경제에서 우리가 갖고 있는 권한이란 자유로운 거래를 거절할 수 있는 권리로 이는 기업이나 개인이나, 재벌의 구성원이나 동일하다. 재벌(지배주주)이 기업을 운영하고 지배하고 통제할 수 있는 경영권은 자본주의 경제에서는 당연한 권리이다. 이를 국가 권력과 동일시하는 재벌공화국 명칭은 애초에 성립할 수 없는 말이다.

(4) 재벌은 영속하는 권력인가?

재벌공화국을 주장하는 사람들은 정권은 5년마다 바뀌지만 재벌은 영원하기 때문에 더 영속적이고 무서운 권력이라고 주장한다. 그런데 그 재벌 총수들이 수시로 감옥을 들락거리면서 국민들에게 머리를 숙이고 있다는 사실은 애써 외면한다. 이런 황제들을 본적이 있는가? 표 5-3은 우리나라 10대 재벌의 역사적 순위 표이다. 2017년은 10위 한전이 농협으로 대체되었고, 2018년에는 다시 농협이 현대 중공업을 누르고 9위가 되고 현대중공업은 10위가 되었고 2019년은 변화가 없다.

우선 10대 재벌의 순위가 많이 바뀌었고 IMF 외환위기 시절에 30대 재벌의 30% 이상이 파산했다는 점은 재벌 공화국의 영구 권력 가설이 얼마나 엉터리인가를 단적으로 증명한다. 1988-2018년 30대 그룹의 생존율은 고작 40%이다. 즉 60%의 30대 재벌이 사라졌거나 순위에서 미끄러졌다. 대우, 쌍용, 동아건설, 기아, 한일, 동국제강, 금오 건설, 삼미, 미원, 동부, 동양, 한보, 해태, 고려합섬, 한라, 풍산, 강원산 업, 대한전선이 지난 30년 사이에 사라진 30대 재벌 그룹들이다. IMF 외환위기라는 특수한 사정때문만이 아니다. 최근 2008년에서 2018 년간의 10년 생존율도 70%로 30%가 그 지위를 잃었다.

표 5-3: 우리나라 10대 재벌 자산 기준 순위

년도	55	60	65	75	84	94	01	02	03	04	05	06	07	08	09	10	11	12	13	14	15	16
1	삼양사	삼성	삼성	삼성	현대	삼성	삼성	삼성	삼성	삼성	삼성	삼성	삼성	삼성	삼성	삼성	삼성	삼성	삼성	삼성	삼성	삼성
2	대한석탄	삼호	럭키	럭키	삼성	현대	현대	LG	LG	LG	현대차	현대차	현대차	현대차	현대차	현대차	현대차	현대차	현대차	현대차	현대차	현대차
3	산업은행	개풍	금성(쌍용)	금성	럭키금성	럭키금성	LG	SK	SK	현대차	LG	SK	SK	SK	SK	SK	SK	SK	SK	SK	SK	SK
4	럭키화학	대한	판본	한진	대우	대우	SK	현대차	현대차	SK	SK	LG	LG	LG	LG	LG	LG	LG	LG	LG	LG	LG
5	금성방직	럭키	삼호	효성	선경	선경	현대차	한진	한진	한진	한진	금호	현대중	현대중	현대중	현대중	현대중	현대중	현대중	현대중	롯데	롯데
6	전남방직	동양	삼양사	쌍용	쌍용	쌍용	한진	현대	한화	한화	현대중	한진	금호	금호	금호	한진	한진	한진	한진	한진	현대중	포스코
7	북삼화학	극동	동양	대우	한국화약	기아	금호	금호	현대중	현대중	현대중	한화	현대중	한진	한진	한진	한화	한화	한화	한화	GS	GS
8	한국비료	한국유리	대한	두산	효성	한진	한화	현대중	현대	현대	금호	두산	한화	한화	두산	두산	두산	두산	두산	두산	한진	한화
9	제일제당	독립	개풍	동아건설	국제	롯데	두산	한화	금호	금호	두산	금호	두산	두산	한화	금호	STX	STX	STX	신세계	한화	현대중
10	현대건설	태창	화신	신동아	한진	한국화약	쌍용	두산	두산	두산	동부	동부	신세계	STX	STX	STX	STX	CJ	CJ	CJ	두산	한진

맥킨지 보고서는 각국의 산업에서 수익성이 상위 10% 안에 드는 기 업들의 흥망성쇠를 분석한 결과 2001-2005년에 산업별 수익성 상위 10% 기업이 2011-2015년 사이에 그 지위를 유지하는 비중을 보고 하고 있다. 한국의 상위 10%의 지위를 유지하는 비율은 43%로 호주 (50%), 일본(58%), 프랑스(63%), 스위스(63%), 미국(68%), 영국(76%)의 대부분 의 선진국보다 훨씬 낮다. 재벌이 공화국처럼 영원한 권력이라는 주장 과는 너무 거리가 먼, 치열한 창조적 파괴 속에 시달리고 있다는 것을 보여준다(McKinsey Global Institute, 2018).

현재의 4대 재벌의 순위가 고정된 것이 2004년으로 소위 4대 재벌 의 구조는 고작 15년 정도의 역사를 갖고 있다. 수 많은 재벌들이 사라지고 대기업이 대체되고 있는데 가장 성공한 기업들만 보면서 영원한 권력이라고 주장하고 있는 것이다. 재벌 공화국이 공화국이라면 2017년 스페인에서 독립을 선언했다가 8초만에 철회한 카탈로니아 공화국이거나, 역사의 혼란기 1918년 8시간만에 사라진 "러시아 민주 연방 공화국"과 견줄 수 있을 것이다.

결론적으로 재벌의 경제력 집중, 재벌공화국은 기업 규모를 GDP와 비교하는 것은 사과와 오렌지를 비교하는 선동적 통계의 오용이며 재벌공화국, 경제권력은 논리적으로 성립이 가능한 언어도 아니다.

그럼에도 불구하고 재벌망국론자들은 재벌의 행태와 관련해서 개혁론을 쉽사리 포기하지 않을 것이다. 결국 재벌규제 또는 재벌 개혁을 정당화하려면 소수의 대기업의 규모가 커진 것 자체가 아니라 이것 때문에 다른 기업의 성장을 방해하고 있다는 것이 분명할 때만 정당화될 수 있는 말이다. 다시 말해서, 4대 재벌을 크게 개혁하거나, 해체하면 이들 밖의 더 많은 수의 기업들이 성장해서 국가 경제나 국민의 후생(厚)이 더 크게 증가할 수 있다는 논리가 필요하다. 규제에 제약되는 대기업 집단의 기여보다 신흥 기업들이 더 클 수 있고 국가적으로 경제적 기여도가 더 클 때 재벌 규제는 설득력을 갖게 된다. 물론 뒤에서 검증하지만 재벌 개혁이 한국 경제를 살릴 수 있다는 것은 대부분 근거 없는 주술적 주장이다.

지금까지가 재벌의 구조에 관한 논란이었다면, 앞으로 우리가 논의할 것은 재벌의 행태에 관한 것이다.

국민들을 반재벌, 반대기업 정서에 빠져들게 하는 여러 주장들이 있다. 그 중에 하나가 대를 이은 경제 권력의 독점에 관한 주장들이 많이 있다. 우리는 이러한 재벌의 경제권력 세습 독점화 주장을 먼저 차례로 검증을 해 보고자 한다.

첫째로 6장에 다룰 것은 재벌들이 대를 이어 세습자본주의를 만들고 있다는 주장이다. 재벌의 후손이 아니면 부자가 될 수 없고 재벌들만 부를 대물림하고 있다는 소위 세습자본주의 비판이다.

7장은 대기업의 규모가 확대되어도 국민의 삶에 기여하는 바가 없고 일자리는 모두 중소기업이 만들고 있다는 소위 중소기업 중심경제론, 9988 주장이다.

8장은 재벌의 탐욕으로 대기업이 창출하는 부가 가계로 흘러가지 않고 있는 것이 양극화의 근본 원인이라는 전 고려대 교수 장하성 중국대사의 기울어진 운동장에 대한 검증을 한다.

9장에서는 대기업의 과도한 다각화를 탓하는 문어발 경영으로 다른 중소기업들의 사업 기회를 박탈하고 있다는 주장으로 중소기업, 또는 골목시장 적합업종에 대한 요구들이다.

10장은 노키아가 망해서 핀란드에 벤처 붐이 일고 있다며 삼성이 망해야 대한민국이 산다는 주장이다. 재벌 대기업이 우월적 지위로 인해 창업이 막혀 있다는 주장이다.

11장은 대기업이 기술을 중소,벤처 기업으로 부터 부당하게 기술 탈취하는 약탈적, 범죄적 행위를 하고 있다는 주장이다.

12장은 정경유착과 사익추구의 범죄의 몸통론에 대한 검증으로 왜 주요 재벌의 총수들은 대부분 전과자가 되는가에 대한 원인을 따져 보고자 한다.

VI

세습자본주의

"The problem with any ideology is that it gives the answer before you look at the evidence. So you have to mold the evidence to get the answer that you've already decided you've got to have. It doesn't work that way."

이념의 문제는 우리가 증거를 보기 전에 이미 답이 정해져 있다는 것이다. 그래서 당신은 당신이 이미 결정해 놓은 대답에 맞추어 증거를 빚어내야 한다. 그런 방식은 옳지 않다.

- 미국 42대 대통령 빌 클린턴(Bill Clinton)

"Socialism is a philosophy of failure, the creed of ignorance, and the gospel of envy, its inherent virtue is the equal sharing of misery."

사회주의는 실패의 철학이고, 무지의 교리이며, 시샘의 복음이다. 이것의 근원적인 장점은 모두 다 불행해지는 것이다.

- 영국 수상 윈스턴 처칠 (Winston Churchill)

6

[정운찬, 이재명의 수저계급사회]
인도 보다 못한 세습자본주의?

6.1 억만장자의 상속비율과 세습자본주의

경제학자이자, 서울대 총장과 국무총리를 지내고 "동반 성장"전도
사 정운찬 전 총리는 2016년 새해 벽두에 재벌의 세습자본주의가 한
국의 희망을 앗아가고 있다고 모 신문의 칼럼을 통해 다음과 같이 개
탄했다.

**2016년 한국 사회는 행복한 세상이 저절로 올 거라고 기대하기에는 장애
물이 너무 많다.**
......

그러나 이런 장애물보다 더 심각한 문제는 조셉 슘페터가 자본주의 경제를 발전시키는 원동력으로 지적한 '기업가'가 나오지 못하게 하는 우리 사회다.

한국에 많은 기업이 있는데도 기업가의 출현이 어렵다고 한 이유는 상속 억만장자가 미국은 33%, 일본은 12%에 불과한 데 비해 한국은 84%일 정도로 한국 자본주의가 세습자본주의로 변했고, 경제 구조가 재벌 중심이기 때문이다. 과거 재벌 창업주는 국가 지원과 국민의 희생을 기반으로 하면서도 끊임없이 새로운 시장의 개척, 새로운 사업에의 도전, 기술 개발과 같은 혁신을 통해 기업가 이윤을 창출했다. 그런데 재벌 2세, 3세들은 창업주가 일군 기업체를 숙주 삼아 내부 거래로 자본을 축적하고, '갑질'이란 용어가 상징하듯 중소기업이 개척한 시장과 특허 기술을 거대 자본으로 탈취하는 행태를 보이고 있다. 그 결과 한국에서는 창의력만으로 세계적인 기업으로 성장한 구글, 페이스북, 알리바바 같은 기업의 등장이 원천적으로 봉쇄되고 있다. 이런 왜곡된 경제 구조에서는 '혁신의 기업가'가 출현해 한국 경제를 질적 전환을 통해 새로운 성장 시대로 이끌기 어렵다.

그래서 혁신의 기업가 출현을 가로막는 재벌 중심 경제 구조가 한국 경제의 재도약과 우리 사회가 행복한 사회로 발전하는 데 가장 큰 장애물이라고 생각하는 것이다.

슘페터는 '호황기는 다수의 기업가가 출현할 때만 오며 그런 기업가들이 소멸하면 자본주의는 붕괴한다'고 했다. 이에 따르면 한국 자본주의의 위험은 외부가 아니라 기업가의 출현을 가로막는 재벌과 설익은 시장자유주의자, 재벌 장학생이 된 정치인·관료·언론인에게서 온다.

우선 슘페터의 단순히 창업가 정신 하나만으로 사회주의와 자본주의의 경제에서 자본주의의 몰락을 예측한 것은 오류였다고 역사가 증명해 왔다(Gintis, 1991). 슘페터가 사회주의와 시장경제의 체제의 경쟁에서 오늘날 핵심적 차이로 알고 있는 재산권, 계획경제의 가격(정보) 가능의 부재, 시장의 역할과 같은 핵심적이고 근본적인 요인들에 대한 인식없이 창조적 파괴를 통해 경제를 혁신하는 창업가가 활동할 수 있는 조건만으로 사회주의와 자본주의를 비교하는 것이 너무나 단순화한 논리적 오류를 범했고 자본주의의 몰락을 예언한 슘페터의 결론은 명백하게 틀렸다(Schumpeter, 1942).

이재명
6월 20일 오후9:15 ☺

〈참담한 나라〉
여러분이 직접 보세요
인도의 카스트보다 더 센 대한민국의 수저 계급
(자료출처 뉴스타파)

카스트 제도 따위.jpg

자수성가 비율 국가별 순위	
중국	97%
영국	80%
일본	73%
캐나다	70%
호주	70%
미국	63%
필리핀	53%
타이완	53%
인도네시아	47%
태국	40%
프랑스	40%
인도	33%
한국	23%

그림 6-1: 억만장자 비율의 뉴스타파 보도를 인용한 이재명 지사의 트위터

자본주의가 발전하면 이익집단들이 정부와 결탁하는 조합주의로 발전하고, 지식인들의 반기업 정서가 늘어나며 지식인과 사회분위기가 복지국가 지향의 사회주의로 기울면서 자본주의가 몰락할 것이라는 예언은 정 전총리와 같은 우리사회에 만연한 반기업 선동의 지식인들을 걱정했다는 점은 한국 사회에서 정확한 예언으로 보인다

이러한 슘페터에 대한 역사적 논쟁보다도 정운찬 전 총리의 "상속 억만 장자가 미국은 33%, 일본은12%에 불과한 데 비해 한국은

84%일 정도로 한국 자본주의가 세습자본주의로 변했고, 경제 구조가 재벌 중심이기 때문이다."라는 주장의 진위를 따져 보자. 사실 이 주장은 인터넷에 헬조선의 이유로 광범위하게 유포되어 있는 주장이다.

인터넷에는 이재명 경기도지사의 "한국 카스트등 신분제 사회보다 낮은 자수성가의 비율"이라는 자극적 제목의 뉴스타파의 뉴스를 인용한 포스팅이 떠 있다. 정운찬 총리가 인용한 이 비율들은 매년 Forbes 지가 발표하는 억만장자(Billionaires)들의 리스트를 갖고 분석한 것이다.

이 보다 앞선 2014년의 주요국가의 자수성가 및 상속 억만장자의 비중은 그림 6-2와 같다.

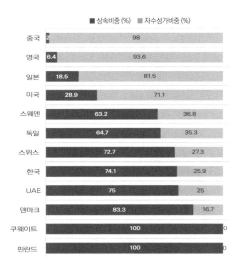

그림 6-2: 각국의 억만장자의 자수성가와 상속비율
(자료원: 조선일보, 2016)

우선 이 세습자본주의, 카스트 신분제도의 나라라는 주장에 대해 논의하기 전에 이들이 인용하는 미국의 억만장자들의 상속자와 자수성가자의 분류에 대한 논란을 이해할 필요가 있다.

일부에서는 포브스의 자수성가(Self-Made) 분류가 매우 과장된 것이라는 주장을 하고 있다. 미국의 공정경제 연대(United for a Fair Economy, 2012)의 "3루에서 태어났다"(Born on Third Base) 보고서에서 최대 부호들의 배경에 대한 세밀한 분석을 통해 자신들의 기준으로 야구 경기장의 타석 어디에서 출발했는지를 재분류했다. 그 결과는 그림 6-3이다. 그들의 분석에 따르면 대부분이 자수성가형 억만장자라서 피케티는 틀렸고, 미국의 꿈이 살아 있다는 포브스의 주장과는 달리 중산층, 저소득층의 자녀로 자수성가는 35% 정도에 불과하다는 것이다. 3루의 사례는 우리 돈 600억 이상을 상속받은 사람들인데 자신이 억만장자가 되어 자수성가형으로 분류되었다는 것이다. 부동산 재벌인 아버지에게 수백억 원을 상속받은 트럼프 대통령이 자수성가형으로 분류되는 것이 대표적인 사례다.

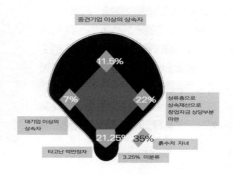

그림 6-3: 미국 부호들의 상속 여부 재분류
(자료원: United for a Fair Economy, 2012)

만약 이 기준으로 분류하면 한국의 부호들은 4대 재벌의 3세 경영자가 아니라면 대부분 자수성가형으로 분류되어야 할 것이다. 이건희 회장이 이병철 회장으로 상속 받을 때 그의 재산은 조단위가 아니었다.

이처럼 억만장자의 상속과 자수성가의 기준은 그렇게 명확한 것도 아니고 과장된 것이다. 그런데 그런 데이터를 갖고 한국의 세습자본주의 타령을 하고 있는 것이다.

6. 2 억만장자의 상속 비율이 국가의 세습자본주의 척도인가?

상속의 가능성은 그 나라의 경제 개발의 역사와도 관련이 높다. 우선 뉴스타파의 보도에서 인용한 2016년에 중국은 97%가 자수성가로 나타난다. 만약 한국에서 70-80년대 이런 조사를 했으면 100% 자수성가일 것이다. 60-70년 이전에 우리나라에 억만장자의 부호가 있을 리 없었다. 인도와의 비교도 그런 면에서 어불성설이다. 인도가 개방경제를 하고 글로벌 경제에 편입하기 시작한 것은 1991년 이래 데이터가 기준이 된 2016년은 고작 25년에 불과하다. 사실은 그 짧은 역사에 비해 자수성가 비율이 매우 낮다는 것에 놀라야 한다. 이렇듯 소수의 억만장자를 가지고 경제규모나 개발의 역사를 무시하고 단순 비교하며 국가 경제의 역동성 또는 세습자본주의, 즉 수저 계급화를 논의하는 것은 위험하다.

이 소위 좌파 매체들은 이러한 분석으로 우리 사회에 전하고자 하는 메시지가 분명하다. 한국은 재벌공화국이고 세습자본주의라는 것이다. 그림 6-2와는 달리, 뉴스타파나 이재명 지사의 자료에는 한국 보다 자수성가의 비중이 높은 나라만 보여준다. 그럼 우리보다 상속 억만장자 비율이 더 높은 핀란드, 덴마크를 카스트제도의 인도보다도 지독한 세습자본주의 나라라고 뉴스타파, 이재명 지사, 정운찬 총리는 걱정하는가?

이는 사회에 극소수의 거부들의 상속과 자수성가의 비율은 그 나라의 혁신과 경제의 역동성, 그리고 국민 전체의 사회이동성을 대표하지 않는다. 우리나라의 억만장자는 포브스지의 평가에 의하면 최고이던 때가 50명이다. 100만분의 1로 이들이 다 자수성가라고 해도 국민의 99.9999%는 거기에 속하지 못한다. 워낙 적은 수의 예외적인 사람들이기 때문에 국민 전체의 기회의 창의 크기를 재는 일반화하는 것은 중대한 오류다,

블름버거는 매년 혁신 국가(Innovative Countries) 순위를 발표한다. 한국은 2010년 2위로 밀려나기 전까지 6년연속 1위다(Bllomberg, 2019). 정운찬 총리는 자신의 세습자본주의에 반하는 이 평가를 조화롭게 설명할 수 있는가? 창업활동에 대한 많은 국제 조사에서 한국은 일관되게 일본보다 우수한 평가를 받고 있다. 정운찬 총리는 재벌이 없다는 일본이 왜 창업의 무덤으로 남아 있는지 재벌에 의한 세습자본주의를 단순 논리로 설명할 수 있는가?

2020년 다보스 포럼으로 알려진 세계경제포럼(WEF)은 사회 이동성에 관한 보고서를 발표하였다. 한국은 조사대상국 82개국에서 25위로 평가되었다.그런데 자수성가 비율이 월등히 높다고 뉴스타파, 이재명 지사, 정운찬 총리가 부러워한 미국은 몇 위일까? 우리보다 2단계 낮은 27위다. 100% 상속 억만장자만 있는 핀란드는 3위, 2014-2016년 우리보다 상속 부호의 비율이 상당히 더 높은 덴마크가 1위다. 거

의 100% 자수성가 부호만 있다는 중국이 45위고, 그와 유사한 영국도 우리와 별반 차이가 없는 21위다. 한편 상속자 비율이 우리와 유사한 스위스는 7위로 평가되고 있다.

저소득층의 자녀가 중위권 소득층으로 이동하려면 몇 세대가 소요하는가를 갖고 세대간 이동성을 측정한 세계경제포럼(WEF) 보고서는 우리의 세대간 사회이동성은 이탈리아, 미국, 포르투칼, 아일랜드와 같은 수준이다. 프랑스와 독일은 우리보다 세대간 이동성이 떨어지는 것으로 평가됐다. 더 구체적으로 세습자본주의, 카스트제도, 수저론은 세대간 사회이동성(intergenerational mobility)의 결핍을 지칭하는 것인데 우리사회가 얼마나 기회가 균등하고 사회 이동성이 있는 사회인가를 한 눈에 보는 그림 6-4는 세로축의 사회이동성은 점수가 높을수록 이동성이 크고, 가로 축의 기회불평등 지수는 낮을수록 기회가 평등하게 주어 짐을 뜻한다. 한국은 세대간 사회이동성은 높고, 기회의 불평등 지수는 낮은 선진사회에 속한다.

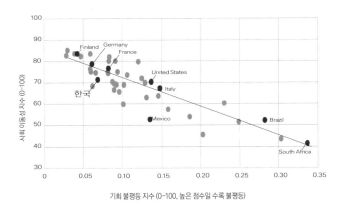

그림 6-4: 기회불평등과 사회이동성 (WEF, 2020)

이재명 지사와 뉴스타파는 부호의 상속 비율을 갖고 참담하다는 한국의 카스트 제도와 이 국민 전체가 세습자본주의 하에 있다는 주장을 합리화할 수 있는가?

6. 3 한국은 혁신 창업 불모지인가?

정작 억만장자 부자 리스트를 발표한 포브스지의 보도는 뉴스타파의 분석과는 전혀 다른 보도를 하고 있다. 2006년에 비해 2016년에 억만장자가 10명이나 늘어났고 자수성가 비중도 크게 늘어난 것으로 보도하고 있다(Forbes,2016).

2019년의 리스트는 어떠할까? 그림 6-5에 보면 우리나라 최고 부호 50인의 상속과 자수성가를 분류하면 전체 부호의 46%가 된다. 이는 2014년 기준으로 보면 위의 그림 6-2에서 미국 다음으로 자수성가 비율이 높은 것이 된다. 포브스의 분석과 2019년 저자의 분류에 따른 자수성가와 상속의 비중은 그림 6-5와 같다. 당연히 이러한 신흥 대부호의 탄생은 닷컴 시절과 모바일 혁명 때 새로운 사업에 뛰어든 창업가들이 급속하게 부호로 부상했기 때문이다. 물론 위에서 소개한 미국의 공정경제연대가 주장하는 방식대로 아버지에게서 중견 기업 이상 물려 받았으나 억만장자가 아니었던 부유한 자식을 자수 성가로 분류하면 우리나라의 자수성가 억만장자의 비중은 크게 늘어난다.

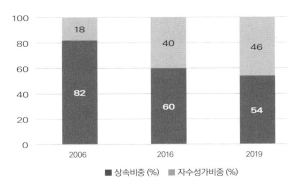

그림 6-5: 한국의 억만장자의 자수성가 비율의 증가 (자료원: Forbes)

2019년 Forbes가 발표한 한국의 기술분야의 억만장자들은 14명 중에 무려 11명이 닷컴과 모바일 혁명의 와중에 벤처에 뛰어들어서 10여 년에서 20년 사이에 한국의 최대 부호들로 부상한 것이다. 넥슨의 김정주, 스마일게이트의 권혁빈, 카카오의 김범수, 넷마블의 방준혁, 네이버의 이준호, 옐로우모바일의 이상혁, 네이버 이해진, 퍼일버스 김대일, 불루홀의 장병규, NC소프트의 김택진 회장이 우리나라의 억만장자 신흥 재벌들이다. 이들뿐만 아니라 화장품, 바이오 등에서 신흥 재벌들이 속출했다.

한국의 새로운 혁신 창업가의 배출 능력을 국민 백만명당 Forbes지의 명단에서 자수 성가형 억만장자 수로 평가하는데(Henrekson and Sanandaji, 2014), 2010년의 평가는 한국은 조사 대상국에서 최하위 군에 속해 있다 (33개국 중에 26위). 하지만 최근 2017년, 2019년 데이터를 기준으로 하면 6-9위의 상단으로 수직 상승했음을 볼 수 있다.

최근에 자수 성가형으로 분류되는 사람들, 특히 위에서 기술 분야로 분류된 창업가들은 90년대말에서 2000년대 초의 닷컴 버블 시절에 온라인 게임, 포탈에 투자한 사람들이 대부분이다. 언제 어떻게 이들 성공적 창업가들은 재벌이 즐비한 한국에서 기회를 포착하고 창업에 성공했을까?

그렇다면 약 20년 전에는 정운찬 총리와 이재명 지사가 개탄했던 재벌들이 없었던 때인가? 아니면 그 때는 재벌이 세습자본주의의 행태를 보이지 않고 세력이 약화되었던 때인가?

최근에 한국은 미래 유망 혁신 스타트업의 대명사로 여겨지는 유니콘 기업 수에서 세계 5위를 올라 있다. 글로벌 벤처 캐피털의 대규모 지원을 받고 새로운 조 단위 기업 가치를 인정받는 신생 스타트업들이 급속하게 늘어나고 있다. 4년전 정운찬이 개탄하고 이재명이 치를 떨던 세습자본주의가 지난 3-4년에 이슬처럼 사라진 것인가?

신흥 부호, 자수성가형 혁신 창업가들은 언제 투자하고 어떻게 기회를 포착했는지는 그림 6-6을 보면 힌트를 얻을 수 있다. 이 그림 6-6은 미국의 벤처캐피탈 투자 금액의 변화를 보여주고 있다. 2000년을 전후해서 닷컴 버블이라는 역사상 볼 수 없었던 벤처투자 붐이 일어 났다. 바로 웹 기술이 가져온 전사상거래의 새로운 기회, 인터넷 경제에 대한 새로운 기대가 만들어낸 현상이었다. 이후 미국의 벤처 캐피탈 투자는 소강상태를 보이다가 2013년부터 서서히 상승해서 2019년에는 닷컴 시절의 금액을 넘어서는 제2의 벤처 투자가 불고 있다. 인공지능, 빅데타, 스마트 기술 등 4차산업혁명을 유발할 새로운 기술의 가능성이 이러한 현상을 만들고 있다.

이러한 새로운 패러다임을 바꾸는 기술이 등장했을 때 기회를 먼저 포착하는 창업가들은 큰 성공을 거두고 있는 것이 우리사회가 목격하고 있는 최근의 신흥부호들이고 그 지위에 가까이 간 기업들이 유니콘 기업들인 것이다.

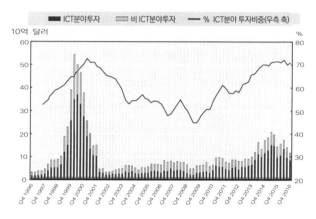

그림 6-6: 미국의 벤처 캐피탈 투자금액 추이 (OECD, 2017)

최근에 한국의 벤처 투자금액은 GDP 대비로 미국, 이스라엘, 캐나다에 이어 4위이고, 2010년-2017년 투자금액의 성장률에서도 폴란드, 룩셈부르크, 미국 다음으로 242.2%로 4위로 가파르다(OECD, 2018a). 한국이 세습자본주의로 새로운 부의 창출의 기회가 없다면 이 활발한 투자는 다 돈의 낭비 잔치를 하고 있다는 말이 된다.

만약 재벌의 독점력이 그렇게 결정적인 변수라면 세습자본주의 주장자들은 다음의 모순되는 사실을 설명할 수 있어야 한다. 우선 우리나라는 여러 국제 평가에서 혁신적인 경제로 평가되고 있다.

● 블름버그는 2019년까지 6년 연속으로 한국을 가장 혁신적인 나라로 평가했고, 2020년의 평가에서도 2위로 평가하고 있다 (Bloomberg 2019).

- INSEAD, 코넬대학, 세계 지적재산권 조직 등이 합동으로 작성한 국가수준의 혁신 능력을 측정하는 글로벌 혁신 지수(Global Innovation Index) 2019년 평가에서 선진국 중에 한국은 11위로, 일본, 프랑스, 캐나다, 룩셈부르크, 노르웨이, 호주, 벨기에 등 보다 상위에 있다. 여기서 재벌 경제집중도가 더 높다는 이스라엘의 순위는 우리보다 상위인 10위이다(Dutta et al. 2019).
- 국제 창업가정신 지수(The Global Entrepreneurship Index) 2018년 보고서 또한 이스라엘, 한국, 일본의 순서로 창업 활동의 순위를 메기고 있다(cs, Z., Szerb, L. and Lioyd, A., 2017). 앞서 부호들이 대부분 자수성가라고 칭찬한 중국의 순위는 43위에 불과하다.
- 각국의 창업활동을 20년간이나 일관되게 평가해온 GEM(Global Entrepreneurship Monitor) 보고서 또한 2018/2019년의 순위에서 한국은 세계 14위 일본은 20위다(Bosma and Kelley, 2019).

이제 우리나라가 재벌에 의한 세습자본주의 나라라고 걱정하고 선동해온 사람들은 답해야 한다. 왜 우리나라의 일부 학자들의 주장과 달리 국제 평가나 실제 투자에서 한국의 창업투자는 선두권인지? 그리고 재벌에 의한 경제 집중이 우리보다 심한 이스라엘은 "스타트업의 나라"로 경제 기적으로 칭송을 받고 있는지를 설명할 수 있어야 한다(Senor and Singer, 2009). 그리고 재벌이 해체되어 없다는 일본은 왜 최근에 지속적으로 한국보다 창업가정신의 평가나 혁신 능력에서 뒤지고 있는지를 설명할 수 있어야 한다.

6. 4 세습자본주의 주장에 대한 결론

　모두에서 인용한 빌 클린턴 대통령의 한탄처럼 이념과 확증편견에 노예가 된 사람들은 이미 답은 정해져 있다. 아니 그 이전에 엉뚱한 문제의식을 갖고 있다. 그들의 눈에는 한국은 신흥부호가 안나오고 창업이 안되는 나라라는 문제를 크게 갖고 있다. 그들은 재벌이 존재하는 한 그럴수 밖에 없다고 이미 상정했기 때문에 그 문제의식에 대해 아무런 의심을 품지 않는다. 한국이 창업이 활달하다고? 신흥재벌이 탄생한다고? 그들에게는 있을 수 없는 것이다. 그래서 포브스 지의 상속재벌의 비중이 높은 몇 해의 데이터는 의심할 이유없이 그들의 문제인식에 분명한 증거가 되는 것이다. 이어지는 다음 장마다 여러분은 동일한 문제점을 발견할 것이다. 그들은 자신들이 제기하는 문제가 정말 문제인지에 대해서 아무런 의심도, 그리고 그것을 지지하는 증거에 대해 사회과학도로서의 아니 상식적인 사람들이 가질 의문을 아예 갖지 않고 정해진 답에 데이터와 증거를 꿰어 맞추는 행위를 해왔다는 것을 발견하게 될 것이다.

　억만장자의 상속과 자수성가 비율을 갖고 그 사회의 경제의 역동성이나 세습자본주의라는 사회 이동성의 부족을 해석하는 것은 전혀 근거도 없고 그런 대표성도 없는 데이터로 역시 우리 사회의 재벌의 경제적 독점이라는 편견에 기반한 통계의 남용에 지나지 않는다.
　우리는 상시적으로 혁신형 창업이 성공할 수 있는데 재벌의 경제력 독점 때문에 그것이 불가능하다는 가설은 최근에 우리나라에서 크게 늘고 있는 신흥 부호들의 성공, 그리고 활발한 벤처 투자와 창업가 평가 등의 국제적 평가에서도 명백히 틀렸다는 것을 알 수 있다. 혁신형 창업은 기존 기업이 하던 방식의 사업을 하는 사람들이 아니다.

창업은 여타의 경제활동처럼 수 많은 요소들이 작용한다. 창업가 활동에 관한 OECD 보고서가 열거하고 있는 결정 변수만 해도 37가지가 넘는다(OECD, 2017). 이 모든 변수들을 무시하고 오로지 재벌의 존재와 비중으로 국가 경제의 창업 활동을 모두 설명하려는 것은 어이없는 학자들이 할 수 없는 단순화의 오류이다. 이재명의 정치적 선동이야 그렇다치고, 우리나라 대표적 경제학자마저 국민을 호도하는 대열에 참여하고 있다는 점에서 개탄하지 않을 수 없다.

재벌을 때리는 것은 인기 있는 일이다. 그 재벌저격수들 치고 출세 안한 사람이 없을 정도다. 그것은 윈스턴 처칠이 개탄한 바와 같이 무지의 신앙이고, 시샘의 교리다. 신앙과 교리는 의문시되지 않는다. 그런데 그 결과는 모두가 불행해지는 것이다. 왜냐하면 반기업, 반재벌 주장의 밑바닥은 대부분 사회주의의 실패한 철학이 숨어 있기 때문이다. 아니면 그 위험 자체를 인식하지 못하면서 사유가 얕은 학자들의 유행 편승이다.

우리는 적어도 재벌들 때문에 새로운 혁신 창업이 막혀 있다는 주장은 사실에 부합하지도, 과학적 실증도 없는 무조건 재벌 때리기의 하나라는 것이라고 결론 지을 수 있다. 그럼 혁신 창업이 아닌 기존 기업의 성장을 재벌들은 통제하고 있는 것인가? 그 점에 대해서는 8장과 10장에서 논의하고자 한다.

VII

낙수 효과 없는 9988

"Stay away from negative people. They have a problem for every solution"
부정적인 사람들을 피하라. 그들은 어떤 해결이든 문제점을 찾는 사람들이다.
– 알버트 아인쉬타인 (Albert Einstein)

"Being publically accused of a crime one did not commit is torture."
행하지 않은 범죄를 공개적으로 비난하는 것은 고문이다.
– 정신의학박사캐리 바론 (Carrie Barron M.D.)

7

[문재인의 사라진 일자리 현황판]
9988 신화와 대기업 일자리

　문재인 대통령은 '일자리 대통령'을 자임하고 나섰다. 집권 첫 행사 중의 하나가 '일자리 현황판' 설치였고 대대적으로 홍보 전에 나셨고, 신설한 대통령 직속 '일자리 위원회'의 위원장을 겸하고 있다. 대통령 직속 일자리 위원회의 홈페이지는 대한민국 일자리 상황판을 홍보하면서 '대통령이 매일 일자리 상황을 점검합니다'라고 자랑했다.

　또한 문재인 대통령은 기회 있을 때마다 대기업의 "수출과 기업 수익이 늘어도 고용이 늘지 않고 있다"며, 결국 "고용 없는 성장이 일반화되고"이는 "기업소득 비중은 높아졌지만 가계소득 비중은 낮아"지는 "경제 불평등과 양극화가 심화"의 원인라며 "낙수 효과는 오래 전에 끝났다"고 한국의 경제문제를 진단하고 있다.

다시 설명하면 이렇다. 대기업의 사업이 잘되고 수출이 늘어도 우리나라의 일자리는 늘지 않고, 이익은 기업이 다 가져가고 가계 소득 증가에 기여하지 못하는 것이 우리나라 양극화와 경제적 불평등의 원인이라는 것이다.

한겨레 신문의 사설(2017.10.10)은 이렇게 한탄하고 있다.

> 주요 선진국에 비해 한국 대기업의 고용창출이 크게 뒤처지고 대기업과 중소기업 간 소득불평등도 심각한 것으로 나타났다. 최근 경제협력개발기구(OECD)가 발행한 '한눈에 보는 기업가정신 2017' 자료에 따르면 노동자 250명 이상인 한국 대기업의 고용비중은 12.8%에 불과했다. 조사대상 OECD 37개국 가운데 그리스(11.6%) 다음으로 가장 낮았다. 한국 대기업이 창출하는 부가가치가 전체의 56%에 이르는 점을 감안하면 지나치게 '저조한 고용'이 아닐 수 없다.

한마디로 대기업은 우리나라의 '재난적 양극화'의 원인이고 국민의 삶을 향상시키는 것이 아니라 한국경제의 문제의 핵심이라는 것이다. 이 장에서는 대기업은 고용을 일으키지 못한다는 주장을 따져보고 다음 장에서는 대기업의 탐욕이 양극화의 주범인지에 대해 알아본다.

'재벌(대기업) 중심 경제'가 고용을 만들지 못한다는 주장을 하는 사람들이 제시하는 근거는 크게 두 가지다. 하나는 문재인 대통령의 말처럼 재벌의 수출과 매출이 늘어도 고용이 늘지 않는다는 주장이다. 다른 하나는 일자리는 대부분 중소기업에서 만들어 진다는 주장이다.

7. 1 대기업(재벌)의 고용 창출효과가 없다?

　대기업 낙수효과 없다는 주장으로 내세우는 통계 자료는 우리나라
의 수출 또는 고용유발계수가 낮아지고 있다라는 점을 내세우고 있다.
한국은행이 발표하는 산업의 취업유발계수, 즉 산업 생산액이 10억원
이 발생할 경우 생기는 직간접 일자리 수를 뜻한다. 2005년의 유발 계
수는 20.3명이었으나 2017년에는 10.5명으로 12년 사이에 반으로 줄
은 것이다. 이는 우리 경제의 일자리가 급격하게 줄어들고 있는 것처
럼 들린다. 그런데 우리나라는 인구는 1960년대 2천5백만에서 최근
5천 1백만명으로 크게 늘어났고, 베이비 부머의 인구 폭발로 경제활
동가능인구(15-65세)도 크게 늘어났다. 하지만 경제개발 이후 우리나라
의 실업률은 OECD국가 중에서 가장 낮은 수준을 유지하며 경제활동
참가율도 꾸준히 증가해왔다. 이는 일자리가 경제활동가능 인구의 증
가보다 더 많이 증가해왔다는 말이다. 수출과 대기업 매출이 늘어도
일자리가 늘지 않는다는 소위 "고용 없는 성장" 또는 "낙수효과 없다"
는 말은 일자리에 관한한 전혀 사실에 부합하지 않는 말이다.

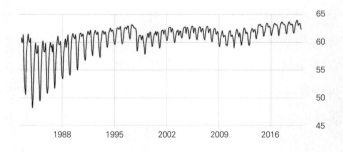

그림 7-1: 우리나라 월별 고용 참여율 (자료원: 통계청)

　　재벌이 대체 무슨 죄를 지었다고

이는 빈번한 통계 악용 사례로, 단위당 통계를 갖고 사람들을 현혹시키는 것이다. 10년전에 10억원당 취업유발계수가 20이었다가 10로 떨어졌다고 하자. 그런데 10년전에 매출이 100억 늘었고, 금년에는 1000억이 늘었다고 가정하자. 그러면 10년전에는 200명의 일자리가 만들어지고, 금년에는 1000명이 늘어난다. 한국경제 규모가 크게 성장했기 때문에 1960년 10%를 성장해도 4천800억원에 불과하고 2017년 2%만 성장해도 늘어나는 돈은 36조 8천억이 늘어난다. 즉 한해에 늘어나는 돈이 77배가 되었다. 그래서 생산액 10억원당 취업유발계수가 줄어도 우리경제 규모가 커지면서 늘어나는 금액이 급증했기 때문에 창출되는 고용은 훨씬 크다. 과거 노동집약 봉제 회사가 매출 10억원을 늘리기는 매우 어려워도 삼성전자는 2016년대비 2017년에 매출이 무려 약 39조원이 늘었다. 즉 단위당 취업자수가 줄어도 늘어나는 금액이 월등하게 크기 때문에 만들어지는 일자리 수는 많다. 즉 단위당 통계와 총량을 구분하지 못하는 산수를 하고 있는 것이다.

고용 없는 성장(Growth without jobs)이란 말은 국가경제(GDP)가 증가하는데 일자리 증가 또는 실업률 감소를 나타나지 않는 현상을 말하는 것으로 우리나라에 해당하는 말이 아니다. 미국과 같은 선진국에서 2000년대 클린턴 대통령 시절 즉 닷컴 혁명으로 디지털 경제로 전환할 때 한동안 나타나서 경제학자들을 당혹하게 만들었던 이슈다. 하지만 최근 트럼프 대통령 집권 이후 미국의 실업률은 반세기 최저이고, 저소득층의 임금이 빠르게 솟아나면서 사라진 용어가 되었다. 이런 현상은 경제가 구조적 전환을 할 때 일시적으로 나타난다. 고용의 효과는 높지만 생산성이나 국제 경쟁력이 낮은 산업이 쇠퇴하고, 부가가치는 높지만 취업유발 효과가 낮은 산업이 성장하면 일자리는 줄고 국민총생산액은 늘어날 수 있다. 이 현상은 미국의 대규모 고용을 일으키던 제조업이 중국 등으로 대규모 이전하고, 대신 컴퓨터 등의 자동화 기기가 일을 대부분 하는 월가의 금융회사, 또는 구글, 애플처럼 디지털 회사가 크게 늘면서 생기는 현상이다. 이는 적어도 한국에서 지금까지 나타난 적이 없는 현상을 미국의 좌파들이 하는 말을 앵무새처럼 옮기는 것이다.

그렇다면 생산에 따른 취업(고용) 유발 계수의 하락은 무엇을 뜻하는가? 그것은 다름아니라 우리나라가 고임금 고도산업으로 진화하고 있다는 매우 긍정적인 통계를 재벌개혁론자들 또는 시장경제 회의론자들이 잘못 또는 악의적으로 해석하는 것이다. 생산을 10억원해서 인건비를 제외한 이익이 10% 남는다고 하자. 1억원이된다. 이를 다 근로자에게 준다고 하면 취업유발계수가 1이면 1명이 1억원 연봉을 받는 것이고 10명이면 일인당 1천만원이 된다. 즉 취업유발계수가 크다는 것은 저임금 노동집약산업으로 농업과, 기술 없는 인건비 따먹는 단순제조업 등 저개발국가의 산업들이 여기에 해당한다. 한국이 비약적으로 성장한 나라이니까 이 계수는 다른 나라보다 더 빨리 떨어져왔고 그것은 압축성장의 성공 지표인 것이다. 얼마나 엉터리 논리와 왜곡된 통계로 대중을 현혹하고 선동하는지를 보여주는 것이다.

7. 2 일자리는 중소기업이 다 만든다는 9988 주장

대기업이 고용을 만들지 못한다는 주장의 또 하나 근거는 위의 한겨레 신문이 주장하듯이 대기업의 고용비중이 매우 적다는 것이다. 2018년 OECD 보고서에 의하면 2015 한국의 기업 수 중에 250인 이상을 고용하는 대기업은 아래 표 7-1과 그림 7-2에서 보듯이 조사대상 35개국에서 그리스 다음으로 두번째로 대기업 고용비중이 낮다 (OECD 2018). 이 데이터를 갖고 "재벌이 고용을 만들지 못한다" 결론으로 바로 돌진하는 것이 재벌 개혁론자들의 논법이다.

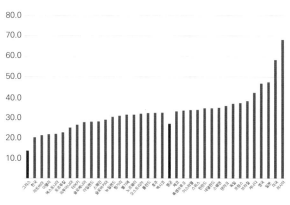

그림 7-2: OECD 국가의 대기업 고용비중 (자료원: OECD 2018a)

과거 2013년 데이터의 기준으로는 한국의 중소기업의 비중은 99.9% (대기업은 0.1%), 그리고 고용 비중은 87.5% (대기업 고용비중은 12.5%)이어서 그 유명한 '중소기업 9988' 표어가 생겼다 (조덕희, 2016). 이 구호는 중소기업의 중요성을 강조하고 중소기업 중심 경제로 가야한다는 주장의 근거로 흔히 사용된다. 이런 중소기업의 고용비중이 높은 사실을 정치인들은 중소기업의 중요성을 강조할 때마다 사용하는 습관들이 있다.

2012년 박근혜 대통령 당선인은 "중소기업 대통령이 되겠다고 했고 그래서 제가 제일 먼저 중소기업중앙회에 왔습니다. 9988이라고 하니 더 말할 필요없다. 9988이면 다잖아요"라며 한국 경제에 중소기업이 전부다라고 주장했다(연합뉴스 2012.12.26 뉴스 기사). 문재인 대통령 역시 "가장 시급한 현안이 일자리고 전체 고용의 80%의 이상을 차지하는 중소기업이 힘을 내야한다"며 중소기업이 일자리 창출의 주역임을 강조하고 있다(2019.1.7일 한국경제 신문 기사).

최근 OECD 보고서는 9980으로 이전보다 대기업의 고용비중이 조금은 늘어난 것으로 나타나지만 대기업 고용 비중은 OECD 국가들 중에서 그리스 다음으로 가장 낮다. 우선 우리는 대기업의 고용비중이 낮은 것이 재벌(대기업)이 일자리를 만들지 못 해서인가? .

표 7-1: OECD 국가의 대기업 기업수 비중과 고용비중 (자료원: OECD 2018a)

국가	대기업 비중 (%)	고용 비중(%)	대기업 비중 0.1% 당 고용 비중
스위스	0.82	33.6	4.118
미국	0.62	57.6	9.340
뉴질랜드	0.50	30.1	6.045
독일	0.48	36.6	7.646
룩셈부르크	0.48	33.1	6.967
러시아	0.43	67.0	15.659
일본	0.37	47.2	12.746
브라질	0.37	37.9	10.321
오스트리아	0.34	31.6	9.359
덴마크	0.30	35.5	11.823
영국	0.29	46.5	15.839
멕시코	0.29	32.1	11.150
캐나다	0.26	42.0	15.863
핀란드	0.26	34.2	13.162
아일랜드	0.26	27.6	10.638
에스토니아	0.24	21.6	8.965
노르웨이	0.20	31.0	15.529
이스라엘	0.20	33.4	16.773
폴란드	0.20	31.9	16.136
터키	0.19	26.1	13.716
리투에니아	0.18	24.7	13.585
호주	0.18	32.1	17.649

국가	대기업 비중 (%)	고용 비중(%)	대기업 비중 0.1% 당 고용 비중
라트비아	0.17	21.0	12.125
슬로베니아	0.16	27.3	16.773
헝가리	0.16	30.5	18.911
체코	0.16	32.8	21.102
벨기에	0.15	31.0	20.659
스웨덴	0.15	34.7	23.693
네덜란드	0.14	34.3	23.957
프랑스	0.14	36.7	26.551
슬로바키아	0.13	28.6	22.799
스페인	0.12	27.8	23.267
한국	**0.11**	**20.0**	**17.416**
포르투갈	0.10	22.4	22.926
이탈리아	0.09	21.4	24.393
그리스	0.05	13.5	26.173
평균	**0.257507**	**32.6437**	**12.677**

이러한 주장은 여러가지 다음과 같은 치명적 논리적 결함이 있다.

우선 대기업과 재벌을 동일시한다는 점이다. 재벌이 많은 대기업을 갖고 있지만 250인 이상의 작업장은 우리가 말하는 중견기업을 포함하고, 재벌이 아닌 많은 대기업 특히 공기업과 금융회사 등이 포함된다. 그리고 재벌의 계열사들 중에도 고용규모 면에서 중소, 중견기업들이 많이 존재한다. 따라서 중소, 중견 기업들이 많은 고용을 만들었다면 이 중에는 재벌의 계열사들이 만든 일자리도 포함되고 대기업이 일자리를 못 만들었다면 재벌이 아닌 대기업들의 고용 부진도 포함되었다. 낮은 대기업의 고용 비중을 재벌 대기업들이 일자리를 못 만든다고 동일시 하는 것은 이렇듯 논리적 비약이다.

더 근본적인 문제는 고용의 주체와 '일자리를 만드는 주체"의 혼동이다.

재벌개혁론자들은 툭하면 재벌이 "한계에 다다른 하청 쥐어짜기"를 한다고 비난한다(박상인, 2017). 재벌은 어떻게 하청업체를 쥐어짜는 것이 가능할까? 그것은 재벌이 만든 일감을 '하청'했기 때문이다. 중소, 중견기업이 독자적인 글로벌 시장을 갖고 있는 상품이 있다면, 그들은 쥐어짜기의 대상이 될 수 없다. 일반적으로 임가공, 하청은 대기업이 일감을 넘겨준 것이다. 설혹 독자적 중간제품이나 제조 설비가 있더라도 최종 제품으로 시장을 스스로 개척할 능력이 없다면 대기업의 최종제품 판매 능력 때문에 생긴 일자리다. 예를 들어 최첨단 반도체 설비를 생산하는 업체들은 한국의 삼성전자나 SK하이닉스 없이는 팔 수 있는 고객이 존재하지 않는 설비가 허다하다. 따라서 이들의 일자리는 대기업의 성공에서 파생된 일자리다.

하청업체만이 아니다. 대기업의 사업현장 주변의 많은 자영업자나 중소기업은 대기업의 직원들을 상대로 사업을 한다. 2018년 한국GM이 군산 공장을 폐쇄했다. 군산에서 돼지갈비 식당을 운영하고 있는 사장님은 "GM이 철수한다는 말이 사실인가요? 그러면 군산 사람들은 다 죽어요 이제 와서 다시 농사 지어 먹고 살 수도 없는 노릇이고"라고 걱정했고 그것이 현실이 되었다(조선비즈 2018.2.10.일 기사). 그로부터 1년 후의 군산의 모습은 "불꺼진 군산경제…. 상가는 문 닫고 청년들은 외지로"라고 적고 있다(2019.1.29일자 조선비즈 기사). 종업원들이 손님을 찾아 업소 앞에서 서성대고 있다는 식당, 주점, 노래방의 일자리는 법률적으로나 외형적으로는 골목의 영세기업의 사장님들이 만든 것이지만 원천은 대기업이다. 조선업이 흔들린 거제도와 울산의 모습과 흔들리는 부동산 시장도 대기업의 고용이 어떤 사슬을 거쳐서 만들어지고 돈이 돌고 있는지 보여준다.

이렇듯 일자리를 중소기업, 자영업이 만든다는 말은 고용의 주체와 일자리 만드는 주체가 누구인지를 분간하지 못하는 무식한 주장이다. 대기업은 경제의 동맥이다. 그 동맥에서 피를 받아서 실핏줄들이 나라의 경제를 죽지 않게 살리고 있는 것이다. 동맥 안에 흐르는 피와, 실핏줄에 있는 피를 구분해서 실핏줄이 피를 많이 운반한다고 주장하는 것과 동일하다. 동맥의 피가 마르면 실피줄은 바로 피가 말라 죽는다.

기업의 경영 현장과 고용이 어떻게 이루어지는 지를 이해 못하는 얼치기 선동가들이 수출과 매출이 늘어도 고용이 늘지않으면 고용 없는 성장이며 낙수 효과는 끝났고 대기업 중심 경제는 더 이상 작동하지 않는다는 선동을 하고 있는 것이다.

7.3 대기업이 일자리를 못 만드나, 대기업이 못 만들어지나?

한국의 고용문제를 다루면서 대기업(재벌)이 고용을 만들지 못한다는 주장에 결정적으로 치명적인 또다른 논리의 비약이 존재한다. 재벌개혁론자들 또는 중소기업 중심 경제론자들이 지금까지 내세우는 통계는 대기업 전체의 고용비중이다. 대기업 전체의 고용비중이 낮다는 것은 대기업이 다른 나라보다 적거나 우리나라 대기업들이 다른 나라보다 고용을 회피할 때 발생한다.

즉, 대기업이 일자리를 못 만드냐, 아니면 대기업이 잘 못 만들어지고 있느냐는 본질적 질문을 하지 않고 있다는 점이다. 표 7-1은 우리 나라가 대기업 고용비중 뿐만 아니라 전체기업에서 차지하는 대기업 비율이 OECD의 평균에 비해 월등히 낮다. 고용비중이 뒤에서 2번째 이고, 대기업의 수 비율에서도 뒤에서 그리스, 이탈리아, 포르투갈 다 음으로 낮다. 표 7-1에서 OECD국가의 대기업 비중은 0.26%인 반면 에 우리나라의 비중은 0.11%에 불과하다. 만약 한국의 대기업 비중이 OECD의 평균과 같아진다면 대기업의 고용비중은 47%로 크게 높아 진다. 한국에서 대기업이 너무 적기 때문인 것이지 대기업이 고용을 만들지 못해서가 아니라는 것을 반증한다. 하지만 재벌의 경제력 집 중에 관한 5장에서 언급한 바와 같이 재벌 공화국 신화에 세뇌된 우리 국민은 우리나라에 대기업이 너무 많다고 믿고 있다. 반재벌 선동이 얼마나 뿌리 깊게 성공하고 있는지를 보여주는 것이다.

위에서 소개한 한겨레 신문의 사설은 부가 가치에 비해 대기업 고용 비중이 매우 낮다고 주장한다. 최신 데이터는 한국의 대기업의 부가가 치 비중은 38.56%로 보고되고 있다(OECD 218a)

> "조사대상 OECD 37개국 가운데 그리스(11.6%) 다음으로 가장 낮았다.
> 한국 대기업이 창출하는 부가가치가 전체의 56%에 이르는 점을 감안하
> 면 지나치게 '저조한 고용'이 아닐 수 없다."

이러한 주장은 마치 부가가치 비중만큼 고용 비중이 되어야 한다는 인상을 심어주기에 족하다. 하지만 OECD 국가의 대기업 수의 비중은 평균이 0.24%이고 부가가치 비중의 평균은 41.44%로 극소수의 대기 업이 태반의 부가가치를 만들고 있어서 한겨레나 재벌개혁론자들의 주장은 독자들을 호도하기에 족한 선동이라는 것을 알 수 있다.

여기서 우리나라 좌파들의 기업에 대한 무지가 다시 한번 들어난다. 위의 주장을 다시 말하면 적은 인원을 활용해서 높은 부가가치를 내는 기업들이라는 것이다. 이것은 모든 기업이 달성하고 싶은 성공의 지표다. 이게 바로 노동생산성이 매우 높은 기업이라는 것이다. 기업이 일자리를 만들기 위해 존재한다는 도착된 기업관을 갖고 있다는 증거다. 기업은 일자리를 만들기 위해 존재하는 것이 아니다. 사업을 하기 위해 고용을 하는 것이다. 그래서 노동경제학에서는 고용은 근로자가 생산하는 일의 파생 수요(derived demand)라고 한다. 커피를 마시는 사람이 늘어서 카페가 많아지면 바리스타의 수요가 늘어난다. 바리스타의 고용은 커피를 더 많이 만들어야 하는 일감에서 파생된 수요이지 카페 사장님이 바리스타를 고용하기 위해 사업을 하는 것이 아니다.

동일한 수의 테이크아웃 커피를 만드는데 경쟁 카페는 1명의 바리스타로 사업을 하는데 나는 2명을 써야 한다면 이 카페는 얼마 못 가서 망하거나 수익이 적어서 사업의 확장은 불가능하다.

기업은 일을 하기 위해 가능한 모든 자원을 최소로 사용할 때 생산성이 높고 부가가치가 높은 것이다. 그래서 기업이 적은 인력을 사용해서 많은 부가가치를 생산하고 있다면 이는 성공적인 기업의 판단 기준이다. 재벌(대기업)을 비판하는 사람들이 얼마나 경영과 기업에 대한 이해없이 성공을 비난하는 비판을 하고 있는지를 볼 수 있다.

정치인들은 경제의 목표가 일자리인 것으로 선전하고, 일자리를 경제의 비용이 아니라 혜택으로 간주하는 오류를 범한다. 기업에게 일자리는 비용이다. 이는 생산의 비용이고 결국 가격에 전가되기 때문에 소비에게도 비용이 된다. 기업과 국가 경제의 경쟁력은 노동생산성의 향상, 즉 일자리 파괴에서 달성되는 것이다. 따라서 생산성이 낮은 일자리의 파괴, 또는 기업의 생산성 향상 노력은 성공의 척도이지 실패의 척도가 아니다. 그러한 생산성으로 소비자들은 상품들을 더 싸게 이용하고 있다. 밀튼 프리드만 역시 일자리는 경제적 혜택이 아니라 비용이라는 것을 강조하고 있다(van Cott, 2016). 일자리는 사업이 번창하고, 새로운 혁신으로 전에 없던 상품과 시장 수요가 만들어지면서 늘어나는 것이지 있는 기업들이 고용을 억지로 늘려서 만들어 지지 않는다. 일반인들의 인식과는 달리 인류는 부유해지면서 전에 없던 새로운 소비를 수없이 늘려왔다. 우리의 일상적인 소비와 한 세대 앞에서의 소비를 비교해 보라. 대학교육, 해외여행, 실손보험, 스타벅스 커피, 와인과 다양한 맥주, 스마트폰 등 수 많은 소비가 과거에는 존재하지 않던 시장이다. 즉 새로운 시장과 사업의 확장으로 일자리가 느는 것이지 매출 증가 없이 한 회사가 고용을 늘리는 것은 회사로서는 실패한 경영이 된다.

우리는 정치인들이 일자리 약속에 익숙해 있다. 소위 일자리를 보호하고, 일자리를 만들겠다는 수 많은 정치 공약 속에서 살아 온다. 정치적으로 인기 있는 "일자리 신앙"(Jobism)의 오류는 경제학자 리차드 맥킨지(Richard McKenzie)의 "일자리를 파괴하여 경제를 도우라"는 칼럼을 통해서 통렬하게 비판한 적이 있다. 즉 기업의 혁신 노력, 생산성 향상 노력을 돕는 것이 궁극적으로는 더 가치가 높은 일자리가 만들어지고 경제가 발전하고 부응한다는 점을 강조한 것이다(Perry, 2016).

다시 말해서 한겨레 신문이 한국의 대기업의 부가가치 비중은 높은데 고용비중이 낮다는 비판은 성공을 비판하고 있는 것이다. 기업은 낮은 투입요소를 사용해서 부가가치 생산을 극대화하는 것이 성공의 척도다. 즉 생산성이 높은 기업이고, 그것이 경쟁력이 큰 기업인 것이다. 우리 사회, 특히 이 책에서 지적하는 재벌개혁론자들은 일관되게 기업의 성공을 비판하고 있다. 이들은 기업이 무엇인지, 경제가 무엇인지 아는 사람들인지 지극히 의심이 되는 이유가 여기에 있다.

대기업이 고용을 못 만드는 것인지 대기업이 못 만들어지고 있는지를 더 정확히 보자. OECD(2017)의 제조, 서비스, 건설 산업의 기업 규모별 평균 고용인원, 이들 기업 규모별 평균 인원의 규모에서 우리나라의 순위를 보면 확연한 특징 두 가지를 알 수 있다. 제조업에서는 중견기업이 고용이 적다는 것이고, 서비스업의 대기업의 고용 인원이 크게 적다는 것이다.

우리나라 재벌 대기업을 주로 이루고 있는 제조업의 대기업의 평균 고용 인원은 OECD 국가 중에 4위로 미국, 일본, 브라질 다음으로 고용 규모가 크다. 따라서 우리나라 대기업들이 고용을 못 일으키는 것이 아니라 대기업 수가 너무 적다는 것을 시사한다.

표 7-2: 우리나라 제조업과 서비스업의 기업 규모별 평균 고용규모 순위 (자료원: OECD, 2017)

기업규모	제조업	서비스업
영세기업(1-9인)	3	3
소기업 (10-49인)	1	1
중기업 (50-249인)	30	6
대기업 (250이상)	4	32

지금까지 분석한 데이터들은 기업 규모를 고용인원 기준으로 분류한 것들이다. 그렇다면 고용은 안하면서 생산액은 높은 것인가를 따져 보자.

우리나라가 대기업은 적고 영세기업은 선진국에 비해 비정상적으로 많은 나라라는 것은 표7-3에서도 확인할 수 있다. 각국의 GDP 규모(단위 10억불)와 기업의 개수(단위 1천)의 자료다. GDP란 그 나라가 생산한 재

(상품과 서비스)를 시장 가격으로 환산한 것이기 때문에 기업 매출액의 합과 유사하다고 볼 수 있다. GDP를 기업수로 나눈 기업당 평균 규모(단위 백만불)의 순위를 보면 한국은 OECD 국가 중에 멕시코, 그리스와 함께 최근에 OECD에 가입한 개발도상 국가인 동부 유럽국가들과 함께 하위권에 속해 있다. 우리나라의 기업규모와 상대 크기를 비교한 것이 표 7-3의 제일 마지막 열이다. 미국 기업 규모는 우리의 7.24배, 스위스는 6.43배, 일본이 2.92배 등으로 확연한 차이를 내고 있다.

표 7-3: OECD국가별 기업 규모 비교 (자료원: OECD 2018a)

국가	GDP (단위 10억불)	기업수 (단위 천)	기업당 평균 GDP	한국 대비 배율
미국	18,121	4,242	4.27	7.24
스위스	535	141	3.79	6.43
캐나다	1,600	779	2.05	3.48
룩셈브루크	60	32	1.85	3.14
러시아	3,615	2,086	1.73	2.94
일본	5,177	3,010	1.72	2.92
뉴질랜드	185	109	1.70	2.88
독일	4,030	2,455	1.64	2.78
오스트리아	441	323	1.37	2.32
아일랜드	322	242	1.33	2.26
영국	2,807	2,107	1.33	2.26
덴마크	281	217	1.29	2.19
핀란드	239	227	1.05	1.78
노르웨이	308	295	1.04	1.77
루마니아	457	462	0.99	1.68
브라질	3,214	3,433	0.94	1.59
프랑스	2,765	3,018	0.92	1.55
벨기에	526	609	0.86	1.46
터키	1,945	2,469	0.79	1.34
네덜란드	861	1,125	0.77	1.30

국가	GDP (단위 10억불)	기업수 (단위 천)	기업당 평균 GDP	한국 대비 배율
이스라엘	318	430	0.74	1.26
호주	1,128	1,535	0.73	1.25
스웨덴	483	699	0.69	1.17
아이스랜드	16	25	0.64	1.08
스페인	1,688	2,653	0.64	1.08
이탈리아	2,327	3,695	0.63	1.07
폴란드	1,040	1,674	0.62	1.05
한국	**1,796**	**3,042**	**0.59**	**1.00**
멕시코	2,064	3,584	0.58	0.98
에스토니아	39	70	0.56	0.94
슬로베니아	68	138	0.49	0.83
헝가리	262	544	0.48	0.82
리투아니아	86	190	0.45	0.76
라트비아	50	114	0.44	0.74
포르투갈	317	828	0.38	0.65
슬로바키아	165	443	0.37	0.63
그리스	288	787	0.37	0.62
체코	367	1,011	0.36	0.62
평균	**1578.69**	**1285.30**	**1.08**	**1.84**

한국의 기업 개수는 약 300만개가 넘어서 프랑스, 일본과 비슷하다. 하지만 이들 나라의 GDP 규모는 우리보다 월등히 크다. 즉 기업대당 GDP 생산 규모는 아래 그림 7-3과 같이 최근에 OECD에 가입한 동구 유럽의 개발 도상국와 멕시코, 그리스와 유사한 수준으로 기업의 부가가치 규모 면에서 OECD 국가 중에서 아주 예외적으로 작다. 즉 생산 부가가치에 비해 영세기업이 너무 많은 것이다. 이러한 모든 자료들은 한 가지 사실을 명백하게 제시하고 있다. 우리나라는 다른 나라에 비해 대기업 수가 턱없이 부족하고 영세기업으로 과밀하게 포진하고 있다는 것이다.

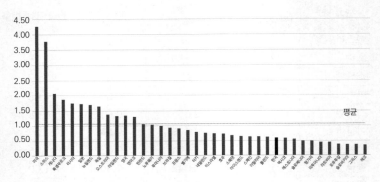

평균

그림 7-3: OECD 국가의 기업 평균 규모 비교 (자료원: OECD 2018a)

우리나라가 대규모 고용을 일으키는 대기업 수가 80년대 말을 정점으로 급속도로 줄어 왔음은 아래 통계가 분명하게 보여준다. 아래 그림 7-4은 우리나라의 고용구조의 급속한 변화를 보여주고 있고, 이 시기는 우리나라의 노동집약 산업이 경쟁력을 상실하고 폐업하거나 중국 등 싼 인건비를 찾아서 해외로 이주한 시기와 맞 물린다(Jwa, 2017).

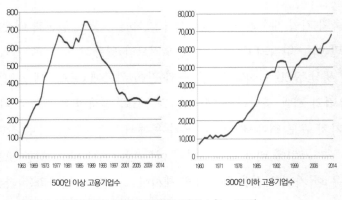

| 500인 이상 고용기업수 | 300인 이하 고용기업수 |

그림 7-4: 고용인원 500인 이상과 300인 이하 기업의 수 (Jwa, 2017)

우리는 이제 두 가지 결론에 확실하게 도달할 수 있다. 한국의 고용 생태는 대기업의 고용비중이 작고 영세기업의 고용비중이 크다. 하지만 이는 고용을 대규모로 일으키는 대기업 수가 적고 줄어들고 있다는 것이 주요한 원인이라는 것이다. 일반적으로 국민 소득 수준별 고용구조는 선진국으로 갈수록 대기업의 고용 비중이 크고 저소득 국가일수록 반대의 현상을 나타낸다. 그런데 우리나라는 소득수준은 선진국인데 고용구조는 후진국이라는 기형적 형태를 띠고 있다.

이런 기형적 현상은 두 가지 원인이 작용하고 있다고 설명할 수 밖에 없다. 하나는 대기업의 탄생을 막고, 소멸하는 것이 지속되어 왔거나, 대기업이 고용을 회피하는 전략을 채택해 왔다고 봐야 한다. 당연히 국민들은 대기업의 안정되고 높은 임금을 주는 일자리를 선호한다. 이런 의미에서 9988은 우리나라 중소기업의 중요성을 시사하는 구호가 아니라 고용정책의 실패를 상징하는 극복해야 할 과제 중에 가장 심각한 경제문제로 보아야 한다. 이 두가지 모두가 한국의 고용구조를 영세, 소기업 위주로 편성된 원인일 것이다. 그렇다면 이것이 대기업 특히 재벌기업 때문인가 하는 점이다. 재벌 개혁론자들의 묻지마 재벌 책임론이 아니라 실증 데이터를 근거로 누가 후진적 고용구조의 책임이 있는지 살펴 보자.

7.4 9988 누구의 책임인가?

대한민국의 대기업 고용 비준은 대기업의 기준에 따라 다르지만 이들 사업장의 고용 비중은 10-20% 남짓하다. 여기서 우리가 말하는 정규직을 생각하면 10% 미만이다. 즉 한국의 청년들은 중견기업 이상의 취업을 위해서는 10:1 이상의 경쟁에서 승리해야 한다. 이것은 청년들이 헬조선이라고 말하는 중요한 이유 중에 하나일 것이다.

청년들이 절망하는 근본 원인이 되고 있는 이 후진적 고용 상은 누구 책임인가?

(1) 재벌 (대기업)에게 고용의 책임을 묻는 것은 기업과 시장경제의 본질을 벗어난 무식한 선동이다

기업은 앞서 설명한 대로 고용을 목표로 경영하는 것이 아니다. 기업은 돈을 벌기 위해 사업을 하는 것이고 사업이 잘되어 필요한 인력이 늘어나면 더 고용할 뿐이다. 그래서 노동경제학에서는 이미 설명한 대로 고용은 일감의 '파생 수요'(derived demand)라고 하는 것이다. 따라서 고용의 부족을 대기업의 책임으로 비난하는 것은 기업과 시장경제의 본질에서 벗어난 일이다.

앞에서 설명한 대로 우리나라 재벌들이 잘 하고 있는 글로벌화한 제조업들의 평균 고용인원 수는 OECD국가의 2-4위를 다투는 정도로 고용 규모가 크다. 그렇다면 살아 남고, 글로벌로 잘하고 있는 기업들에게 망하고 없어진 대기업들의 책임을 묻는 것과 같다. 우리나라 소수의 대기업은 그 고용 비중에 비해 높은 부가가치를 생산하고 있다. 이는 기업 경영에서 누구나 꿈꾸는 노동 생산성이 높은 기업이다. 이 또한 기업경영의 입장에서는 성공의 모습이다. 우리는 성공하고 살아남은 기업들에게 망하고 없어진 기업의 책임을 떠넘기며 묻고 있는 중이다. 그리고 기업이 국가 경영의 책임이 있는 것처럼 비난들을 해대고 있다. 기업은 자신이 고용한 인재들을 성장시켜 사업을 잘할 책임이 있는 것이지 국가 고용을 책임지는 주체가 아니다.

(2) 누가 대기업 수를 줄이고 있는가?

한국의 대기업의 고용비중이 적은 첫번째 이유는 대기업의 수가 적고 90년대부터 2000년 초까지 급속도로 줄어들고 있고 반등이 없다는 곳에 큰 원인이 있다. 반면에 대기업 고용비중이 안정적인 나라들은 끊임없이 대기업이 탄생한다. 그림7-5는 미국의 500인 이상의 고용을 담당하는 대기업 수의 변화를 보여주는 그래프다.

끊임없이 대기업이 늘어나고 있다는 점이 우리와 확연하게 다른 점이다. 그렇다면 우리나라의 대기업 수는 왜 감소되고 있는가? 누구 책임인가? 재벌의 독과점이 다른 대기업의 성장을 막고 있다는 것이 재벌개혁론자들의 주장이다. 혁신대기업이 생기지 못하고 있다는 세습 자본주의 주장은 허구라는 것을 이미 6장에서 최근 자수 성가 부호들이 속출하고 있다는 것으로 반박한 바가 있다.

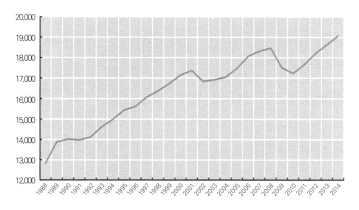

그림 7-5: 미국의 500인 이상 고용 대기업 수의 변화 (자료원: OECD 2018a)

한국의 혁신형 기업의 시도는 최근 매우 활발한 편이다. 한국의 GDP 대비 벤처 투자 규모는 OECD 조사대상국 중에 미국, 이스라엘, 캐나다 다음으로 4위다. 2010년 대비 2017년 투자금액 성장률에서도 폴란드, 룩셈부르크, 미국 다음으로 4번째로 2010년에 비해 242.2% 성장했다(OECD, 2018a). 만약 한국에서 '재벌체제는 혁신형 경제와 양립할 수 없다'라는 주장(박상인, 2017)이 사실이라면 이들 투자는 무모한 자원 낭비에 불과하다. 하지만 최근 유니콘 기업으로 이들 기업이 속속 부상해서 국가별 순위에서 5위권에 들어간 것은 재벌개혁론자들이 이념적으로 재단한 재벌공화국의 주장이 별 설득력이 없다는 것을 보여주는 반증이다. 박상인 교수는 재벌개혁의 필요성을 강조하는 책에서 재벌체제가 혁신형 경제와 양립할 수 없다고 강조하면서 이스라엘의 재벌 개혁을 소개하고 있다는 점이다. 그런데 이스라엘의 재벌 개혁은 최근에 이루어졌고 그 이전부터 이스라엘은 '창업의 나라'라는 칭송을 받고 있는 나라라는 점이다. 이스라엘의 재벌 집중 현상은 우리보다 훨씬 심해왔다. 그리고 재벌이 없다고 알려진 일본의 혁신 창업의 활동은 우리보다 어떤 지표에서 든 부진한 것으로 나타난다. 아무런 논리적, 실증적 검증도 없이 무조건 재벌 탓이라는 전형의 주장이다.

닷컴 시절에 성공한 네이버, 넥슨과 같은 성공 사례와 최근의 유니콘 기업의 성공사례는 재벌이 하지 않는 혁신적 사업을 성공해서 대기업으로 성장한다는 것을 보여주고 있다. 그러면 재벌의 문어발 경영에서 장악하고 있는 일부 중견기업을 재벌의 산하가 아니라 독립하면 재벌이 운영하는 것보다 더 큰 대기업으로 성장할 수 있지 않는 한 재벌에게 우리나라의 대기업 부족의 책임을 물을 수 없다. 이 질문은 9장의 문어발 경영 편에서 자세히 다루지만 대답은 부정적이다.

그럼 우리나라에서 새로운 대기업, 혁신 기업의 출현을 누가 막고 있는가를 따져보자. 맥킨지코리아 파트너에서는 세계에서 가장 투자를 많이 받은 혁신 스타트업 상위 100개사의 사업 모형을 분석한 결과 그 중 28.7%만이 한국에서 바로 규제의 제약없이 사업을 할 수 있고, 30.4%는 부분적으로 또는 조건부로 가능하며, 무려 40.9%는 전혀 불가능한 불법화되어 있다고 분석하고 있다(조선비즈, 2017.7.13). 오래 전에 불법화한 우버는 고사하고 최근에 논란 와중에도 국회가 소급입법으로 사업 중인 회사를 불법화한 타다와 같은 규제가 대표적인 것이고, 세계에서 가장 좋은 정보통신 인프라를 갖고 있다고 하면서 원격진료 등을 불허하는 것을 보면 혁신 창업의 걸림돌이 재벌인지 정부(규제)인지를 따져보면 답은 너무나 자명하다.

우리나라의 고용구조가 급하게 변화하는 것은 우리나라가 제조 대기업 중심으로 경제개발을 해 왔다는 역사성과 관련이 깊다. 그림 7-6과 같이 우리나라의 제조업 고용 비중은 1989년에 최고를 달성한 이후 1990년 35.9%에서 2019년 24.8%로 급속하게 감소하고 있다. 특히 영세기업 수는 증가하는 반면 200인 이상의 대규모 고용 사업장은 줄고 있고, 그 기업수의 감소 폭만큼 고용비중이 같은 속도로 감소하고 있다(조덕희, 2016). 바로 제조업의 대기업이 줄어든 만큼 고용인원이 감소하고 있다.

이러한 선진국의 일자리 탈 제조업은 일반적인 현상이다(Rodrik, 2015). 그리고 이러한 현상은 앞으로도 더 깊게 진행될 가능성이 매우 크다. 그림 7-6에 보듯이 한국의 제조업 고용 비중은 미국과 여타 선진국에 비해 월등히 높다.

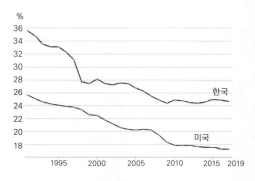

그림 7-6: 우리나라 제조업 고용비중 추이 (자료원: The World Bank)

한국의 제조업 일자리는 98년 외환위기 이후의 대규모 구조조정으로 감소세에서 2009년부터 문정권이 시작되기 직전인 2016년까지는 완만하게 회복세에 있었다. 조선, 철강, 자동차, 전자 등 우리나라 대표적인 제조업은 계속 고용인구가 감소하는 반면 새로운 4차 산업형 제조업들이 생겨나고 고용을 늘려왔기 때문이다. 로봇, 2차 전자, 정밀기계, 의료기계, 화장품, 제약 및 바이오 산업 등이 싹트고 있었기 때문이다. 이마저 문재인 정부가 들어서서 최저임금제와, 52시간제 규제가 가해지면서 제조업 일자리는 2017년 이후 계속 감소세로 돌아섰다. 일자리의 훼방꾼이 누구인지 너무 자명하지 않은가?

그림 7-7에서 제조업의 일자리는 경제가 발전하면 거꾸로 된 U자형을 보인다. 그런데 각 나라에서 고용비중이 정점에 도달하는 점이 점점 빨라지고 있다. Rodrik(2016)의 연구에 따르면 1995년 데이터는 국민소득 12,400불에서 22% 정도의 고용비중이 최고점인데 이것인 2015년 추정에서는 국민소득 5,500불에서부터 고용의 비중은 줄어든다. 이는 더 많은 저임금 국가들이 글로벌 경제에 편입하고 외국 투

자를 환영하는 글로벌화 현상과(Freeman 2006) 제조업의 자동화 기술의
영향으로 파악된다 (Rodrik, 2015).

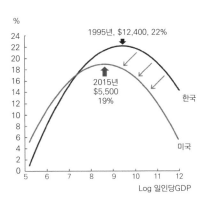

그림 7-7: 우리나라 제조업 고용비중 추이 (Rodrik, 2015)

  모든 선진국의 고용비중이 감소하고 있고 대한민국도 감소 폭이 적
지않다. 다른 나라의 추세를 보면 제조업 고용비중이 월등히 높고, 표
7-4의 실증 연구의 결과가 우리나라 제조업의 고용 비중은 감소할 수
밖에 없고 현재도 그것이 진행중이다.

표 7-4: 선진국 제조업 비중과 고용 변화

국가	1997-2016 제조업 고용 감소율	2016년 제조업 부가가치 비중 (GDP %)	2016년 제조업 고용 비중(전체 고용 %)
독일	-3	20	19
이탈리아	-15	15	19
미국	-23	12	9
프랑스	-24	10	10
일본	-25	18	17
한국	-21	26.8	24.99
영국	-39	9	9

그렇다면 다른 선진국에서는 어떻게 대기업의 고용비중이 높게 일정하게 유지되고 있다는 것은 제조업이 아닌 서비스업에서 고용 대기업이 꾸준히 늘고 있는 것으로 제조업 대기업의 고용을 흡수하고 있다.

미국의 고용을 가장 많이 만들고 있는 회사들은 유통산업이다. 월마트 230만, 아마존 47만, 크로거(Kroger) 45만, 홈데포 41.3만, 타겟 34.5만 등이다. 그런데 한국은 어떤 일이 벌어지고 있는가? 언제부터인가 골목 시장을 보호한다는 명분하에 "유통산업 상생 발전법"이라는 규제로 대형 유통점에게 강제 휴무제를 실시하고, 신규점의 개설을 사실상 봉쇄하고, 최저임금을 대폭 올려서 대형 유통점의 경제적 자유를 박탈하면서 규모의 경제로 승부해야 하는 이들은 국내 투자를 포기하고, 구조 조정중이며 베트남, 미국 등 경제적 자유가 있는 시장으로 떠나고 있다.

미국에 또 다른 큰 고용은 의료 및 사회복지다. 미국에 유나이티드 헬쓰 그룹(UnitedHealth Group)은 의료보험 회사로 26만명의 고용을 하고 있다. 우리나라는 정부의 획일화된 의료 보험제도와 병원의 비영리화 규제로 인하여 의료 부분이 고용을 대규모로 일으키지 못하고 있다. 미국에서 의료부문이 전체 고용의 12.4%을 하고 있다. 영국의 경우도 공공서비스가 되어 있는 영국의 국가의료서비스(NHS)가 150만명의 의료 인력을 고용하고 있다.

높은 임금을 주는 대표적 산업이 금융인데 2019년 6월 기준 한국의 금융 고용비율은 2.9%인 반면에 미국은 5.3%이다. 워렌버핏의 버크셔 해타웨이가 무려 37.7만명을 고용하고 있고, 웰스 파르고가 26.2만명, JP 모간 체이스 은행이 25만명을 고용하고 있다. 한국의 금융은 은행 주택대출 조건도 정부의 관리들이 정하고, 보험회사의 보험료의 표준도 정부가 정하고, 카드 수수료도 정치적으로 강제 인하시키는 관치 금융에서 한치도 나아가지 못하고 있다. 이런 규제로 인해 금융의 고용 비중은 지극히 낮고 그나마 줄기차게 디지털 금융에 의해 줄고 있다. 다른 나라의 모바일 은행들은 모두 클라우드 상에서 전산 시스템이 돌아가고 있다. 하지만 우리나라 금감원은 금융 데이터를 회사 밖에 저장하는 것을 금해서 글로벌 모바일 은행은 탄생부터 불가능하다. 최근에 인터넷 은행의 자금 확충을 위한 은행법 개정안이 국회에서 처리 지연을 보면 누가 금융산업의 발전의 장애 요인인지 정확히 알 수 있다.

표 7-5: 종업원 인당 매출액 톱 10 산업 (Visual Capital. 2017)

순위	산업	종업원 인당 매출(US달러)
1	에너지	179만
2	의료	89만
3	유틸리티	81만
4	필수 소비재	70만
5	금융	65만
6	통신	61만
7	소재	60만
8	테크놀로지	48만
9	사치 소비재	42만
10	제조	32만

표 7-5 처럼 일인당 매출 규모가 높은 좋은 일자리가 에너지, 의료, 유틸리티, 금융, 통신 등의 분야이다. 금융과 의료분야가 정부의 획일적 규제 하에 있음은 앞에서 설명한 바와 같다. 통신은 '단통법' 규제와 선거 때마다 통신비 인하 공약에 보듯 정치권은 사기업으로 생각하지 않는 지경이다. 에너지와 유틸리티 대부분이 공사들이다. 에너지

회사 중에 대표적인 것이 한전인데 최근에 원자력 정책에서 보듯 정부의 정치적 결정에 의해 상당한 적자 기업으로 전락하고 있고, 이들 공기업은 고용의 의사결정권한마저 없다. 사업을 키워서 고용을 늘릴 인센티브도 해외시장을 개척하고 사업을 확장해갈 경영지배구조도 존재하지 않는다. 누가 제조업에서 없어지고 있는 질 좋은 일자리 창출을 막고 있는가? 정부가 아니라 재벌이라고 주장할 근거가 있는가?

우리나라의 대기업 고용비중이 낮은 주요한 이유 중 또 다른 하나는 이해집단들의 보호를 위해 많은 산업들을 자영업으로 묶어 두고 있다는 점이다. 정부가 면허를 주는 약국, 공인중개업, 병원 등 모두 전문직 개인들만이 개설할 수 있게 하여 법인화를 막고 있다. 골목시장의 보호라는 정책으로 체인 사업의 신규 매장 개설을 규제하는 것들도 자영업 고용 비중을 높이는 주요한 이유다.

2009년 OECD 자료는 자영업자의 80%가 기업이 아니라 지역 서비스에 집중되어 있기 때문에 자영업자의 골목 내에서의 경쟁이 매우 치열한 수 밖에 없는 구조를 갖고 있다. 이러한 자영업이 구조조정이 안되고 과밀한 상태로 남아 있는 것은 위에 설명한 대로 자영업 보호 정책의 탓이 크다.

앞에서 보았듯이 우리나라 서비스 대기업의 고용규모는 OECD국가 34개국 중에 33위로 최하위권이다. 이는 앞에서 열거한 규제들이 주요한 원인이다. 이러한 규제와 정부의 시장개입으로 인해 서비스업의 글로벌화는 매우 미약하여 규모도 매우 작다.

정부의 규제는 광범위한 가격 규제도 한 몫하고 있다. 의료, 금융, 교육, 유틸리티(전기, 수도 요금 등)는 생산 주체가 민간 기업임에도 사실상 정부가 가격 통제를 하여 수익성이 없는 관계로 질 좋은 고용을 확대하지 못하고 있다.

우리나라 고용의 80%가 서비스업이다. 그리고 이 서비스업에서 대기업의 비중은 매우 낮고, 있다손 치더라도 시장 자율로 운영되는 산업이 많지 않다. 그런데 고용의 책임을 재벌에게 넘기는 어이없는 선동들이 판을 치고 있는 것이다.

한마디로 말해서 한국의 압축성장만큼이나 한국의 산업구조와 고용구조는 급격하게 변화하고 있다. 아래 그래프에서 보듯이 89년을 정점으로 제조업의 고용이 서비스업으로 대체되고 있다. 문제는 우리나라 제조업 고용이 정점을 지나는 시점과 한국의 87민주화 체제가 겹친다는 점이다. 이후의 한국 정치는 인기영합주의에 의해 서비스 산업의 규제 강화의 역사라고 보아도 무방하다. 이해집단 특히 사회적 약자라고 인정되는 다수의 표를 갖고 있는 집단의 이해에 부합하여 이들을 보호정책으로 일관했다. 그것이 정부에 의한 만연한 가격통제, 영세업자들 보호를 위한 대기업 진입규제, 서비스 산업의 자영업화, 비영리화의 규제를 양산한 것과, 고용 확대의 잠재력이 큰 산업들을 공기업으로 묶어두어 질 좋은 일자리가 서비스 산업에서 만들어지지 못하는 주된 원인이 되고 있다.

창업을 막는 많은 요소들이 존재한다. 그 중의 하나가 정부의 기업 보조금 살포다. 기존 기업들을 보호, 육성한다는 명분으로 보조금과 대출 보증 등의 지지 정책은 새로운 창업가들이 이러한 보조금으로 원가의 일부를 감당하는 기업들과의 경쟁에서 공정한 게임을 하기 어렵게 만든다. 이 문제는 우리나라가 재벌중심경제인가 중소기업의 과보호의 나라인가에 대해 후에 다시 논의하겠지만, 우리나라는 일본의 실패한 정책으로 알려진 정부의 중소기업과 자영업 보호 지지가 계속되고 있는 나라다. 정부의 사기업에 대한 보조금이 창업을 억제한다는 것은 일관되게 실증적으로 증명되고 있다. 정치적으로는 인기 있으나 작은 기업의 지원정책은 결국 바람직하지 않은 시장교란 행위라는 점에서 다르지 않다.(Islam, 2014).

7.5 대기업의 고용 회피 누구 책임인가?

우리나라 대기업의 고용의 비중이 적은 것은 대기업 수가 절대적으로 적다는 것 외에 우리나라 기업들이 정규직의 고용을 회피하도록 만들고 있다는 점이다.

흔히 우리나라의 고용 시장의 이중화, 또는 분절화의 문제를 야기하면서 대기업의 정규직과 그렇지 않은 고용 간의 임금이 커다란 격차를 야기한다.

아래 그림 7-8은 2015년 8월의 통계청의 경제활동인구조사 근로실태부가조사에 근거한 기업 규모별 고용형태별 고용 비중이다. 각종 통계에서 대기업의 기준은 100인, 250인, 300인, 또는 500인 이상으로 기준이 달라서 통계 마다 그 비중이 다르다는 것을 유념해 둘 필요가 있다. 표 7-1에서 인용한 OECD 2018년 보고서는 우리나라 대기업의 고용 비중을 20%로 잡고 있으나 2015년 우리나라 통계청의 자료는 12.3%에 불과하다. 표 7-1에서 조사 대상국의 대기업 수의 평균 비중은 0.26%인데 한국은 0.11%로 반에도 미치지 못하고 있다. 0.11%로 20%의 고용(또는 한국의 통계청 분류에 따르면 12.3%) 비중이라서 만약 대기업의

수가 OECD의 평균 0.26%가 된다면 대기업 고용 비중은 46.82%이
되어 미국 OECD의 선진국 비중으로 올라가게 된다. 즉 고용을 대규
모로 일으키는 기업이 적은 이유가 주된 원인이다. 그런데 이러한 분
류는 대부분 고용을 기준으로 하기 때문에 매출이나 사업규모가 크더
라도 고용이 적으면 대기업으로 분류가 되지 않는다는 문제가 있다.
우리나라가 대기업 고용이 적은 것은 고용을 회피하는 압력 속에 있다
는 해석이 가능하다.

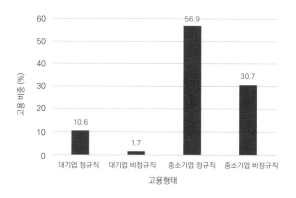

그림 7-8: 고용형태별 고용규모 (자료원: 통계청. 경제활동인구조사
근로실태부가조사. 2015.08)

그렇다면 왜 우리나라 대기업들은 고용을 극도로 회피하게 되었을
까? 우선 대기업 중소기업의 격차를 이야기하면서 이를 재벌기업의
문제로 정의하는 것은 논리의 비약이다. 비재벌 대기업은 그럼 더 고
용친화적이고 임금격차가 적다는 반증이 없는 한 이를 재벌의 하청 가
격 후려치기로 몰아가는 것은 대기업은 바로 재벌이라는 잘못된 단정
하에 행해지는 우리나라의 신화가 되어버린 재벌 악마화의 한 예이다.

대규모 재벌집단이 아닌 중견기업의 행태가 다르다는 증거를 재벌개혁론자들은 제시하여야 한다.

왜 대기업들이 고용을 대규모로 일으키지 않고 고용회피적으로 가는 많은 이유들이 존재한다.

1. 자동화, 글로벌화의 압력이 큰 산업인 제조업이 중심이 되고 있다.
2. 대기업의 임금 압력이 너무 높다.
3. 고용에 관한 규제가 너무 많아서 고용의 위험과 비용이 너무 크다
4. 노동법과 후진적 노사관계를 갖고 있다
5. 산업안전, 노동법 등의 규제 위반을 과잉 범죄화하여 고용을 회피하게 한다
6. 기업 규모별 차별 규제가 기업 성장을 막는다

우선 앞에서 설명한 바와 같이 우리나라의 대기업은 제조업을 중심으로 글로벌화하고 있다. 선진국의 제조업이 일자리가 급속도로 감소하고 있는 경향은 앞에서 설명한 바와 같다. 하버드 대학의 경제학자 프리만(Freeman, 2005)은 2000-2005년 사이에 인구 대국들이 모두 글로벌 개방경제에 편입되면서 기업들이 활용할 수 있는 글로벌 노동력이 15억에서 30억으로 두배가 되는 글로벌 노동시장의 지각변동이 있었음을 분석하고 선진국의 숙련도가 낮은 근로자들이 글로벌 경쟁에서 큰 어려움을 겪는 문제를 경고한 바 있다. 그런데 최근 수년간 대한민국은 생산성과 무관하게 최저임금을 급속하게 인상해 왔다.

우선 우리나라의 임금 수준은 국제비교에서 재벌의 착취에 의해 다른 나라에 낮은 임금을 받고 있느냐는 것을 따져볼 필요가 있다. 2017년 OECD 자료에 따르면 제조업의 기업 규모당 연평균 보상 수준은

표 7-6과 같다.

표 7-6: OECD 국가의 제조업 규모별 보상 수준과 국민소득 (자료원: OECD 2017)

기업규모 국가	1-9 인	소득 대비	10-19 인	소득 대비	20-49 인	소득 대비	50-249 인	소득 대비	250인 이상	소득 대비	국민소득 (201소득 대비8)
호주	26 489	0.55		0.00	41 221	0.85		0.00	56 600	1.17	48 416
오스트리아	34 765	0.67	43 016	0.82	51 063	0.98	63 494	1.21	77 169	1.48	52 262
벨기에	43 053	0.90	50 841	1.06	59 801	1.25	70 942	1.48	92 431	1.93	47 881
체코	22 857	0.62	26 496	0.72	29 158	0.79	33 126	0.90	39 056	1.06	36 804
덴마크	31 954	0.62	36 531	0.70	40 184	0.77	46 009	0.89	54 793	1.06	51 908
에스토니아	18 359	0.55	25 609	0.77	28 758	0.86	31 330	0.94	31 345	0.94	33 330
핀란드	44 009	0.97	42 232	0.93	44 546	0.98	49 918	1.10	59 569	1.31	45 433
프랑스	48 825	1.15	50 647	1.19	54 054	1.27	58 643	1.38	78 138	1.84	42 507
독일	31 592	0.63	39 922	0.80	47 697	0.95	55 744	1.12	83 996	1.68	49 965
그리스	24 640	0.88	25 164	0.90	29 919	1.07	38 220	1.36	55 007	1.96	28 024
헝가리	16 122	0.54	18 997	0.63	22 526	0.75	30 073	1.00	41 914	1.39	30 087
아이랜드	46 701	0.58	43 424	0.54	43 938	0.54	49 050	0.61	66 104	0.82	81 018
이스라엘	20 032	0.54	27 380	0.74	31 709	0.85	38 416	1.03	58 554	1.57	37 251
이탈리아	33 596	0.87	42 036	1.09	49 416	1.28	58 193	1.51	67 407	1.75	38 513
일본	29 501	0.70	32 631	0.78	36 180	0.86	43 745	1.04	60 821	1.45	41 983
라트비아	9 087	0.32	11 547	0.41	14 406	0.51	19 846	0.70	23 761	0.84	28 170
리투아니아	10 034	0.30	14 150	0.43	18 035	0.54	23 573	0.71	27 538	0.83	33 117
룩셈부르크	39 824	0.37	41 101	0.39	44 726	0.42	47 784	0.45	61 116	0.57	106 553
멕시코	6 111	0.32	8 124	0.42	10 404	0.54	14 974	0.78	21 285	1.11	19 163
네덜란드	44 889	0.84	45 163	0.85	53 784	1.01	64 773	1.21	84 261	1.58	53 355
노르웨이	42 382	0.69	48 577	0.79	52 345	0.85	59 383	0.96	70 012	1.13	61 762
폴란드	15 737	0.52	21 444	0.71	24 667	0.82	29 429	0.97	37 608	1.25	30 202
포르투갈	18 824	0.58	21 990	0.68	24 340	0.75	29 347	0.91	39 072	1.21	32 326
슬로바키아	18 346	0.56	21 727	0.67	26 158	0.80	30 927	0.95	38 021	1.17	32 625
슬로바니아	26 644	0.75	32 068	0.90	33 794	0.95	35 708	1.01	41 312	1.16	35 464
스페인	35 358	0.94	40 263	1.07	44 690	1.19	53 920	1.43	68 351	1.82	37 650
스웨덴	42 914	0.85	49 368	0.98	52 551	1.04	58 289	1.15	71 595	1.42	50 569
영국	32 530	0.74	34 640	0.79	31 573	0.72	37 556	0.86	54 925	1.25	43 876
미국	42 092	0.71	42 642	0.72	46 735	0.78	50 350	0.84	71 913	1.21	59 606
한국			**35 571**	**0.87**	**39 964**	**0.98**	**43 446**	**1.06**	**86 165**	**2.11**	**40 856**
한국순위	17위		15위		16위		16위		2위		16위
평균	29 561		33 562		37 611		43 662		57 328		
평균대비			1.059849		1.062558		0.995045		1.503025		

우리나라 제조업의 보상 수준은 우리나라 국민소득 수준과 부합하고 대기업은 월등히 높다는 것을 알 수 있다. 10-249인의 중소, 중견기업의 임금 수준이 우리나라의 소득수준에 비해 낮지 않다는 것을 알 수 있다. 10-19인의 급여는 국민소득 대비 87%,20-49인은 98%, 50-249인은 106%, 그리고 250인 이상은 211%로 국민소득 대비 대기업의 보상은 1위로 높다. 이 규모별 임금은 조사대상 30개국의 평균에 비해 10-19인 규모는 106%, 20-49인 규모의 기업도 106%, 50-249인은 99.5%, 250인 이상은 150%의 임금이다. 우리나라의 국민소득이 16위인 반면 1-9인, 10-19인, 20-49인, 50-249인, 250인 이상 규모의 임금 수준은 각각 17위, 15위, 16위, 16위, 2위로 국민소득 순위에서 크게 벗어난 임금은 250인 이상의 대형 사업장 뿐이다.

한마디로 대기업 종사자들이 월등히 높은 임금을 받는 것 때문에 격차가 크게 나타나지 다른 나라의 중소, 중견기업에 비해 한국의 임금 보상 수준은 떨어지지 않고 되려 높은 쪽이다.

대기업의 임금이 이렇게 높은 것은 재벌의 구조적 결함이라고 주장하는 것은 어불성설이다. 어떤 기업도 지나치게 높은 임금을 주고 종업원을 고용하고 싶어하지 않는다. 대기업의 높은 임금은 대기업의 높은 생산성도 있지만 대기업 강성노조의 덕택이 크다. 대표적인 산업이 자동차 산업으로 대기업의 급여수준은 독일 다음으로 2위로 자동차 강국 스웨덴, 미국, 이탈리아에 비해 월등히 높다. 생산성 대비 격차는 더욱 크다. 결국 대기업이 임금 압력을 받고 있고 이를 해소하는 고용 회피적 전략을 구사하게 만든다. 생산기지의 해외이전, 자동화 투자, 그리고 하청 임가공업의 확대 등과 같은 전략을 구사할 수 밖에 없다.

세계 로봇 연합의 자료에 의하면 근로자 1만명당 우리나라의 산업용 로봇의 활용은 세계 1위고, 세계 평균의 8.5배에 달한다. 물론 우리나라가 자본집약적 제조업의 비중이 크고 성공적인 이유도 있지만 자동화 압력을 부인하기 어렵다.

우리나라의 노동시장의 규제가 심해서 정규직은 사실상 해고가 불가능하다. 사실 우리나라의 성과에 상관없이 정년을 보장해야 하는 정규직은 다른 나라에 좀처럼 없는 것이다. 우리나라의 고용의 유연성은 이와 관련한 보고서에서 OECD국가와 유럽국가 41개국 중 37위로 노동시장의 경직성, 정규직의 과보호는 늘 지적되는 사항이다 (Lithuanian Free Market Institute, 2018). 우리는 우리나라의 노동시장 규제가 일본과 유사하다고 착각하고 있다. 이 보고서의 일본의 순위는 42개국 중에 3위다. 우리나라의 노동시장의 과한 규제는 헤리티지 경제자유도 조사의 노동 분야 평가에서도 여실히 나타난다.

> "생산성이 낮은 직원 하나의 해고가 어떻게 내 회사의 생산성을 거의 두 배로 올렸나?"라는 글을 미국의 한 사업가는 쓰고 있다 (Marble, 2018). 우리나라의 최대 기업의 최고경영자는 저성과자 1%를 해고할 수 있다는 가능성만 있어도 고용을 20% 이상 늘릴 수 있다는 한탄을 한다, 그것이 노동유연성과 고용의 역설인데 우리는 한번 잘못 뽑은 직원을 평생 기업에게 책임지라고 하는 노동 규제를 갖고 있다. 이들이 정규직 고용을 회피하는 것이 과연 재벌의 문제인가?

대기업 강성노조가 기업을 볼모로 대기업 노동자들의 지나친 지대추구를 할 수 있는 배경에는 우리나라의 후진적 노사관련법이 존재하고 있다. 근로자들의 파업 중에 사업장을 점거할 수 있고, 대체인력 투입을 규제하는 것은 다른 나라에서 찾아 볼수 없는 규제들로 기업들이 파업 중에 대항할 수단을 거의 박탈하고 있다. 따라서 대기업의 파업은 무조건 노조의 승리로 끝날 수 밖에 없는 불공정 게임의 법칙이 오늘날 대기업의 높은 임금을 책정하게 된 배경이다. 물론 무노조 경영을 하면서 경영성과가 좋아서 높은 임금을 주는 기업도 있다. 하지만 이들의 임금 수준도 결국 노조가 끌어 올린 임금이 기준이 된다는 점에서 대기업 노조의 덕이라는 점에서 크게 다르지 않다.

재벌 개혁론자들은 이렇게 높아진 임금에는 침묵하면서 인상된 원가 압력을 하청업체 후려치기로 보상하고 있다고 주장한다. 이점에 대해서는 다음 장에서 재벌이 양극화의 원인인가에 대해 자세히 검증할 것이지만 이런 격차를 만드는 원인 제공자는 그대로 두고 이 비난을 재벌에 돌리는 것이 타당한가 하는 점이다.

한국의 대기업의 자체 노무비(인건비) 대비 외주임가공비의 비중은 계속 높아져 왔다(조덕희, 2016). 우선 이를 하청업체 후려치기라고 주장하는 박상인 교수(2017) 등과 같은 재벌개혁론자들은 애플, IBM, 델 컴퓨터 등 미국의 제조업들은 모두 하청업체 후려치기의 반인권적 매국기업으로 비판해야 한다. 델, 애플 등은 한 대의 아이폰도 미국에서 생산하지 않고 팍스콘을 통해 중국의 임가공업체를 활용하고 있다. 그리고 애플이 한국의 LD디스플레이 등에 얼마나 마진을 허용하고, 공정검사 등의 갑질을 하는지 실상을 알고 있다면 우리나라에서 하는 하청업체 후려치기의 선동은 도저히 할 수 없다. 어떤 기업이든 부가가치가 높은 핵심 사업은 자신이 하고, 그렇지 못한 부분은 제일 싼 가격에 경제적으로 생산할 수 있는 외부 아웃소싱하는 것은 기업 경영의 기본이다. 그 하청업체 사장님들에게 임가공 하청을 주는 것이 고마운지 대기업이 자체적으로 해야 좋은지 물어 본 적이 있을까? 이들의 생산 가격을 본사의 인건비만큼 지불한다면 위험한 외주 임가공을 할 이유가 없다. 이런 격차를 두고 후려치기나 양극화의 주범으로 몰고가는 것은 그야말로 어불성설이다.

지금까지 설명한 것 이외에도 우리나라 기업들이 내부 보다는 외부로 아웃소싱을 확대하는 또 다른 이유가 존재한다. 그것은 기업활동에 대한 과잉범죄화이다. 특히 노동관련, 안전 관련에 관한 규제들이 실정법으로 형사처벌의 대상이 되게 함으로써 대기업은 자구책으로 안전의 외주화, 형사처벌 가능성의 외주화를 추구하게 된다. 우리나라는 성인 1/4이 전과자가 되어 있는 과잉범죄화의 나라이다(최준선,2015). 이런 책임이 재벌에게 있는 것인가?

우리나라에는 기업 규모별 규제가 수천 가지나 누적되어 있다. 그 일반적 경향은 작은 기업에게는 보호와 지원을 위주로 제공하고 규모가 커지면 규제의 대상으로 바뀌고 사회적 부담을 크게 늘리는 것이다. 이는 거의 모든 법에서 공통으로 나타나고 있는 경향이다. 당연히 기업들이 함부로 규모를 키우지 않을 피터팬 증후군에 빠지게 된다. 규제에 따른 기업 규모 분포의 교란은 외국의 실증연구에서도 잘 나타나고 있다(Dabla-Norris et al. 2018; Garcano et al., 2016)

7.6 9988의 결론

9988은 중소기업 99 페센트가 일자리 88 페센트를 만든다는 것은 중소기업의 성공이 아니라 한국이 극복해야할 경제의 문제를 함축한 말이다. 그리고 일자리를 만드는 주체와 고용 계약을 하는 주체가 다르다는 경제의 연결고리를 부인하는 흑백논리가 9988론이다.

문재인 대통령의 일자리 현황판이 사라진 이유는 바로 일자리를 누가 원천적으로 만드냐에 대한 기초적인 인식이 부족한데서 초래된 것이다. 일자리는 사실 누구도 만들지 않는 고용주와 근로자의 계약으로 성립하는 것이다. 그 계약은 당사자들에게 서로 이익이 될 때 성립한다. 그런데 고용주가 고용을 하면 불리한 규제가 늘어난다. 최저임금의 과격한 인상, 법인세의 인상, 52시간제의 규제강화, 정규직화 압력, 안전 사고에 대한 형사처벌의 강화 등은 모두 고용주의 이익을 줄이고 고용에 따른 위험과 비용을 증가시키는 규제들이다.

우리나라의 대기업은 많은 일자리를 만들고 높은 임금을 주고 있다. 대기업이 일자리를 못 만드는 것이 아니라 대기업이 만들어지지 않는데 근본 문제가 있다. 우리나라의 대기업 비중과 고용 비중은 저소득국가들의 전형으로 후진적 분포를 갖고 있다. 이는 대기업의 출현을 막고 있는 각종 규제와 강성 노조에 의한 대결적 노사관계, 기업구조조정을 하는 금융의 부재 등의 많은 원인이 존재한다. 이러한 수많은 요인들은 무시하고 그저 우리경제의 모든 구조적 문제들을 재벌 탓으로 돌리고 있다. 재벌 기업들을 독립 기업화하면 고용이 더 늘어나는가? 이 질문을 재벌개혁론자들은 절대하지 않는다. 왜냐하면 그렇다고 주장할 근거가 희박하기 때문이다.

VIII

기울어진 운동장

"When the only tool you own is a hammer,
every problem begins to resemble a nail"
당신이 가지고 있는 연장이 망치뿐이라면, 모
든 문제가 못처럼 보이기 시작한다.
– 심리학자 아브라함 매슬로우 (Abraham Maslow)

8

[장하성 괴담에 분노하는 나라]
재벌은 재난적 양극화의 주범인가?

경제민주화, 헬조선 등 우리나라의 경제적 양극화에 대한 관심이 사회적,
정치적 이슈로 부상한 후에 보통의 양극화를 넘어 '재난적' 양극화란 주장
이 자주 제기되고 있다.

특히 문재인 대통령은 2017년 11월의 국회 시정연설과 2018년 1
월의 신년기자회견에서 "어느덧 우리는 부의 양극화와 경제적 불평등
이 세계에서 가장 극심한 나라가 됐다"고 '자신 있게' 말하며 "경제가
성장해도 가계소득은 줄어들고 경제적 불평등이 갈수록 커지는 구조"
로 "양극화가 경제성장과 국민통합을 가로막는 상황"이라고 대한민국
을 진단하고 있다.

이러한 문재인 대통령의 인식이 어디에서 왔는지는 그가 중용한 장하성 전 고려대 교수의 저서 "왜 분노해야 하는가"(2015)에서 어렵지 않게 발견할 수 있다. 그는 우리나라의 불평등의 원천은 기업들이 만든 부가 가계에 흘러 들어가지 않는 '기울어진 운동장' 때문이라고 주장해 왔다. 그리고 정부에 의한 재분배 정책으로는 불평등의 문제를 해결할 수 없고 기울어진 운동장을 뒤집는 수 밖에 없기 때문에 '청년들은 분노하라고' 요구하고 있다.

그가 제시해온 이유는 다음과 같다.

(1) 기업의 소득은 늘어나는데 임금은 오르지 않고 있다.
(2) 정규직과 비정규직의 큰 임금 격차가 고용불평등과 임금 불평등을 만들고 있다.
(3) 기업은 현금을 쌓아두고 가계에 부를 배분하지 않는다
(4) 소득불평등이 자산불평등을 만들고 이는 불평등을 확대 재생산한다

그의 모든 주장의 핵심은 우리나라의 경제적 불평등은 버는 것의 차이에서 비롯되는데 시장(기업)들이 재벌들의 탐욕만 채울 뿐 근로자들에게 배분을 하지 않고 있다는 주장이다.

정말 재벌은 우리나라 경제 불평등의 원천인가? 아니 그보다 먼저 우리나라의 부의 양극화와 경제적 불평등이 재난적 수준인가를 냉정하게 따져보자.

이 문제는 단순한 경제학적, 통계학적 호기심을 넘는 중대한 문제다. 아마 지금 한국에서 가장 중요한 문제일지도 모른다. 재난적 양극화, 또는 확대되는 경제 불평등이라는 고정관념은 우리 정치

는 물론이고 사회 문화 전반을 지배하는 생각의 뿌리가 되고 있다.

8. 1 기업은 부자가 되고 가계는 가난해지고 있다는
통계의 연금술사들

대한민국이 양극화가 재난적이고 그 원천은 재벌의 탐욕에 있다는 주장의 근거를 따져보자.

8.1.1 가계 평균 소득 증가가 경제성장에 비해 낮다는 "통계 장난"

장하성 전 교수는 경제성장만큼 임금이 올라가지 못하는 것이 소득 격차의 원인이라고 강조하고 있다. 1990년부터 2016년까지 기업총소득이 358% 늘어날 때 가계총소득은 186% 증가에 그치고 있으며 가계평균소득은 90% 증가에 그쳤다는 통계치를 제시하면서 대한민국이 '목적을 상실한 기이한 성장'을 해 왔다고 주장하고 있다.

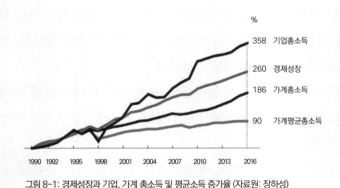

그림 8-1: 경제성장과 기업, 가계 총소득 및 평균소득 증가율 (자료원: 장하성)

재벌이 대체 무슨 죄를 지었다고

우선 여기서 "경제가 성장해도 가계소득은 줄어들고"라는 문재인 대통령의 발언은 자신의 참모의 통계에 의해서 가짜 뉴스라는 것이 증명되고 있다. 가계 총소득이든 가계 평균소득이든 증가해 왔으니까.

이들은 "왜곡된 대기업 중심 경제"가 근로자에게 생산성만큼 임금을 주지 않고 있고 한국 경제 성장의 과실이 대기업에 쏠려 왔다는 주장을 하고 있다.

통계를 갖고 사람들을 현혹시키는 방법은 참으로 다양하다. 비교 대상이 아닌 것을 비교하여 상대적 크기로 사람들의 판단을 흐리게 하는 것이다. 대표적인 예가 장하성 교수가 주장하는 경제성장률과 가계평균소득 성장률의 비교다.

장하성 교수가 분석한 기간 인구는 42.8백만에서 51.2백만으로 19%가 느는 와중에 우리나라 총 가구수는 1990년 1135.5만 가구에서 2016년 1936.8만 가구로 무려 70.6%가 늘었다. 즉 가계 분화가 인구 증가의 3.7배 빠르게 진행된 것이다. 당연히 가계 평균 소득은 줄어들 수 밖에 없다. 이에 대해 통계에 기본적인 지식이 있는 사람들은 장하성 교수가 "통계를 갖고 장난 하지 말라'는 비판을 해 왔음에도 불구하고, 사회과학도로서는 생각할 수 없는 통계 장난을 학자로서, 시민운동가로서, 청와대 정책실장으로서 끊임없이 반복해왔다(중앙일보, 2018).

장하성 교수와 문재인 대통령은 "경제가 발전해도 가계소득은 감소하는" 경제가 되어 있다고 주장한다. 물론 이런 현상은 없다. 경제 위기 시와 같이 마이너스 성장을 하니 가계소득이 줄어들지 경제가 플러스 성장을 하는데 평균 가계소득이 감소한 사례는 우리나라에서 없다. 우리나라의 정치인과 그 주변의 관변학자들의 선동이 얼마나 상궤를 벗어나 있는지는 이러한 사례로 충분히 알 수 있다.

8.1.2 사과와 오렌지를 비교하는 '기업소득' 궤변

기울어진 운동장, 소득 양극화의 원천이 기업에 있다는 주장의 근거로 장하성 교수의 분노의 책에서 국가가 생산하는 부 중에서 가계, 정부, 기업의 몫으로 나누면 가계의 몫이 상대적으로 적어지고 있다고 일관되게 제시하고 있다. 특히 '기업소득' 대비 가계소득비가 감소 추세인 것이 "기업은 살고, 가계는 죽어가고 있다"라는 주장의 근거다(장하성 2015, 그림 76). 그리고 이들은 기업의 내부 유보 이익으로 재벌의 몫이 커지고 있다고 해석한다. 기업이익(기업소득)은 재벌의 것이 아니다. 그것이 주주 배당으로 재벌이라는 대주주에게 돌아갔을 때만이 재벌의 몫이다. 그리고 재벌의 몫이라면 재벌도 가계이니 이 또한 가계의 몫이 된다. 따라서 기업의 유보 이익 또는 순이익을 재벌의 몫이고 재벌의 탐욕이라고 주장하는 것은 기업과 주주를 구분하지 않는 억지 주장이다. 재벌이 기업의 경영권을 갖고 있다는 것이 기업의 자산이 전부 재벌의 것이 될 수가 없다. 국제기구나 신뢰할 만한 경제학자들 누구도 기업, 정부, 가계의 부의 비를 갖고 경제불평등의 원인을 찾지 않는다. 그 이유는 기업과 정부는 부의 최종 정착지가 아니기 때문이다.

기업의 유보 이익은 시차를 두고 결국 주주, 정부, 가계로 흘러 들어간다. 유보 이익으로 우리사회에 좌파들이 재벌들이 수백 조를 쌓아놓고 노동자들을 착취하고 있다는 주장이 반복되고 있지만, 기업 회계의 기본도 갖추지 못한 무지한 주장이거나 알면서도 기업회계 지식이 부족한 대중을 선동하기 위한 왜곡이다.

기업의 이익은 투자와 영업활동으로 이어지고, 그를 통해 하청업체의 사업이 되고, 납품업체로부터 설비를 구매하면서 그들 회사의 매출로 흘러 들어 간다. 그리고 종업원의 급여나 보너스로 흘러가게 되어 있다. 결국 어느 정도 시차를 두고 주주, 근로자, 그리고 세금을 통해 정부가 나누어 갖게 되는 돈이다.

당연히 정부의 몫도 부의 최종 목적지가 아니다. 정부로 흘러가는 돈도 결국은 가계로 흘러가게 되어 있다. 정부에 의한 부의 재배분 효과가 유럽보다 낮다고 투덜대는 사람들이 정부와 기업의 몫이 커지고 있다고 주장하는 것이 말이 되는가? 따라서 기업은 부가 만들어지는 샘이자 가계로 흘러가는 부를 잠시 담고 있는 파이프일 뿐이다. 결국은 가계로 갈 것을 기업의 몫과 가계의 몫으로 구분해서 크기를 비교하는 것은 어처구니 없는 일로, 이는 마치 아빠가 돈을 벌어와서 결국은 가족을 위해 쓸 것이지만 당장은 돈이 남아서 아빠 통장에 저축하여 누적해오고 있는 것과 같다. 이를 두고 우리 집에서 아빠만 부자가 되고 있다고 아우성 치는 것과 같다.

기업이 투자를 꺼리고 현금을 쌓아두고 있다면 그 이유는 바로 투자할 곳이 없기 때문이거나 미래를 불안하게 보고 있기 때문이다. 또 하나, 해외에 있는 이익을 본국으로 송금하기를 꺼리고 있다면 이는 법인세와 관련이 크다. 결국 이러한 의사결정은 경영의 판단이고, 외환위기와 글로벌 금융위기를 어렵게 지나온 우리 기업들이 현금의 보유를 늘리는 것은 당연한 선택이다. 이러한 현상은 글로벌 금융위기 이후에 미국 기업들에서도 같은 모습으로 나타나고 있다(Sanchez and Yurdagul, 2013).

기업이 번 돈을 미래를 위해 유보하지 않는다는 것은 잔치를 위해 씨암탉을 잡아 먹겠다는 것과 하나도 다르지 않다. 경영자들은 언제 사업을 벌여야 손실없이 큰 돈을 벌 수 있을지 최적의 투자 시점을 잡으려고 노심초사하는 사람들이다. 마치 기업이 만든 부는 즉시 일정한 비율로 가계에 흘러 들어가도록 수익성과 상관없이 고용과 투자를 해야 한다고 억지로 주장하며 가계소득이 기업소득대비 줄고 있다며 큰 잘못이라도 저지르는 것처럼 호들갑을 떨고 있는 것이다.

밀턴 프리드먼의 말을 빌어 기업이 능력이 있는데도 차입을 하지 않고 내부유보금만 쓴다면 자본시장을 위축시키고 그것은 경제 전반에 거쳐 비효율성을 초래하는 원인이라며, "한국의 대기업과 같이 투자도 늘리지 않으면서 마냥 내부에 유보하기만 한다면 이로 인한 비효율과 불공평은 말할 것도 없다"고 주장한다(장하성, 2015).

여기에는 현실에서 성립하지 않는 많은 가정이 있다. 첫째는 능력이 있는데도 차입을 하지 않는다는 가정이다. 차입금을 사용하지 않고 내부유보금을 사용하는 것은 금융비용이 차입금보다 저렴하기 때문이다. 그런데 개별 기업이 자본시장을 활성화하기 위해 즉, 은행을 먹여 살리기 위해 자기 돈은 그대로 두고 더 비싼 이자를 주고 은행의 돈을 빌려 써야 한단 말인가? 기업은 일자리를 만들거나, 월급을 많이 올려주기 위해 존재하는 것이 아닌 것처럼 은행을 먹여 살리고, 자본시장의 효율성을 위해 자기를 희생해야 하는, 국가경제를 책임지는 주체가 아니다.

필요도 없는 돈을 자본시장의 활성화를 위해 대출을 결정을 한다면 자원의 비효율이자 배임적 행위가 된다. 또 하나의 비현실적인 가정은 투자도 늘리지 않으면서 마냥 내부에 유보하기만 한다는 주장이다. 그런 기업은 일시적으로 이익이 너무 많거나 투자처를 차지 못하고 고민하는 소수의 기업에 한한다. 그리고 이런 기업이 주가가 올라가서 주주들만 살찌운다는 주장도 비현실적이다. 주식은 미래 가치에 더 영향을 받는다. 투자를 하지 않는 기업의 주가가 지속적으로 오를 리가 없다. 당기 이익을 내지 않고 사업 확장을 가장 적극적으로 추진해온 아마존이 가장 빠르게 주가가 상승한 기업이라는 것만 보아도 장하성의 주장의 허구는 분명해진다.

8. 2 우리나라 대기업들은 임금을 착취하는가?

　장하성의 기업의 몫, 가계의 몫은 어이없는 통계 장난이지만 기업이 버는 돈 중에 임금이 차지하는 비중은 매우 중요하게 다루어진다. 기업이 만든 부가 가계로 흘러 들어가는 가장 큰 경로이기 때문이고 산업과 고용의 구조변화를 보여주는 통계이다.

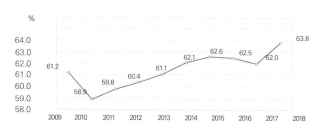

그림 8-2: 노동소득분배율 (한국은행, KOSIS)

　가계 총소득 증가율을 경제성장 증가율과 비교하는 것은 과연 타당한 것인가? 위 그림 8-2는 한국은행이 발표하는 한국의 최근 노동소득 배분율이다, 국민총소득(GDP) 중에 노동 소득(근로자 보수)의 비율을 노동소득 배분율이라고 한다. 변화 그래프로 글로벌 금융위기를 지나면서 노동소득배분율은 지속적으로 증가해 왔다. 국민총생산(경제성장)이 늘었고, 기업의 수익 중에서 임금 배분의 비율이 늘어왔으면 가계 총소득 증가가 경제성장률 보다 낮다는 것은 앞서 소개한 장하성의 주장과 양립할 수 없는 것이다.

임금배분율이 증가하고 있는데 가계 소득 증가가 경제성장률 보다 낮은 것이 가능한 경우는 우리나라 가계에 근로소득 이외의 소득의 비중이 크고 이것이 줄기 전에는 불가능하다. 하지만 가계소득에서 노동 소득이 차지하는 비중이 워낙 크기 때문에 다른 소득의 감소로 설명할 수 없다. 2019년 4분기의 우리나라 근로자 가구의 경상소득 중에 근로소득의 비가 89%를 차지해서 여타 소득은 아주 작은 비중이다. 설혹, 이 때문에 가계소득이 줄고 있거나 더디게 올라 간다면 이는 기업이 "원천적 분배"를 안하고 있는 이유가 아니기 때문에 재벌(기업)을 탓할 이유가 없다.

만약 노동소득분배율이 가계의 몫을 반영하고, 기업들이 분배를 잘 하고 있다는 것이라면 장하성 교수는 우리나라 기업들을 크게 칭찬해야 한다. 아래 그림에서 보듯 우리나라의 노동소득분배율은 OECD 자체의 데이터에 의하면 OECD 34개 국가에서 5위로 상단에 차지한다. 한국은 이 평가에서 수년 째 4-5위로 순위가 높다

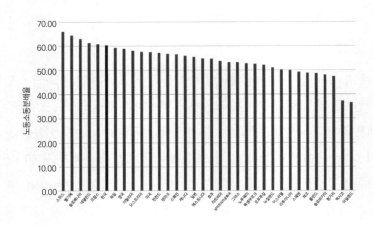

그림 8-3: OECD국가의 노동소득 분배율 (OECD 2018b)

재벌이 대체 무슨 죄를 지었다고

임금과 생산성 차이의 퍼즐

　노동소득분배율 통계를 왜 조심스럽게 해석해야 하는지는 이 후에 설명하지만, 임금을 기업들이 제대로 주지 않고 착취한다는 주장은 경제학자들 이라면　장하성 교수와 같은 엉터리 통계를 갖고 하지 않는다.　기업이 임금을 노동 생산성만큼 주고 있느냐를 가지고 다툰다. 노동생산성과 임금의 격차는 아래 그림 8-4로 생산성과 노동 보상의 격차라는 이름으로 진보주의자들에 의해 자본주의가 고장 났고 근로자들이 착취당하고 있다는 자료로 널리 쓰여 왔다.

　하지만 이는 잘못된 통계에 의해 만들어진 착시에 지나지 않는다는 것이 최근에 증명되어 왔다.　이러한 생산성과 노동 보상의 차이를 크게 만든 통계적 오류의 원인들은 다음과 같다.

(1) 노동에 대한 기업이 제공하는 보상의 형태가 계속 변화하고 있다는 점이다.　시간이 갈수록 급여 이외의 복지와 간접 지원의 비중이 크게 증가하여 왔다. 정부의 고용에 따른 세금, 의료보험료 등 사회 보험의 기업 부담금, 연금 지원을 포함한 많은 복지와 조세 부담, 주식이나 옵션 등 다양해진 성과급으로 급여 외 보상이 크게 늘고 있는데 이를 제대로 잡아내지 못하고 있다.　미국의 경우 1960년에서 92년까지에도 이런 간접 보상은 3배 이상 증가했다. 4대 보험의 50%를 기업주가 부담하는 우리나라의 경우 그 비중이 더욱 크고 최근에 계속 오르는 의료보험료 등이 이러한 오류 가능성을 더욱 키운다(Bosworth and Perry, 1994).

(2) 두 번째는 보수와 산출물을 명목 소득에서 실질소득으로 환산할 때 사용하는 물가지수의 사용에서 오류가 있었다는 것이다. 기업 또는 경제의 생산물과 임금에 적용한 물가 지수를 선택적으로 다른 것들을 적용할 때 오는 오류가 있었다.

(3) 세번째 문제는 자영업자 소득의 처리 문제이다. 과거 임금 데
   이터를 일부 근로자들만 샘플로 했으며 특히 자영업의 종업원
   의 임금은 포함하고, 자영업자의 소득은 포함하지 않는 데서
   오는 문제다.

이러한 문제를 교정하고 나면 미국의 생산성과 임금은 격차가 존재
하지 않는 것으로 밝혀졌다(Sherk, 2016; Winship, 2016)

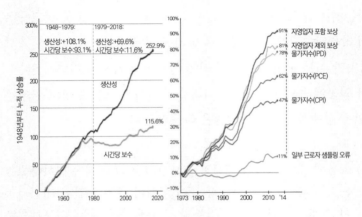

그림 8-4: 생산성과 보상 격차(자료원: EPI.org)와 오류 원인 (자료원: Sherk, 2016)

장하성의 통계 해석 이전에 이 통계를 믿을 수 없는 이유는 우리나
라에서 노동 소득의 계산이 쉽지 않다는 데 있다. 그 이유는 높은 자
영업자의 비중에 기인한다. 이들 자영업자의 소득을 사업소득으로 보
느냐, 근로소득으로 보느냐에 따라 총 사업소득 중에 근로소득 비중
이 크게 달라진다. 정부가 발표하는 소득분배율은 이 자영업자의 소득
이 근로소득자들의 소득과 동일하다는 가정하에 차이를 사업소득으
로 분류하거나 임의로 그 1/3을 근로소득으로 배분하는 등 여러가지

로 계산하고 어떻게 정의할 것인가에 대한 합의는 없다(이병희, 2015). 이
런 이유로 우리나라의 노동소득배분율은 OECD와 한국은행간에 큰
차이가 난다.

한국에서 실질임금과 취업자당 실질 GDP(생산성)와 실질임금의 추
이 또한 2008년을 지나면서 그 괴리가 크게 나타나는 것으로 주장되
어 왔다. 하지만 자영업자에 의한 착시를 제거하고 물가지수를 통일했
을 경우 생산성과 실질임금의 격차는 없어지고 최근에는 임금 상승률
이 생산성을 추월하는 반대의 경우로도 나타나고 있어서 통계 실수 또
는 장난이 생산성과 괴리되고 있다는 주장은 근거가 없는 것으로 판명
나고 있다. 이는 소득주도성장 이론의 핵심적 가정이 틀렸다는 것으로
언론에 대서 특필된 연구다(박정수, 2019).

기업이 임금으로 주는 비중이 줄어드는 것이 '재난적' 상황이라는
장하성 전 교수의 해석대로하면 전세계 경제는 대부분 재난적 상황이
다. 아래 그림 8-5는 G20 국가들의 1970년에서 2014년까지 각국의
임금소득분배율이 모두 감소하고 있다는 것을 보여주고 있다. 이 기간
G20 국가 중에 러시아를 제외하고는 모두 같은 모습을 모이고 있다.

노동임금분배율은 1980-2017년 사이에 프랑스, 영국, 미국, 독일,
스페인, 스웨덴에서 1.9%에서 12.5%로 모두 감소했다. 그리고 이러
한 변화는 2000년이 들어오면서 더 급격해 지고 있다. 미국의 경우
1947-2000년 사이에 65.4에서 63.3으로 2.1이 감소한 반면, 2000-
2016년 사이에 56.7로 6.6이 감소해서 1947-2016년 사이의 변화의
76%가 2000년 이후에 발생한 것이다. 이는 2000년대 들면서 급격하
게 진행된 세계화와 궤를 같이한다(McKinsey Global Institute, 2019).

여기서 장하성 교수의 재벌의 탐욕이라는 주장은 전세계가 우리나
라와 같은 재벌의 세상이라는 말일까? 재벌이 없이 소유와 경영이 분

리된 미국과 일본도 왜 노동자 몫이 줄어들고 있는가?

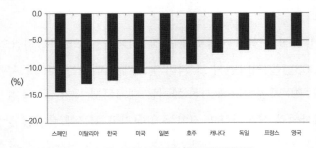

그림 8-5: 1970-2014 G20 선진국의 노동소득배분율의 변화
(자료원:ILO and OECD 2015)

통계나 데이터를 갖고 우리의 판단을 흐리게 하기 위해 비율 또는 상대치를 제시하는 수법도 흔히 동원된다. 기업의 임금소득배분율은 기업이 벌어들인 소득 중에 근로자들에게 근로의 대가로 지급된 금액의 비율이다. 쉽게 판단하기 위해 노동집약적인 봉제 산업과 반도체 공장에서 임금이 차지하는 비중은 어디가 높을까?

우리는 기업은 자산과 노동력을 결합해서 사업을 해서 돈을 번다는 것을 잘 알고 있다. 산업에 따라 노동력의 비중이 큰 산업과 자산(설비, 기술) 등의 비중이 큰 산업이 있다. 간단히 설명해서 100원을 벌어서 90원을 임금으로 주는 산업의 노동소득배분율은 90%이지만 1만원을 벌어서 임금을 2천원을 주면 노동소득배분율은 20% 밖에 되지 않는다. 하지만 임금은 90원에서 2천원으로 크게 늘어난 것이다. 왜 후자는 20%만 줄까? 큰 돈을 벌기 위해 막대한 자금을 동원했을 것이니 그만큼 금융 비용이나 투자자들에게 나누어줄 몫이 커진다. 이 처럼 산업의 변화(Sectoral Shifts)에 따라 이 비율은 변화하게 된다. 우리나라는 그 어떤 OECD 국가보다 압축 성장과 산업의 변화가 급변한 나라이다. 따라서 산업 변화에 따른 임금의 비중의 변화가 큰 것은 바람직한 것이고 이상한 것도 아니다.

국가 경제가 얼마나 글로벌 시장에서 고부가 가치의 복잡한 상품들을 다양하게 생산하고 소비하는지를 측정하는 경제 복잡도 지수(Economic Complexity Index)의 순위에서 한국은 1980년 세계 23위에서 2017년 3위로 산업의 고도화가 가파르게 진행되었다.[1] 당연히 노동의 기여보다 자본의 기여가 크게 증가하는 대기업에서 임금의 비중은 낮아지고 있다. 우리나라가 임금소득배분율이 높은 것은 자영업 비중이 높아서 나타나는 사실은 극복할 과제인 것이지 자랑거리가 아니다.

또 하나 그 사이에 벌어진 변화는 글로벌화의 영향이다. 한국의 노동임금 분배율은 한국 기업들이 벌어들인 돈에서 우리나라 종업원이 받아간 임금 소득의 비율이다. 하지만 글로벌 기업에는 우리 국민만 일을 하는 것이 아니다. 삼성전자나 현대차와 같은 기업들은 국내보다 해외에 더 많은 인원을 고용하고 있다. 삼성전자의 경우 2016년에 해외 인원의 비중이 70%에 육박하고 있다. 이는 이런 글로벌 기업의 소득은 전세계 인력이 같이 투입되어서 벌어들이는 반면 국내 본사의 제무제표를 기준으로 하는 임금소득 배분율은 국내 인건비만 잡히게 되어 있고, 특히 가계소득은 국내 소득부분만 집계가 된다. 당연히 글로벌화에 성공한 기업의 노동소득배분율은 작아질 수 밖에 없다.

우리 경제의 성공을 재난으로 뒤집어서 해석하면서 분노하라는 것이 선동이 아니면 무엇인가?

맥킨지 컨설팅은 선진 경제에서 노동소득분배율이 낮아지는 이유로 (1) 노동보다는 자본 중심으로 이동, 자동화에 의한 고용의 감소 (2) 시장의 선두 기업의 이익 점유율이 커지고 있는 슈퍼스타 효과

---

1)   ECI 평가 웹페이지, https://oec.world/en/profile/country/kor/

(McKinsey Global Institute, 2018a), (3) 글로벌화와 노동계의 협상력 저하, (4) 지식자산 등 무형자산의 비중 증가와 빠른 감가 상각, (5) 금융위기와 같은 큰 경기 사이클과 경기의 큰 폭의 변화 등을 원인으로 지목하고 있다(McKinsey Global Institute, 2019). 즉 재벌과 무관하게 노동임금 배분율은 대부분의 선진국에서 하강하고 있다. 이를 재벌의 기울어진 운동장, 원천적 분배의 문제라고 단정하는 것은 글로벌경제의 거시적 변화를 완전히 무시한 주장일 뿐이다.

그림 8-2를 보면 2018년 노동소득배분율이 급증했다는 것을 볼 수 있다. 갑자기 문재인 정부의 소득주도성장 정책이 마법같이 성공한 것인가? 아니다 2018년 우리나라 기업의 수익이 뚝 떨어졌다. 임금은 하방경직성이 있어서 기업의 사업이 잘 안된다고 함부로 줄이지 못한다. 따라서 이익이 줄면 노동소득분배율은 증가한다. 비율이라는 것은 분자가 커져서 커지는 것도 있지만 분모가 작아지면 비율은 커진다. 따라서 비율의 변화를 함부로 한쪽으로 해석하는 것은 매우 어리석은 짓이다. 그런데 그런 어리석은 해석을 강요하면서 청년들에게 분노하라고 충동질을 하고 있다. 성공한 기업에 분노하라는 것이다.

기업의 소득과 임금 소득이 같은 비율로 또는 더 높은 비율로 성장해야 하는가? 장하성 교수와 같은 분배론자들은 이것이 당연하고 정의로운 일로 강변하고 있다. 만약 기업의 소득(이익)만큼 임금을 올려줘야 한다면 기업이 불황이 되면 근로자들의 임금을 같은 비율로 감소해야 마땅하지 않은가? 또 하나의 문제가 있다. 만약 기업이 이익 증가에 따라 임금수준을 상응하게 인상 또는 인하를 한다면 삼성전자와 같은 이익률이 높은 기업의 직원들과 아닌 기업의 임금 격차는 훨씬 크게 벌어진다. 그렇다면 소득격차를 그렇게 악으로 치부하는 재벌개혁론자들이 희망하고 외쳐온 것과 정반대로 소득격차는 크게 확대되게 된다. 이는 장하성의 책에서도 인정하는 부문이다.

임금도 시장이 결정하는 가격이다. 그것은 기업의 수익과 별도로 노동의 수요와 공급에 의해 결정되는 별도의 시장이 있다. 그런데 기업의 수익과 임금이 그대로 연동되어야 하는 것처럼 주장하는 것은 경영학과 노동경제학의 기본적 상식을 벗어난 인기영합적 주장일 뿐이다.

8.3 우리나라 대기업은 하청업체 가격을 후려치기를 하나?

논리도 실증 데이터도 부실한 재벌의 탐욕으로 가계소득으로 돈이 흘러가지 못하고 있다는 주장의 근거로 내세운 임금 소득 배분율이나 노동생산성과 임금의 차이로 소득 불평등을 설명하지 못하자 들고 나오는 주장이 하청업체 착취론이다.

우리나라의 소득 격차의 원인을 "한계에 다다른 하청 쥐어짜기"(박상인, 2017) 또는 '후려치기'(장하성 2015)에 있다고 주장한다. "심지어는 하청기업의 장부를 감사해서 일방적으로 납품가격을 정하는 사례들도 흔하다"라고 주장하며 "대기업과 중소기업 간의 불공정 거래는 '갑질'로 잘 알려져 있다"고 주장한다. 김상조(2012) 정책실장 또한 한성대 교수 시절 출간한 "종횡무진 한국경제"에서 "재벌계 대기업들이 고용과 생산을 직접 확대하기보다는, 중소기업들을 하도급거래 관계에 배치하고 이를 통해 소재·부품 조달 및 노무(勞務)관리의 '간접' 지배 체계를 안정적으로 구축하는 전략으로 전환했다. 대신 대기업들은 핵심공정 및 연구개발 분야에 자원을 집중 투입함으로써 생산성 우위를 계속 확대할 수 있었고, 그 결과 재벌은 독점자본으로 성장했다. 동시에 재벌은 여전히 천민자본의 성격을 완전히 탈각하지 못했기 때문에 하도급

(下都給) 거래 관계의 불공정성 문제와 노무관리에서의 전근대성 문제가 덧씌워졌다. 이것이 1990년대 이래 기업규모의 영세화와 기업규모별 양극화 현상이 세계 어느 나라보다도 한국에서 더 심각하게 나타난 국내적 요인"이라고 주장한다. 어려운 말을 나열했지만 대기업은 핵심 R&D를 하고 생산은 값싸게 하청업체들을 착취하는 구조를 만들었다는 주장이다.

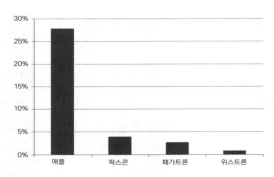

그림 8-6: 2016년 애플과 제조 협력사의 영업 이익률 (Market Realist, 2017)

이것이 착취라면 미국의 대기업들은 자국민이 아니라 외국인을 대거 착취하는 제국주의 기업들이 된다. 애플, 델 컴퓨터 등이 팍스콘을 통해 생산을 전량 하청생산하고 있다. 위 그림 8-6은 2016년 애플과 제조 협력사들의 영업이익률 차이를 보여주고 있다. 애플이 아이폰을 만들어 급성장을 시작한 2007년부터 2012년까지의 애플과 팍스콘의 영업 이익률의 변화를 보면 애플의 제조업으로는 경이로운 이익률의 급성장에도 불구하고 팍스콘의 이익률은 성장은 커녕 되려 감소하고 있다. 장하성, 박상인, 김상조, 그리고 정운찬에 의하면 애플은 하청업체 후려치는 천하의 악덕기업이다.

우리 나라 대기업들도 베트남 노동자를 착취하고, 개성공단을 통해 무자비한 북한 동포들을 착취한 꼴이 된다. 그런데 우리나라와 마찬가지로 이 개도국들은 기술과 자본이 빈약할 때 값싼 노동력으로 글로벌 경제에 참여하면서 성장하고 부자 나라가 되어가고 있는 것이다. 이 "착취"의 고리에 끼지 못한 북한은 지금도 거지처럼 가난하게 살고 있는 것이다.

이들이 근본적으로 글로벌 자본주의에 반대하는 좌파적 이념에 찌들어 있는 사람들이라는 것을 분명히 보여주고 있다. 한국의 재벌이 천민자본주의라면 전세계 글로벌 기업들은 다 천민자본주의 기업이다. 글로벌 기업이란 자본과 노동력 등의 요소는 그것이 가장 값싸게 조달되는 곳에서 구하고, 가장 큰 시장에 내다 파는 기업들이기 때문이다.

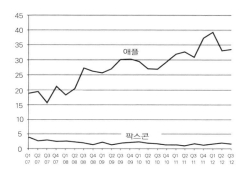

그림 8-7: 2007-2012년 애플과 팍스콘 영업이익률 (Chen et al., 2013)

우리는 이들 재벌 혐오론자들이 얼마나 편리한대로 모순된 주장을 하는지 보면 놀라지 않을 수가 없다. "한계에 다다른 하청 쥐어짜기"(박상인, 2017)를 주장한 박 교수는 그의 "삼성전자가 몰락해도 한국이 사는 길"(박상인, 2016)에서 다음과 같은 데이터를 제시한다. 기업성과 평가기관인 CEO 스코어가 2015년 3월 발표한 삼성전자의 하청기업 중 사업부문별 매출액 상위 10개 하청기업들의 영업실적 자료를 보면 반도체 부문 하청기업의 이익은 2014년 전년대비 209.2% 증가하고, 스마트폰 부문은 31.6% 하락 했는데 이는 삼성전자의 반도체 부문 이익이 27% 증가했고, 스마트폰은 42% 감소한 때문이라고 한다. 만약 재벌이 하청업체의 이익을 쥐어짜기를 한다면 어떻게 하청업체의 이익 상승이 원청기업의 이익 상승률 보다 더 높고, 이익이 줄어들 때는 하청기업의 이익이 더 적게 감소할 수 있는가? 한 해 차이를 두고 내놓은 책에서 이렇게 정면으로 모순된 이야기를 하고 있다. 우리는 이들의 이야기를 얼마만큼 진지하게 들어야 하나?

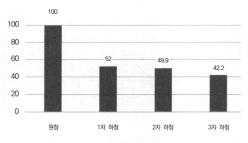

그림 8-8: 원하청간 임금 비교 (2013) (자료원: 한국노동연구원)

하청업체 후려치기의 정당성을 주장하는 근거는 위 그림 8-8의 우리나라의 하청 단계별 임금 격차다. 3차 하청 기업은 원청 기업의 42.2%에 해당하는 저임금을 받고 있는 것이 우리나라 임금 소득 격차의 원인이라는 것이다. 이는 대기업 정규직, 중소기업 정규직, 그리고 비정규직간의 임금 격차와 유사하다.

OECD 보고서도 중소기업과 대기업의 임금 격차는 어느 나라나 상당하게 존재하고 이는 생산성의 차이가 가장 큰 이유라고 설명한다 (OECD, 2019a). 재벌 개혁론자들은 우리나라에서의 하청단계별 임금격차만 보여줄 뿐 다른 나라의 자료는 보여주는 법이 없다. 그저 이 차이가 다 '가격 후려차기'로 무장된 재벌들의 한계에 다다른 하청 쥐어짜기의 결과라고 주장한다.

하청업체 가격 후려치기는 대부분 제조업의 일이기 때문에 우선 끔찍해 보이는 원하청 또는 기업 규모별 임금 격차에 대해서 우리나라가 얼마나 하청 후려치기를 하는지를 살펴 보자. 외국 기업의 하청 단계별 임금 수준의 데이터가 없으니 기업규모별 임금 수준을 갖고 간접적으로 비교 보면 표 8-1과 같다.

규모와 상관없이 우리나라 제조업의 임금 수준은 조사대상국가에서 중위권이고 이는 우리나라 국민소득 순위와 거의 부합한다. 그리고 우리나라의 국민소득은 이 조사대상의 국가 평균의 92%임에도 중소기업의 평균 임금은 OECD의 제조업 평균 급여수준의 100%-106%로 높은 수준이다.

표 8-1: OECD국가 제조업 기업 규모별 임금 수준 (자료원: OECD 2017, Figure 3.7)

기업규모	10-19인	20-49인	50-249인	250인이상	2018인당 국민소득(PPP)
한국임금 ($, 인당소득대비)	35,571 (87%)	39,964 (98%)	43,446 (106%)	86,165 (211%)	40,856
OECD 소득대비 기업 평균임금	77%	87%	102%	134%	
OECD 평균 대비 한국임금수준	106%	106%	100%	150%	92%
순위 (30개국)	15	16	16	2	16

위 표 8-1을 보면 일인당 국민소득 대비로 제조업의 임금 수준을 보아도 10-19인의 우리나라 임금은 87%인 반면, OECD평균은 77%로 임금 수준이 더 낮다. 20-49인도 우리나라는 98%, OECD수준은 87%, 50-249인 중견기업도 OECD 국가의 평균임금은 평균 국민소득의 102%인데 한국은 106%로 우리나라 중소기업의 임금 수준이 국민소득 대비 격차가 훨씬 적다.

한마디로 우리나라의 제조업체들은 OECD 다른 국가와 비교해도, 우리나라 국민소득 수준과 대비해서도 절대 저임금이 아니다. 오로지 그 격차는 우리나라의 대기업과 대비에서만 나타난다. 대기업 대비 우리나라의 중기업, 소기업의 생산성은 38.1%, 25.3%에 불과하다. 이 노동생산성의 차이는 앞에서 제시되었던 임금격차보다 더 크다(그림 8-9).

우리나라의 특이한 점은 250인 이상의 대기업의 임금 수준이 높고 다음 단계인 중견기업의 격차가 크다는 것이다. 그것은 이미 5장에서 설명한 것처럼 우리나라의 대기업이 대규모로 소수로 글로벌 경제에서 성공한 기업들이기 때문이다.

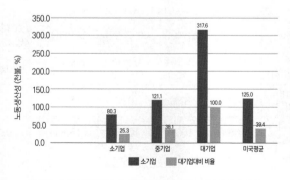

그림 8-9: 중소기업의 수출 성향과 대기업과 중소기업 생산성 격차

이 큰 노동생산성의 격차가 원청 기업의 가격 후려치기가 만든 결과라고 주장하고 싶을지 모른다. 그림 8-10은 유럽국가들의 중소기업의 수출 성향과 대기업과의 임금 격차의 관계를 보여주고 있다. 수출 비중이 높은 경우 대기업과의 격차가 매우 적다는 알 수 있고 반대의 경우 격차는 매우 크게 증가한다.

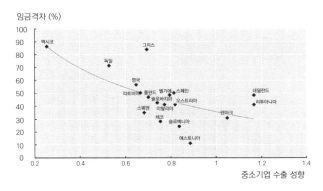

그림 8-10: 중소기업의 수출 성향과 대기업과 중소기업 임금격차 (OECD 2019a)

우리나라의 중소기업이 84.6%로 중소기업의 비중이 가장 높은 나라로 그 만큼 중소기업간 경쟁이 치열하다는 것을 말해준다. 한편으로 우리나라의 경우도 멕시코와 유사하게 수출 성향이 낮아서 20.5%로 80%의 중소기업은 내수에 국한하고 있다(그림 8-11). 이는 그만큼 독자 시장이나, 기술력을 갖고 있지 못하다는 반증이다. 그러니 그렇지 않아도 많은 수의 중소기업이 대부분 내수 시장에서 치열하게 경쟁하고 있는 것이다. 이것이 우리 중소기업들이 갑질을 당하는 주된 이유다. 다른 대안이 없다는 점이고 대기업이 선택할 수 있는 대안이 많이 존재한다는 것이다(OECD 2019a). 일본, 독일이나 유럽의 중소기업들이 우리의 중소기업보다 높은 임금을 줄 수 있는 것은 그들은 우리가 알고 있는 중소기업들이 아니다. 최근에 한일 경제 갈등에서 우리를 위협했던 소재, 부품, 장비 업체(소부장)들은 일본의 대기업 뿐만 아니라 우리나라 대기업에 납품하는 기술 기업들인 것이다.

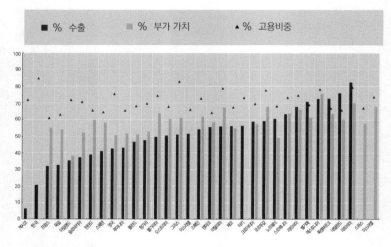

그림 8-11: OECD국가별 중소기업의 수출, 부가가치 및 고용 비중 (자료원 OECD 2019a)

그들이 없으면 우리 대기업 생산의 차질이 오니 갑질을 당할 리가 없다. 독일이 다른 나라보다 중견업체들이 두텁고 제조업에서 세계 시장을 장악하고 호령하고 있는 것은 우리에게 잘 알려진 자동차, 정밀 첨단 기계들의 대기업 뿐만 아니라 소위 히든 챔피온으로 알려진 기술 중심의 중견 기업들이 두텁기 때문이다. 이들 숨겨진 챔피온들은 자신의 분야에서 전세계의 시장 점유율에서 3위 안에 들고, 특정 대륙에서는 1위에 드는 자신의 시장을 갖고 있는 기업, 연간 매출액 4-5조이지만 일반인들에게는 잘 알려져 있지 않는 기업들이 숨겨진 챔피온 기업들이다. 이들을 두고 중소기업 중심의 나라라고 하는 것은 독일의 히든 챔피온들이 어떤 기업인지 모르는 헛소리 들이다.

인구 백만명당 이러한 히든 챔피온의 수는 우리나라가 0.5개인 반면, 독일은 16개, 룩셈부르크는 14개, 스위스는 13.9개, 그리고 오스트리아는 13.8개, 스웨덴이 6.4개다. 즉 북구 유럽의 국가들은 기술집약 히든 챔피온 수의 밀도에서 우리에 비해 24배에서 32배로 그 수가 많다. 이들 기업은 가문이 소유하는 비중이 약 70%이며, 그 둘 중 가문의 자식들이 직접 경영하는 비중이 80%에 이른다. 이들 기업의 가문의 자식들은 어린 시절부터 경영자로 교육되며 일찍 회사에 투입되어 독일의 공개 기업의 최고 경영자의 임기가 6년 남짓한 반면 이들 히든 챔피온 기업들의 가문의 경영자들은 20년 이상의 장기 경영을 한다(Simon, 2009).

우리에게 재벌 황제 경영을 비난하는 사람들은 북구 유럽의 히든 챔피온 기업들이 어떻게 탄생하는지 공부하고 함부로 돌을 던져야 할 것이다. 더 근본적 차이는 이런 기업들은 하루 아침에 이루어진 것이 아니다. 이미 중세부터 유럽의 기술 교육을 통해 마이스터를 길러내고 상권을 장악했던 길드 체제부터 육성된 기업들이다. 이런 기업을 우리가 원한다고 하루 아침에 길러낼 수 없다. 그래서 후발 산업국가들은 축적된 기술력보다는 대규모 자본을 투입한 자본의 규모의 경제로 세계 시장을 개척해 왔다. 그것은 전후의 일본, 한국, 중국이 택한 동일한 전략이다. 이러한 역사적 배경의 차이를 무시하고 재벌 특혜론과 착취론을 주장한다. 스위스가 명품 시계의 시장을 장악하고 있는 반면에 우리는 스마트 시계나 보급형 시계를 팔아서 시장을 만들고 있는 것이다. 스위스는 시계 명장이 있고, 수백년 축적된 브랜드가 있는 반면에 우리는 없기 때문이다. 우리는 대규모 자본의 투입으로 가능한 생산을 하고 스위스는 숙련된 기술자들의 힘으로 제품을 만든다. 즉 나라마다 산업과 기업의 특성이 다르고 그에 따라 기업의 소득과 임금 수순이 다를 수 밖에 없다. 이러한 차이를 무시하고 단순 기업의 임금 수준 차이를 갖고 착취론을 선동해 왔다.

> 재벌개혁론자들 또는 중소기업의 편을 들겠다고 하는 사람들이 재벌의 착취, 하청 후려치기를 주장하는 근거는 대부분 중소기업 사업하는 사람들의 하소연에 근거한다. 세상 어디에도 독점적인 제품이 없는 중소기업의 사업이 쉽고 편안한 나라는 없다.

한국의 재벌 대기업들을 악마화하기 위해, 우리나라의 일부 사람들은 다른 나라에는 중소기업과 상생하기 위해 애를 쓰는 대기업들로 가득한 것처럼 동화를 쓰고 있다. 미국과 전세계의 유통혁명의 대명사인 월마트의 저가 정책으로 수 많은 미국의 납품업체들이 월마트의 공급 후에 파산에 이르게 되는지를 피시먼(Fishman, 2006)은 "월마트 효과"(The Wal-Mart Effect)라는 책에서 생생하게 고발하고 있다. 작은 중소기업들은 월마트에 납품하면서 월마트의 엄청난 유통채널의 힘에 의해 사업을 대규모 확대하고, 월마트의 매출 비중은 절대적으로 변화하게 되는데 월마트는 끊임없는 가격 인하를 요구하게 되고 최악의 경우는 미국의 생산원가의 1/10에 중국에서 납품을 받아 오면서 월마트의 납품업체들은 파산한다. 여기 어디에 재벌개혁론자들이 주장하는 자비와 상생의 정신으로 충만한 원청기업의 모습이 있는가? 이 초대형 유통기업 월마트는 아마존과 타겟, 코스트코 등 수 많은 경쟁자들과 가격 경쟁을 한다. 그리고 한국에 들어와서 이마트와의 경쟁에서 패배하고 철수 했다. 가격의 인하는 대기업도 살아 남기 위해 경쟁을 하고, 그것은 물가를 낮추고 경제의 흐름을 빨리하면 국민들과 경제에 아주 좋은 일이다.

왜 하청업체들은 장하성 교수가 주장하는 '일방적인 가격 결정'을 당하고 가격 후려치기를 당하나? 왜 삼성전자는 애플에게 반도체를 납품하면서, LG 디스플레이는 스마트폰 액정을 납품하면서 일방적이지 않은 협상을 하고, 가격 후려치기에 저항할 수 있을까? LG U+는 통신장비를 중국의 화웨이 제품을 써서 논란이 되고 있다. 화웨이 제품은 삼성전자의 그것에 비해 상당한 가격 우위를 갖고 있기 때문에 보안의 논란 속에서도 중국 제품을 쓰고 있다. LG는 삼성전자에 비해 수익성이 많이 떨어지는 불쌍한 화웨이의 "공급자 분배 비율"을 높여주기 위해 가격을 삼성에 준하여 올려주어야 양심 있는 기업이 될 것이 아닌가?

시장의 기업간 거래든 개인간 거래든 대부분 대등한 관계에서 이루어지는 것이 아니다. 모든 거래의 결과는 거래 당사자간의 협상력(Bargaining Power)에 따라서 결정된다. 협상력이 우위에 있으면 갑이고 열세에 있으면 을이다. 그리고 모든 시장의 거래에서 갑은 갑질을 하고, 을은 을의 처세를 하는 것이다. 팍스콘과는 달리 애플의 부품 공급업체 퀄컴(Qualcomm)은 큰 변함없이 18% 부근의 높은 영업 이익률을 유지한다. 독점적 기술이 있기 때문이다.

협상력에 따라 결정되는 결과를 불공정하다고 하지 않는 이유는 경쟁과 거래를 거부할 자유가 있기 때문이다. 하청업체가 갑질에 의해 불공정한 대접이 싫으면 다른 구매자를 찾아서 떠나거나 사업을 접는 선택이 있기 때문이다. 이들이 갑질을 당하는 이유는 거래를 지속하는 것이 지속하지 않는 다른 대안 보다 유리하기 때문인 것이다.

결국 하청, 중소기업의 협상력이 현저하게 약하기 때문이다. 그렇다면 하청 기업의 협상력은 어떻게 결정되는가? 물론 하나의 원청 기업에 목을 매지 않아도 되는 시장을 갖고 있거나 독점적 제품을 갖고 있으면 된다. 한일 외교 갈등으로 아베 정부가 우리나라 기업들이 사용하고 있는 소재, 부품 등 전략적 물자의 수출을 통제하겠다는 위협을 했을 때 우리 기업들이나 우리나라가 화들짝 놀란 이유는 그런 제품에 대해 일본이 독점력을 갖고 있기 때문이다.

8. 4 시장경제를 부정하는 동반성장과 상생의 동화

장하성 교수는 "최근의 대기업 소득 쏠림을 볼 때 조세정책을 동원해 소득을 재분배할 수준을 넘어섰다"며 "대기업이 노동자들에게 임금을 더 주거나, 하청업체에 돈을 더 주면 가계로 내려가는 몫이 많아지는 만큼 문재인 정부는 대기업이 움켜쥐고 있는 소득을 어떻게 시장에 분배할 것인지를 우선 고민해야 한다"는 해결책을 제시하고 있다. 그리고 그의 이런 주장은 "소득주도성장"이라는 이단적 정책으로 한국경제에 어려움을 몰아 넣고 있다(경향신문, 2017.5.17 기사).

대기업의 임금은 이미 높으니 하청업체에 주는 돈 "공급자, 즉 하청업체에 대한 분배 비율"을 올려야 한다고 주장한다. 전세계 어디에도 없는 "공급자 분배 비율"이라는 개념을 창안하고 있다. 우리는 언어의 프레임에 쉽사리 빠져드는 경향이 있다. 마치 대기업이 하청업체에 가는 돈을 의도적으로 배분해야 하는 것처럼 속기 십상이다.

첫번째로 우선 상생과 동반성장이라는 언어, "공급자, 즉 하청업체에 대한 분배 비율"을 높여주어야 한다는 말을 생각해 보자. 이게 무슨 뜻인가? 인위적으로 기업의 원가를 높이라는 말이다. 기업에게 인위적으로 원가를 높여서 생산하세요라는 권고를 하는 이런 비이성적인 이야기를 경제학자, 경영학 학자들이 할 수 있는 말인가?

자신의 협상력으로 살 수 있는 가격보다 더 비싸게 주고 사라는 지시를 경영자들이 한다면 이는 배임이다. 일감 몰아주기를 비판하고 처벌하는 일이 바로 시장가격보다 높은 가격으로 자신의 이해가 있는 기업의 제품을 사게 지시했다는 죄이다. 시장가격보다 비싼 가격으로 사서, 다른 주주 또는 회사의 이해를 침해한 배임의 죄를 묻는 것이다. 그런데 장운찬, 장하성과 박상인은 지금 우리 경영자들에게 체계적으로 배임을 요구하고 있는 것이다. 이 사회가 기업에 대해 얼마나 조선시대적인 성리학적 세계관을 갖고 비현실적이고 무지한 훈계와 협박들을 해 대는지 기가 막힐 따름이다.

세계 어느 나라든 대기업이 하청기업을 위해서 인위적으로 가격을 올려주는 곳은 있을 수 없다. 그런 구매 직원이 있다면 당연히 회사는 해고를 하거나 징계를 할 것이다. 시장경제는 경쟁과 협상력의 게임이지, 자비의 경제가 아니다. 동반성장, 상생이라는 '착한 기업'의 이야기가 마치 상식처럼 되니까 이제 국회에서 가맹점 본사가 가맹점 수익을 보장하라는 법안까지 제출된다. 그리고 그런 발의를 한 의원은 "이게 무리한 규제라기보다, 어떤 면에선 시장원리에 더 부합하는 것 아니냐는 생각으로 법안을 냈다."고 한다(중앙일보 2019.11.20 기사). 왜 아니겠는가? 서울대 총장까지 지낸 경제학자가 동반성장을 들고 나오고, 장하성, 박상인 교수처럼 명문대학의 유명 교수들이 "공급자 배분 비율"이라는 황당한 개념을 만들어 내고 국민을 호도하는데 국회의원들이 왜 그러지 않겠는가?

두번째 이 논리가 황당한 이유는 대기업의 하청과 납품업체는 우리나라의 불쌍한 중소기업만 있는 것이 아니라는 점이다. 삼성전자와 LG 디스플레이는 애플, IBM, HP 등의 부품 공급업체이다. 즉 1차 하청업체다. 이들 글로벌 기업들이 한국의 불쌍한 하청업체들에게 시장의 협상력보다 높은 가격으로 물건을 사줄까?

어떤 방식으로 "공급자, 즉 하청업체에 대한 분배 비율"을 높여줄 수 있다는 말인가? 가격을 후려치는 것이 불공정이라면 시장경제에서 공정은 존재하지 않는다. 시장경제의 기본 원리는 사는 사람은 가능한 싸게 사고, 파는 사람은 가장 높은 가격에 팔려고 노력하는 것이다. 그것을 통해 소비자에게 더 좋고 낮은 가격에 제품을 만들어 경쟁하고 살아 남는다. 이런 원청과 하청 기업을 하나의 단위로 생각하고 하청 기업 종업원의 복지까지 책임을 져야 한다면, 반대로 대기업이 적자가 날 때는 하청기업들이 도와주어야 하지 않겠는가?

삼성전자와 삼성SDI는 반도체와 뱃터리를 현대차 등 수 많은 기업들에게 납품하는 공급선이다. 그럼 이런 기업들이 삼성전자의 가격을 올려주어야 할 것이 아닌가? 결국은 기업들에게 시장의 정립된 거래의 질서가 아니라 마치 정부가 부를 재분배 하듯 불쌍한 기업에게는 가격을 더 올려주고 그렇지 않은 기업들에게는 다르게 하라는 것이다. 이게 시장질서가 유지되겠는가?

이러한 사회적 압력이 가중되면 우리나라 대기업들은 살기 위해서 국내기업 보다는 해외기업을 통해 조달을 하고 납품을 받게 될 것이다. 대기업으로 보나 중소기업으로 보나 국내기업 역차별이다.

세번째 상생과 동반성장이 작동하지 않는 이유가 있다. 장하성, 박상인, 정운찬 교수 등의 주장대로 "공급자 배분 비율"을 높여주려면 적정 비율은 누가 어떻게 정할 것인가 하는 점이다. 우리나라에는 어이없게도 대기업이 하청업체의 원가에 적정한 이익을 더해서 주어야 한다는 주장이 빈번하게 제기된다. 그렇다면 대기업이 하청업체의 원가라는 기업 비밀을 알아야 할 뿐만 아니라, 하청 기업들은 원가절감 노력이 존재하지 않는다. 원가를 보상해주는 제도하에서는 원가가 높을수록 매출과 이익이 커진다. 그렇다면 원가경쟁을 하는 외국에 비해 경쟁력은 자꾸 떨어지고, 우리나라 대기업의 하청업체로서의 의존성은 커진다. 결국 중소기업들을 망하게 하는 제도를 도입하자고 주장하는 것이다.

네번째로 이 동반성장제도를 주장하는 사람들이 목표를 달성할 수 있는가 하는 점이다. 그림 8-8에서 원청과 1차, 2차, 3차 하청으로 이어질수록 평균임금이 급속하게 떨어지는 것을 볼 수 있다. 그렇다면 장하성 교수는 지금까지 우리나라 기업들이 소득을 가계에 배분하지 않는 탐욕의 덩어리라고 비판해 왔다. 그러면 대기업이 납품 단가를 올려주면 1차 하청업체 사장님은 임금 소득배분율을 유지하면서 다른 회사 직원들의 임금은 아랑곳 하지 않고 직원들 임금을 올려줄 것인가 하는 점이다. 임금이 기업의 이익과 곧바로 연결되지 못하는 것은 임금 또한 시장 가격이 있기 때문이다. 그리고 대기업 경영자들보다 중소, 중견 기업의 사주들은 더 자비롭고, 더 도덕적일 것이라는 보장이 있는가? 사실은 대기업의 경영자들은 총수를 제외하고 전문경영인이고 중소, 중견 기업은 대주주가 직접경영을 하니 임금에 대한 절약, 이익을 극대화하겠다는 동기는 중소기업이 더 크다.

소득격차가 연쇄 하청 및 임가공을 통한 가격 후려치기의 사슬에 의한 것이라는 것이 이들의 주장인데 그럼 1차 하청업체는 2차 하청업체에게 자신이 대기업에게 가격을 높여 받았으니 그 비율만큼 올려서 하청을 준다는 보장이 있는가? 2차기업, 3차기업의 사장님들도 다 대기업의 새로운 룰에 따라 행동하게 대기업이 강요할 수 없다. 만약 그러한 시도를 한다면 그야말로 갑질이고 경영권 침해다. 우리가 2-4차 하청이 이어지고 있다는 것은 원청회사보다 낮은 가격에 생산을 하고 싶은 회사들이 있고, 그 것을 받아서 더 싸게 생산을 할 수 있는 하청의 하청 기업이 있기 때문이다. 이러한 기업이 존재할 수 있는 이유는 그만큼 낮은 임금에도 일할 수 있는 노동력이 존재하기 때문이다. 즉 하청의 사슬은 그 사회의 노동 생산성의 분포를 반영하는 것이다.

하청 후려치기를 주장하는 사람들의 배경에는 모든 근로자들이 유사한 임금을 받아야 한다는 노동가치설을 배경으로 하고 있고, 임금의 차이가 다 차별, 즉 착취의 결과라는 인식이 전제되어 있다. 특히 분배 지상주의자들이 자주 인용하는 그림 8-12에서 보이는 정규직과 비정규직의 어마어마한 차이는 과연 차별에 의한 것이냐 하는 점이다.

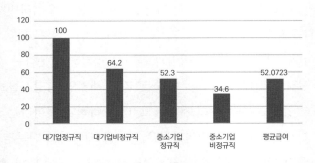

그림 8-12: 근로 계약 유형별 급여 격차 (2015.08년 기준) (자료원: 한국노동연구원)

정규직과 비정규직은 근로시간에서 큰 차이가 나고 중소 영세기업에 종사하는 근로자들의 교육수준, 그리고 한 직장에서의 연공서열에서 대기업 정규직과 큰 차이가 난다. 2016년 전체 산업의 정규직과 비정규직의 실질 임금 격차는 166만원 중에 임금을 결정하는 많은 요인들을 통제하고 나면 설명이 안되는 격차는 23.3만원에 불과하다고 분석되고 있다. 임금을 결정하는 요인들은 성별, 연령, 교육수준, 경력연수, 근무형태, 근로시간, 직업군과 산업, 사업체 규모, 노조가입 여부,

산업 등 수 많은 요인들이 임금을 결정한다. 즉 임금의 격차 중에 정당한 요인이 아니라 설명할 수 없는 부분은 2013-2016년 사이에 6.4%-14%에 불과하고 이전 2009-2012년의 수준에 비해 축소되고 있다고 분석하고 있다(유진성, 2017). 우리의 임금은 시간당 임금에 근로한 시간을 곱해서 나온 값이다. 그 결과 시간당 임금 격차는 금융위기 이후에 완화되고 있는 반면에 총급여 격차는 지속적으로 확대되고 있다(윤희숙 2017). 즉 재별개혁론자들이 주장하는 불평등의 확대가 아니라 일하는 시간의 격차의 확대가 진행되고 있는 것이고 이는 여성의 고용참여, 그리고 노령 인구의 고용 참여의 확대 등이 영향을 미치고 있는 것이다.

우리나라의 노동시장에서 임금 격차가 많이 나고 이러한 영세 기업의 고용비중이 높은 것은 우리의 노동력의 질의 차이가 매우 큰 사회로 구성되어 있다는 점이다. 그 이유 중에 하나가 인구의 상당 부분을 차지하는 장년 또는 고령층의 낮은 교육 수준이다. 우리나라의 50대 이상의 평균 교육 연한은 10년 남짓이고 여성은 그보다 낮다. 즉 우리나라의 베이비 부머인 60대 이상은 평균 중졸 이하의 교육을 받은 사람들이다. 이런 이유로 다른 나라에 비해 자영업 비중도 높고 낮은 임금에도 일할 의사가 있는 많은 노동력이 존재하는 것이다.

이런 노동력의 구조하에서는 원청 기업이 조금 높은 단가로 물건을 사 주어도 1차 하청 기업은 2차 하청을, 2차는 3차를 줄 가능성이 여전히 존재한다. 그리고 그 임금의 차별이 대기업의 책임이 크다는 것은 근거가 없다. 장년, 노년 세대의 낮은 교육 수준과, 노조 가입이나, 지나친 연공서열에 의한 임금 차이를 대기업의 책임으로 돌릴 수 있는가?

대기업의 단가 후려치기가 사실도 아니며 문제 해결도 아니라는 점은 그림 8-13의 그래프가 보여주고 있다. 제조업은 꾸준하게 임금이 상승하여 온 반면 서비스업의 실질임금은 상승하지 못하고 있다 (윤희숙, 2017). 만약 장하성, 박상인의 주장대로 외환위기 이후의 시장의 가격 압력을 하청업체 가격 후려치기로 대응해 왔다면 영세 제조업의 임금은 상승이 아니라 줄어 들었어야 한다.

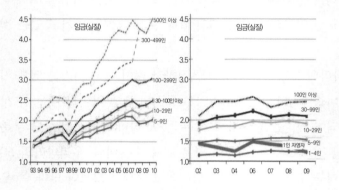

그림 8-13: 제조업과 서비스업의 사업체 규모별 임금 (윤희숙, 2017)

그래프는 규모에 따른 생산성의 차이를 두고 증가하고 있다. 하청업체를 자비롭게 대하라는 이들의 주장이 우리나라의 소득 격차나 임금 격차 해소에 별 도움이 안되는 또 다른 이유는 제조업의 고용비중이 20% 남짓하고 그마저 줄고 있다는데 있다. 80%의 국민은 서비스 업에서 종사하고 있고 서비스 산업이 납품가 후려치기를 통해 저임금을 해소할 가능성은 매우 적다.

8.5 단군이래 최대 가짜 뉴스 "재난적 양극화" 주장

8.5.1 양극화가 세계에서 가장 극심하다는 괴담

장하성 전 정책실장과 문재인 대통령은 기회가 있을 때마다 대한민국이 "재난적 양극화"의 나라라는 주장을 반복하고 있다. 한술 더해서 문재인 대통령은 "성장에 치중하는 동안 양극화가 극심해졌고, 발전된 나라들 가운데 경제적 불평등의 정도가 가장 심한 나라"라고 주장하더니(국회 시정연설 2018.11.01), 이제는 발전한 나라 중에서도 아니고 "세계에서 가장 극심한 나라가 됐다"고 단언해 왔다(2019.01.10, 신년 기자회견).

싱가포르 국립대학교의 신장섭 교수가 잘 비판한 대로 '한국이 세계에서 불평등도가 가장 심각하다고 내린 결론'은 세계 어디를 뒤져보아도 장하성 교수가 내린 독보적 결론 이외는 찾을 수 없는 괴담(怪談) 수준이다(신장섭, 2018). 장 교수(2015)는 '가장 불평등해진 나라 1'과 '세계에서 가장 불평등해진 나라 2'의 두 개 장(章)을 통해 한국의 '극심한' 불평등을 강조한다. 문재인 대통령의 '세계에서 가장 불평등한 나라라는 가짜 뉴스'가 어디에서 비롯되었는지 짐작할 수 있다.

경제적 불평등에 대한 정의와 측정은 수 많은 시도가 있고 측정지표가 있지만 가장 보편적으로 사용되는 것이 지니계수다. 최근 OECD의 지니계수 자료는 문재인 대통령의 주장이 왜 괴담인지를 보여주고 있다. 한국의 지니계수는 OECD 평균보다도 낮고 비교 대상 43개국 중에서 낮은 쪽에서 16번째다(OECD, 2019a).

전세계적으로 보면 어떨까? 지니계수의 국가간 순위를 보는 Index Mundi 사이트에 의하면 2016년 기준으로 한국은 159개 조상 대상에서 26번째로 소득격차가 적은 나라다.[2] 상위 16%로 평등한 나라라는

---

2) https://www.indexmundi.com/facts/indicators/SI.POV.GINI/rankings

것이다. OECD국가들간 비교해도 우리나라는 중간 정도로 위치하고 있고, 전세계적으로 평가하면 아주 불평등이 양호한 국가로 나타난다 (신장섭,2018).

최근 다보스 포럼이 발표한 포용적 개발의 지수 보고서에서 보여주는 주요 경제 대국들의 지니계수 그림 8-14 또한 한국이 불평등이 매우 적은 쪽에 속하는 것을 알 수 있다. 그 뿐만 아니라 지난 10년간 지니 계수의 변화도 아주 적은 쪽에 속한다.

첫번째 유의해서 볼 것은 소득불평등 지수가 크게 떨어진 나라가 터키, 아르헨티나, 브라질이다. 모두 경제적으로 크게 어려움에 속한 나라들이다. 이는 소득격차를 함부로 해석해서 낮아질수록 좋다는 해석이 위험한 것인가를 시사한다.

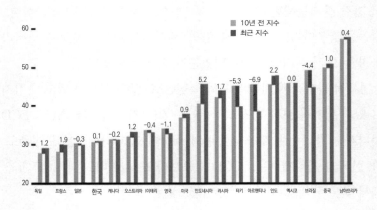

그림 8-14: 주요 경제 대국의 지니계수와 10년간 변화 (World Economic Forum, 2018)

재벌이 대체 무슨 죄를 지었다고

물론 우리나라의 지니계수는 통계청의 가계동향조사와 가계금융복지조사의 다른 자료를 활용해서 전혀 다른 숫자를 생산해 내고 있다(주간조선, 2018.9.17일 기사). 여기에 소득세 전산자료를 활용한 새로운 지니계수까지 등장하여 혼란을 주고 있다(한국경제연구원, 2014). 하지만 가계동향조사를 기준으로 한 것은 OECD국가 중에서 낮은 쪽, 금융복지조사를 기준한 것은 불평등 지수가 높은 쪽에서 6-8번째에 해당하지만 OECD국가들이 불평등 지수가 낮다는 면에서 문재인 대통령과 장하성 교수의 경제가 발전한 나라든, 전세계에서 가장 불평등한 나라라는 주장은 명백한 괴담이다. 높은 수치를 기준해도 Index Mundi의 순위 또한 159개 중에 상위 58위에 해당해서 상위 1/3에 든다. 다른 기준의 불평등 지수를 갖고 OECD 국가들과 비교할 때 대부분의 OECD국가들도 우리나라의 가계동향조사와 유사한 기초자료를 근거로 작성하고 있다는 점을 유의해야 한다.

또 하나 주의할 점은 각국의 불평등 지수를 함부로 비교할 수 있느냐는 점이다. 우선 각국이 소득을 파악하는 정밀도에서 매우 다르고 세금 제도 등도 매우 다르다는 점이다. 각국의 소득 불평등의 자료의 신뢰성과 투명성의 큰 차이가 국가간 비교도 어렵게 하고 있다(UNDP 2019). 데이터가 정확하다고 해도 지니계수는 소득의 분포를 측정하는 것이고 한 국가의 구성원이 많으면 분산이 커질 가능성이 크다. 그것은 인구대국들은 대부분 국토도 크고, 큰 국토는 다양한 산업으로 전문화하기 때문에 분산이 커지게 된다. 8-15 그림은 2017년의 OECD 지니계수와 인구와의 관계를 분석한 자료다. 칠레나 이스라엘과 같은 예외를 제외하고는 큰 나라들이 높은 소득격차를 보인다. 한국보다 많은 인구를 갖고 있는 나라 중에서 우리보다 소득격차가 낮은 나라는 독일이 유일하고, 프랑스와는 거의 같다.

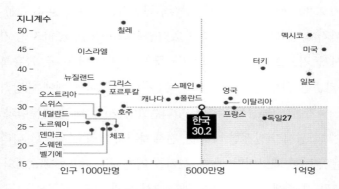

그림 8-15: 2017년 OECD 국가의 인구와 지니계수와의 관계 (자료원:OECD)

　결국 우리보다 소득이 균등하게 나타나는 나라들은 대부분 우리에 비해 인구가 상당히 작은 나라들이다. 소득의 격차에 과도하게 집중하는 사람들은 이 경제의 다양성의 장점을 망각한다. 국토가 크고, 인구가 많아서 시장이 크고, 다양한 산업이 발전하면 각자 사람들이 타고난 자기 재능과 가치에 따라 다양한 선택을 할 수 있는 기회의 다양성이 존재하는 것이다.

　그림 8-16은 OECD의 소득불평등을 측정하고 파악하는 분석의 틀이다. 임금격차가 가계의 소득격차로 귀결되는 경로와 기여 요인들을 표시하고 있다. 소득 불평등은 보통 4번과 5번으로 가계의 시장소득 불평등과 세후의 가처분소득 불평등이다. 하지만 우리나라는 다른 나라와 달리 공공이 제공하는 사회적 현물급여 이전이 많이 존재한다. 대표적인 것이 고령층에 대한 지하철 무료 승차. 이러한 현물 급여를 반영한 6번의 지니계수는 5번의 지니계수가 13% 감소되고 빈곤율

은 27%가 감소되는 것으로 분석되었다(유경준 2018). 현물 급여에 의한 상대적 빈곤율 감소가 OECD 국가의 10%에 비해 크게 높다는 것은 이것이 빈곤층 특히 고령층에 집중되고 있음을 보여준다. 따라서 우리나라의 상대적 빈곤율은 과장되게 측정되고 있는 것이다.

부의 상대적 크기를 재는 척도로 상위 소득층과 하위 소득층의 소득의 배율을 측정하는 소득양극화 지수들이 있다. 소득점유율 상위 10%와 하위 40%의 소득 배율은 팔마비율, 그리고 최상위 20%와 하위 20%를 재는 컨타일비율, 그리고 더 극명하게 양극화를 강조하기 위해 최상위와 최하위 10%의 비율(S90/S10)을 측정한다. OECD 자료에서 보듯 지니계수와 유사하게 우리나라는 어떤 배율이든 OECD에서 중위권 또는 그 이하로 낮은 쪽이다.(UNDP 2018).

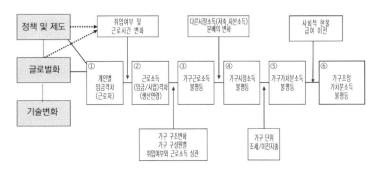

그림 8-16: OECD 소득불평등 요인과 측정의 분석틀 재구성 (OECD 2011)

소득의 양극화를 측정하는 다른 지표는 상대적 빈곤율이다. 중위권 소득의 1/2 이하의 가계가 얼마나 되느냐를 측정한다. 우리나라의 상대적 빈곤율은 OECD 국가들에 비해 상당히 낮은 편에 속한다. 하지만 고령인구의 빈곤율은 가장 높은 측에 속한다(OECD, 2019a). 이는 최근 가계 분화로 늘어나고 있는 고령 가구의 빈곤이 주요한 원인이다. 물론 세계 최고의 불평등과는 거리가 멀고, 경제활동을 하고 있는 가구들이고 이들의 빈곤율이 월등히 낮은 편이라는 점은 적어도 기업이 빈곤의 원인이 아니라는 것을 시사한다. 따라서 장하성과 박상인의 기업의 분배 왜곡이 불평등의 원인이라는 주장은 인과관계에 대한 아무런 고려없이 제시된 주장일 뿐이다.

　양극화가 국민통합을 방해하고 있다고 주장하는 사람들은 이제 더이상 시골에서 용이 나지 않는 사회라고 주장하며 흙수저, 금수저론을 주장한다. 그림 8-17는 사회적 이동성과 경제불평등을 보여주는 '위대한 개츠비 곡선'이다. 수평 축은 소득불평등 정도를 세로축은 세대 간 소득의 이동성으로 낮은 수치일수록 가난의 대물림이 크다는 것을 의미한다. 우리나라가 불평등이 세계최고로 구조화하였다는 주장이 얼마나 황당한 것인지를 보여주고 있다.

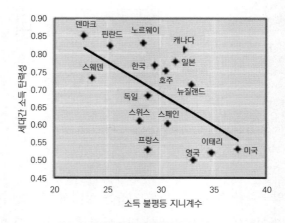

그림 8-17: 위대한 캐츠비 곡선 (OECD 2015)

　재벌이 대체 무슨 죄를 지었다고

한 사회의 경제적 불평등 또는 포용성은 현재 시점의 소득 분포만을 가지고 과대하게 해석하는 것은 매우 위험하다. 한 시점의 소득도 중요하지만 생애 전주기를 통해서 소득이 어떻게 변화하는 것도 중요하다. 대학생으로 아르바이트를 하는 동안은 사회의 가장 낮은 소득일 수 있지만 좋은 직장을 잡고, 결혼을 하고, 승진을 하면서 소득은 급격히 증가한다. 따라서 대학생은 저임금의 인턴 자리가 좋은 일자리로 도약하는 디딤돌이라면 이때의 소득 불평등은 생애 소득입장에서는 훌륭한 투자가 된다. 우리사회에서 크게 관심이 되고 있는 개천에서 용이 날 수 있느냐는 것은 세대간 기회의 크기를 가늠하는 것이다. 즉 교육의 격차가 얼마나 존재하느냐는 것은 세대간 소득의 기회에 대한 장기적인 판단의 척도가 된다. 소득만큼 아니면 그 보다 더 중요한 것은 소비의 격차일 수 있다. 한 구성원이 얼마나 고르게 건강하게 살 수 있느냐는 의료 소비의 가능성과 질에 따라 달라진다.

UN개발 프로그램(UNDP)은 이러한 관점에서 소득, 교육, 건강이 사회 구성원간에 얼마나 고르게 향유되고 있는가에 대해 그간의 인간개발 지수(Human Development Index)의 한계를 보완한 인간 삶의 지수(The Human Life Indicator)를 제시하고 있다. 이 평가에 의하면 우리나라는 2018년에 세계 14위로 삶의 질에서 평가되고 있다(Radu, 2018). 이렇게 우리나라가 소득 수준에 비해 높은 평가를 받는 이유는 다른 나라에 비해 교육과 의료 소비를 소득수준이나 부모의 사회적 지위와 무관하게 고루 누리고 있기 때문이다. 다음 세대가 고르게 높은 수준의 교육을 받고 있다는 것은 바로 사회 이동성 또는 다음 세대에게 경제적 기회를 넓게 제공하는 인적자원에 투자하고 있다는 것이 된다.

자유시장경제에서 기업들은 끊임없는 혁신으로 상품의 가격을 낮추고 질을 높여간다. 그 결과 임금에 비해 대부분 상품의 가격은 급격하게 내려서 일반 대중의 소비가 가능하게 만든다. 따라서 소득의 격차보다 소비 격차는 확연하게 적고 소득격차처럼 확대 되지도 않고 있다 (Meyer and Sullivan 2018). 우리는 앞세대가 사치품이라고 여겼던 많은 소비를 대중들이 향유하고 있다. 고등 교육, 자가용 자동차, 첨단 의료 소비, 은퇴를 대비한 금융 소비, 해외여행 등은 모두 우리나라에서 한 세대 전에는 모두 상류층의 일부만 누릴 수 있었던 호화사치 소비였다. 따라서 현재 시점의 소득격차를 지나치게 크게 해석해서 한 사회의 포용성 또는 경제 격차를 함부로 재단하는 것은 옳지 않다.

경제학자들이 사용하고 있는 불평등 통계 지수들을 통해서 본 결론은 우리나라가 불평등이 세계에서 가장 큰 나라가 아니라 이 주장이 세계적인 선동의 가짜 뉴스라는 것이다.

8.5.2 어떤 불평등이 재난적 양극화인가?

지금 전세계적으로 양극화, 또는 소득격차가 큰 관심으로 떠오르고 논란이 되는 것은 현재의 수준보다 그 격차가 시간이 감에 따라 확대되는 양상으로 나타나기 때문일 것이다. 우선 함부로 우리의 소득격차를 재난적이라고 주장하는 사람들, 특히 '소득주도 성장론'을 주장하는 사람들은 소득 불평등이 경제성장을 방해한다고 주장하기 때문에 재난적이라고 주장한다. 문재인 대통령 또한 이러한 인식을 숨기지 않고 있다.

"경제가 성장해도 가계소득은 줄어들고 경제적 불평등이 갈수록 커지는 구조를 바꿔야 합니다. 양극화가 경제성장과 국민통합을 가로막는 상황을 개선해야 합니다. 그래야 국민의 삶에도, 국가에도 미래가 있습니다"(문재인 2017.11.01, 국회시정연설)

정말 소득격차와 국민통합, 그리고 경제성장은 이들의 주장처럼 반비례하는 일방적인 관계인가? 그리고 어느 정도 불평등이 재난적인지를 어떤 경제학자나 사회과학자들이 명백하게 제시한 적이 없다. 하지만 이들의 단순한 주장은 이론적이나 실증적으로 틀린 주장이다. OECD국가들에서 소득격차와 경제성장은 선형적 반비례가 아니라 그림 8-18과 같이 뒤집어진 U자의 관계를 보여준다(Kim and Park, 2019). 이는 너무나 당연한 것이다. 만약 소득격차가 전혀 없는 사회라면 노력을 더해도 소득이 늘어나지 않는 사회, 즉 이론적 공산사회다. 이러한 사회는 당연히 경제주체들이 열심히 일할 동인이 존재하지 않는다. 반대로 모든 부가 최고위층에 의해 독점되는 사회 또한 일반인들에게 기회가 없는 사회다. 즉 극도로 평등한 사회나 극도로 격차가 큰 독점의 사회 모두 국민에게 경제적 기회의 빈곤이라는 점에서 동일하다. 따라서 소득격차는 적은 것이 아니라 적당히 존재해야 하는 것이다. 아래 그림에서 보듯 그 정점은 우리나라의 수준인 0.3이 아니라 그 보다 훨씬 높다.

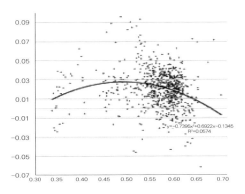

그림 8-18 소득격차와 경제성장의 관계 (Kim and Park, 2019)

같은 이유로 소득격차와 국민들의 행복지수의 관계도 유사하다(그림 8-19). 경제적 기회가 없는 북한과 같은 평등한 사회나 남미와 봉건 영주국처럼 소수가 부를 독점하는 사회 모두 불행한 사회다(Yu and Wang 2017).

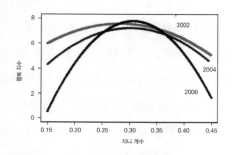

그림 8-19: 소득격차와 행복지수 (Yu and Wang, 2017)

많은 분배론자들과 재난적 양극화 선동을 하고 있는 사람들은 소득격차가 늘면 사회가 불행해지는 것처럼 주장한다. 그런데 인류의 역사에서 가장 부의 격차가 적은 때는 흑사병, 2차 세계대전 등 인류가 대재난과 대규모 전쟁을 겪은 직후였고 현재 시장경제하의 소득 격차의 수준은 인류가 경험한 소득격차 수준에 비해 월등히 적은 수준에 머물러 있다(Scheidel, 2017).

소득격차를 지나치게 일방적으로 해석하는 사람들은 주요 경제 대국들의 2000년에서 2014년 사이의 노동소득배분율과 지니계수의 변화를 보고 어떻게 설명할지 자못 궁금하다(그림 8-20). 장하성, 박상인 교수, 그리고 문재인 대통령의 기준에 의하면 노동소득배분율은 높을수록 좋고, 지니계수는 낮을수록 좋은 나라다. 기업이 벌어온 돈을 근로자들에게 대부분 배분하고, 소득격차는 적은 나라가 그들의 이상적인

재벌이 대체 무슨 죄를 지었다고

나라고, 재벌이 착취하지 않는 경제적 사회적 불평등이 적은 정의로운 나라가 된다. 그 방향으로 간 나라는 남부 유럽의 문제아로 조롱 받는 이탈리아, 2019년 역사상 가장 크고 21번째 IMF 구제금융을 받은 아르헨티나, 2015-2016년 -3.5%,-3.6%의 성장으로 국가부도의 위기를 겪고 있는 브라질이다. 반면에 그간 고도성장을 하며 견실한 경제로 발전하고 있는 독일, 한국, 중국, 호주, 미국 등은 반대로 진행되었다. 큰 폭의 불평등 축소나, 노동소득배분율의 감소는 대기업이 망하고, 다 같이 못사는 나라로 가면 나타나는 현상이라는 것을 짐작할 수 있다.

장하성 교수의 노동소득분배율이 악화되는 것이 재난적 양극화라는 주장은 근거 없을 뿐만 아니라 어쩌면 즉 성공을 실패로 정반대로 뒤집은 해석일 가능성을 시사한다.

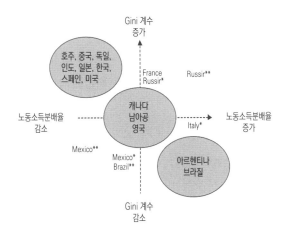

그림 8-20: 2000-2014 G20 선진국의 지니계수와 노동소득배분율의 변화 (자료원:ILO et al. 2015)

8.5.3 대기업이 경제 불평등의 요인일 수 있는가?

우리는 재벌, 또는 대기업이 국민의 양극화의 요인인가를 좀더 직접적으로 확인해 볼 필요가 있다. 좌승희, 이규태(2016)는 기업 자산의 집중도(HHI)와 인당 국민소득의 관계가 재벌공화국론자들의 주장과는 반대라는 것을 보여주고 있다. 즉 특정 대기업의 자산 집중도가 높은 것과 국민소득은 부의 관계를 갖고 있지 않다는 것을 보여준다. 또한 기업의 자산 축적도가 높을수록 지니계수도 낮아지는 것 또한 보여준다. 그것은 선진국일수록 지니계수가 작고 부의 불평등이 낮다는 것에서도 직관적으로 알 수 있는 일이다.

보다 체계적으로 각국의 포브스 2000 대기업의 인당 자산규모와 지니계수는 역의 관계가 있으며 이들의 매출액은 경제성장에 정의 관계가 있다는 것을 회기분석은 보여 준다(황인학 외 2014).

대기업이 경제성장의 원인이거나 불평등의 기울어진 운동장을 만드는 원천이라는 주장은 근거가 없다. 장하성과 박상인 교수의 주장은 상관관계는 인과관계가 아니라는 사회과학의 기본적 명제를 무시한 것으로 별 관련도 없는 그래프들의 비교를 통한 통계 연금술에 지나지 않는다.

장하성, 박상인의 재벌개혁론자들의 주장과는 달리, 우리나라는 재산소득이 시장의 노동소득분포 보다 균등하게 분포되어 있어서 노동소득비중이 늘고 재산소득 비중이 줄어들 경우 소득격차(지니계수)가 오히려 증가한다(전병유, 2015). 이는 재벌의 기울어진 운동장 가설이 얼마나 비논리적이고 비과학적인 주장인지를 다시 한번 보여주는 것이다.

8.6 경제구조의 변화와 외곬 재벌원죄론

소득불평등에 대한 관심이 급격히 높아지고 있는 것은 나라간의 상대적 수준보다는 전세계적으로 소득불평등이 확대되고 있는 추세와 글로벌 금융위기가 가져온 경제적 불안이 크게 작용하고 있다. 마찬가지로 우리나라도 IMF 외환위기부터 증가하는 소득격차 때문에 사회적으로 위기감이 증폭되고 경제격차에 대한 관심이 높아져왔다고 볼 수 있다.

그림 8-16에서 소개한 OECD의 소득격차 분석의 틀은 다양한 외부요소들을 열거하고 있다. 소득의 격차는 이처럼 사회경제적 배경 및 교육격차에 영향을 받고, 세계화와 기술변화, 인구구조와 가족구성의 변화, 노동시장과 제도 및 규제에 의해 소득불평등, 빈곤, 세대간 이동성이 결정된다.

세계적으로 글로벌 경제는 급속도로 변화하고 있고, 그 중에서도 우리나라는 경제구조의 변화가 그 어떤 나라보다도 급격하게 진행되어 왔다. 글로벌 경제구조 뿐만 아니라, 우리나라의 인구구성과 가족구성도 다른 나라에 비해 비교할 수 없을 정도로 빠른 속도로 변화하고 있다.

8.6.1 미국적 모델이 빈부격차를 만드나?

스웨덴 방문 중 문재인 대통령은 "그간 한국은 미국식 발전 모델에 따라 높은 성장을 이뤄냈지만 그만큼 극심한 양극화가 생겨나는 등 풀어야 할 과제도 많다"며 미국식 자본주의가 극심한 양극화의 원인이라고 주장했다(2019.6.14일 스웨덴 국빈방문 중의 발언). 이는 자본가들이 부의 대부분을 가져간다는 마르크스적 경제관에 입각한 대통령이 중용한 좌

파적 경제학자들의 일관된 시각이다. 그림 8-21은 상위1%의 소득 점
유율의 변화를 1800년대 후반부터 보여주고 있다. 우리나라의 극심한
빈부격차는 지금이 아니라 일제시대와 그 이전의 조선시대였다. 미국
과 일본 모두 2차대전 이후에 경제개발과 자유시장경제하에서 소득격
차가 급속하게 축소되었다. 한동안 빈부격차가 주류 경제학에서 관심
밖으로 벗어난 이유도 경제발전과 더불어 소득격차, 경제불평등이 축
소되어 왔기 때문이다.

> 미국의 경제학자 사이먼 쿠즈네츠(Simon Kuznet)가 이러한 역사적 관찰
> 에 입각해서 경제발전 초기에는 빈부격차가 늘어나다가 고도로 발전하면
> 다시 축소된다는 쿠즈네츠 가설이 한동안 사실로 받아들여져 왔다. 미국
> 자체도 소득격차가 2000년을 전후해서 적어도 톱 1%의 소득 비중이 크
> 게 변화하고 있는데 한국의 양극화가 미국식 발전모델에 따른 결과라면
> 어느 때 미국식 모델인가?
> 주의할 것은 최근 논문에 의하면 미국에서 상위 1%의 소득 비중이 높아
> 지고 있다는 통계도 의문시되고 있다는 점이다.

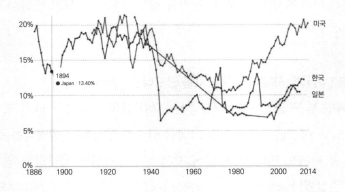

그림 8-21: 상위 1%의 소득집중률 (자료원: World Wealth and Income Database (2019))

재벌이 대체 무슨 죄를 지었다고

지금까지 소득 통계에서 미국의 사회보장 보험(우리의 국민연금에 해당)에 축적된 재산을 고려하지 않았는데 사실상 노후 기간이 길어지면서 이 보장성 보험의 재산 가치는 상당히 크기 때문에 저소득층의 사회보장성 보험을 고려하면 1%의 소득비중은 별반 변화가 없었다고 한다 (Chaterine et al, 2020). 우리나라도 가계의 현금 평균 자산에 비해 국민연금으로 기대되는 소득은 월등히 큰 것으로 보아 별반 다르지 않을 것으로 추정된다.

8.6.2 고도성장이 빈부격차를 만드나?

문재인 대통령은 "우리 경제의 어려운 부분은 신자유주의 경제정책과 고용 없는 성장 때문이라고 하고" 고도 성장이 양극화의 주범이라는 주장을 펴고 있다(2018.7.23, 수석 보좌관 회의). 소위 보수정권 하의 신자유주의가 빈부격차를 만들어 왔다는 정치적 구호를 우리사회는 반복적으로 하고 있다. 반시장주의자들의 신자유주의와 낙수효과 타령은 이론적 근거도 없는 선동으로 잘 알려진 것이지만, 우리나라의 소득분배에 관해서는 경제개발이 시작된 60년대부터 90년대 이전까지는 석유파동으로 흔들렸던 70년 후반을 제외하고는 지속적으로 개선되어 왔다는 것이 대략적 공감대이다(윤희숙 2016). 우리나라와 대만, 일본이 대표적으로 경제성장과 분배를 모두 잘 달성한 성공사례로 주목을 받아 왔다.

우리나라의 소득격차(지니계수)가 상승한것은 YS 집권기인 90년대 초부터 이명박 정권의 초기까지 약 20년간의 변화로 그림 8-22이 보여주고 있다. 문재인 대통령의 주장대로라면 우리나라는 YS, DJ와 자신도 참여한 노무현 정권이 신자유주의를 채택했고, 이명박 정부가 이전의 권위주의적인 정권(박정희, 전두환, 노태우 정부)과 함께 신자유주의를 버린 진보적 정부가 되는 것이다. 이는 우리나라가 90년대까지 급속도로 제조업 중심의 산업화를 했고, 90년대부터는 급박하게 탈제조업화를 한 결과라고 분석된다. 90년대는 중국이 드디어 등소평의 개혁, 개방 정책으로 세계의 공장으로 발돋움하는 시기이다. IMF 외환위기 직전 5년(1992-1997년) 동안 우리나라의 노동집약 산업의 급격한 고용구조의 변화를 겪게 된다. 섬유, 가죽, 신발 등 제조업과 농림 어업에서 고용이 40%가 줄고 이들은 자영업의 영세 서비스 산업으로 이동하여 숙박, 음식점, 도소매 유통점 등의 고용이 60-70% 늘어나는 급격한 일자리 이동이 발생하였다. 당연히 이들 영세 자영업 비중이 늘면서 임금격차는 확대된 것이다(윤희숙, 2016). 즉 90년대부터 거세게 진행된 세계화와 글로벌의 저임금 근로자가 두 배로 확대된 변화로(Freeman, 2005) 국제 경쟁력을 상실한 저학력 노동력이 낮은 생산성의 서비스 산업으로 대거 진입한 변화가 발생한 것이다.

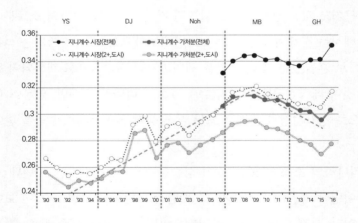

그림 8-22: 1990-2016년 우리나라 지니계수의 변화 (윤희숙, 2016)

특히 IMF 외환위기 전후에 김영삼 정권의 세계화에 따른 시장개방에 따른 고임금의 외국계 회사의 취업기회, 외환위기 이후의 기업들의 위험 회피적 경영으로 인한 투자부진에 따른 경제성장률의 급격한 저하 등 소득배분과 분포가 변화할 많은 구조적 변화들이 발생했다(신장섭, 2018). 이러한 변화 또한 재벌의 분배와는 무관한 것들이다.

고도성장이 양극화의 주범이라는 주장 또한 우리나라의 역사적 사실과 전혀 부합하지 않는 주장이다. 그림 8-23에서 95년부터 2019년 2분기의 가계수지동향의 데이터를 근거로 측정한 지니계수의 변화를 보면 경제가 위기에 처하고 성장이 마이너스이거나 둔화되었을 때 소득격차가 확대되었다는 것을 볼 수 있다. 소득격차 확대가 우리나라에서 경제가 위기에 처하거나 저성장할 때 확대해왔음에도 정반대의 주장을 서슴지않고 하고 있다.

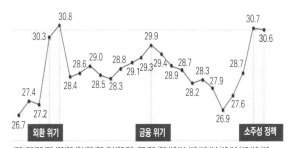

그림 8-23: 경제성장과 소득불평등

8.6.3 가속화하는 세계적 경제구조의 변화

장하성, 박상인 교수 등의 재벌 원죄론자들이 강조하는 우리나라의 경제 격차 확대는 우리나라에서만 나타나는 것이 아니라는 점이다. 맥킨지 컨설팅은 "아버지 세대보다 가난한 세대?"라는 보고서를 통해 선진국에서 모두 중산층의 실질 소득이 정체되고 있는 다음 세대의 경제불안을 보고 하고 있다. 이 보고서에서 장하성 교수가 청년들에게 분노해야 하는 근거로 제시하는 나라의 경제가 생산한 부 중에서 가계 소득이 차지하는 비중이 프랑스와 스웨덴을 제외하고는 전부 줄어들고 있다고 분석하고 있다(McKinsey Global Institute, 2016). OECD의 최근 보고서는 선진국에서 젊은 세대들이 과거 세대에 비해 중산층에 진입하는 비중이 낮아지고 있다며 압박을 받고 있는 중산층의 추이를 분석하고 있다(OECD 2019b).

> 선진국 경제가 모두 유사한 소득격차의 확대와 가계 실질 소득의 정체가 발생하고 있고, 예외없이 국가총소득에서 가계가 차지하는 비율이 줄고 있다(Van Reenen, Jand Patterson, 2017)는 같은 현상이 나타나고 있는 것을 무조건 재벌을 원인으로 지목하는 것은 타당할 수가 없다. 영국이나 미국에서 벌어지고 있는 양극화 논쟁을 재벌의 탓이라고 어떻게 말할 수 있으며, 일본의 지난 30년간의 경제 저성장과 어려움을 재벌이 만드는 기울어진 운동장의 탓이라고 말할 수 있는가?

그림 8-24는 1900년대부터 상위 1%의 선진국들의 상위 1%의 소득 점유율의 변화를 보여주고 있다. 90년대 들면서 큰 변화가 있었고 그것이 빨리 시작해서 가파르게 오른 미국, 영국, 캐나다, 아이랜드, 호주가 있고 프랑스, 일본, 스페인, 네덜란드, 덴마크 그보다 늦게 시작해

서 완만하게 오르고 있다. 그렇다면 지금 누가 후자가 앞의 그룹보다
더 건강하고 강한 경제를 만들고 있다고 자신 있게 말할 수 있는가?
스페인은 물론, 잃어버린 30년의 일본과, 유럽의 환자로 불리우는 프
랑스는 마크롱 대통령에 의한 수술을 기다리고 있는 중이다. 반면에
아일랜드는 OECD 상위 25개국가 중에서 일인당 국민소득 순위가
1970년에 23위에서 2018년 2위로 올라있는 성공 사례 중의 성공 사
례다.

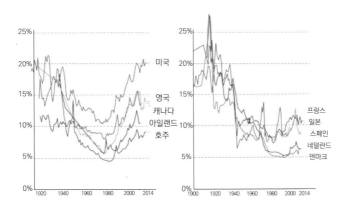

그림 8-24:상위 1% 소득점유율 변화 (자료원: World Walth and Income Database (2018)

우리나라는 미국과 같이 상위 1%의 소득점유율이 크게 증가하는
것으로 보여진다. 하지만 이는 글로벌화와 디지털 경제화의 성공의 결
과가 만들어 낸 것이다. 앞에서도 설명했듯이 전세계에서 성공하는 과
거와는 비교할 수 없는 슈퍼스타 기업들이 큰 이익을 내면서 나타나는
현상이다. 반면에 2000년대 이후 글로벌화의 급속한 진행으로 개발도
상국가들이 선진국의 제조업을 흡수하고 있다.

우리나라의 급속한 고령화와 핵가족화가 가계 소득과 상대적 빈곤율의 변화를 가져오는 결정적인 원인으로 1980년대에는 소득 10분위 중에서 최하위 1,2분위 가계의 가구주의 나이가 39세, 36.9세로 연공서열이 낮은 가구주의 가계가 빈곤한 가계였으나 2016년은 1분위의 가구주의 나이가 65.3세로 핵분열화한 노인가구가 우리나라의 빈곤층으로 분류되고 있음을 보여준다(윤희숙 2016). 즉 가계소득 분포는 가구의 분포에 영향을 받고 있고 우리나라는 다른 나라에 비해 가구의 핵분열과 고령화가 급속도로 진행하는 것이 소득 격차의 변화 요인임을 보여준다. 이와 동시에 미혼 가정, 이혼가정 등의 구성비도 크게 늘고 있어서 소득 분포에 영향을 미치고 있다.

다른 한편으로 경제가 급속하게 지식산업화하면서 교육의 기한이 크게 증가하고 있다. 학업기간의 연장은 결혼과 경제활동의 시작을 크게 미루고 있고, 지식산업은 여성의 경제 참여를 확대해 왔고 우리나라도 급속하게 그러한 변화 속에 있다. 지식산업화의 심화는 선진국에서 제조업에서의 연장근로에서 오는 수익보다 월가나 소프트웨어 엔지니어 등의 긴 노동을 더 크게 보상하는 시대로 바뀌고 있다. 이 연장된 교육기간은 미래의 더 많은 수익을 기대한 자발적 선택의 가난한 투자기간이고 이것이 소득격차 확대의 한 원인이 되고 있다(Fuentes and Leamer, 2019). 교육에 대한 투자기간의 확대에 따른 경제활동과 결혼, 출산의 시기가 미루어 지고 있는 것은 우리나라가 미국 등 선진국 보다 더 가파르다.

이러한 모든 변화는 재벌의 임금 배분으로 설명되지 않는 기업 밖의 거대한 변화들이다. 그리고 이런 변화에 빨리 적응하면서 나타나는 변화는 결코 나쁜 것이 아니다. 그 구조변화에 영향을 받는 주체들이 얼마나 고통을 덜 느끼면서 변화에 적응할 수 있느냐에 우리의 미래가 달려있지 그 변화의 원인을 엉뚱한 곳을 지목하거나 일방적, 부정적인 것으로 해석하는 것은 매우 위험하다.

8.6.4 위험한 고임금의 유혹

재벌(대기업)의 기울어진 운동장 가설을 주장하는 사람들의 임금의 차이에 대한 과도한 집착은 매우 위험한 결과를 초래하고 있다. 바로 소득주도(임금주도) 성장론의 부작용이 그것을 말해주고 있다.

그림 8-14의 OECD의 개인의 임금과 가계 소득과의 관계를 보면 가계 소득은 가계 구성원의 소득원을 모두 합한 것이 된다. 즉 개인의 소득도 중요하지만 한 가계에 얼마나 많은 구성원이 소득을 발생 하느냐가 가계의 소득을 결정한다. 2019년 2분기 가계수지동향을 보면 우리나라 소득 5분위별 가구원과 취업자수, 그리고 가구주 연령은 표 8-2와 같다. 가구원수 대비 취업자 수의 비율은 1분위가 28%에서 5분위는 61%로 증가한다.

표 8-2: 소득분위별 가구원수, 취업자수, 가구주 연령 (2019년 2분기) (자료원: 통계청)

소득분위	1	2	3	4	5
가구원수	2.39	2.91	3.18	3.41	3.45
취업자수	0.68	1.25	1.50	1.80	2.10
가구주 연령	63.8	53.3	49.7	49.6	50.6

우리는 여기서 명백히 가구에 취업자수(소득원)가 가계 소득을 좌우하는 큰 요인이라는 것을 알 수 있다. 즉 한 개인의 소득이 얼마나 높은가 만큼 얼마나 많은 구성원이 경제에 참여할 수 있느냐는 취업의 기회가 중요함을 알 수 있다. 그런데 최근의 과격한 최저임금 인상과 같

이 기업에게 생산성과 무관하게 과도한 임금 압력으로 고용기회가 감소해서 가계 소득은 감소하는 역효과가 발생하는 것이다. 노동력의 질의 격차를 무시하고 임금 격차를 지나치게 강조하는 정규직, 비정규직의 차별화 논란이 자칫 그들의 고용을 더 빨리 자동화나 해외로 이전하는 결과를 초래할 수 있다. 즉 개인의 임금과 가계의 수입 사이에는 가계 구성원의 취업자 수라는 변수가 존재하고 이것이 역설을 만들어 낸다는 점에서 재벌 원죄론자들은 매우 위험한 주장을 하고 있고, 그 결과 소득주도성장 정책은 우리경제에 많은 부작용을 초래하고 있다.

한때 유럽의 환자로 치부되던 독일은 천문학적 통독의 비용을 감당하면서 유럽에서 가장 강한 경제로 어떻게 부상하게 되었는가에 대한 많은 가설이 존재해 왔다. 하르츠 개혁 등 노동개혁, EU와 유로존 편입에 따른 환율에 의한 경쟁력 등이 가능한 설명으로 등장했다. 하지만 이러한 가설은 논리적, 실증적 검증을 통과하지 못했다. 그림 8-25과 같이 독일이 부흥한 비결은 생산성 보다 임금이 낮게 상승했기 때문이다. 1달러의 상품을 생산하기 위해 들어가는 임금(단위 임금)이 1995년부터 2012년까지 다른 서방의 경쟁국가들과는 달리 지속적으로 낮아져 왔던 것이 국제경쟁력을 갖게 된 비결이라는 것이다(Dustmann et al. 2014). 이러한 임금의 추세가 모든 산업과 기업에서 나타나는 것이 아니다. 무역을 하는 대기업들의 단위임금은 올라간 반면 그렇지 못한 바로 하청업체 등에서 급격하게 내려갔다. 장하성, 김상조, 박상인의 논리대로라면 독일에서 비극적인 하청업체 착취가 발생한 것이다.

최근 일본의 경쟁력이 일부 회복 기미를 보이는 것은 일본 또한 지난 20년 가까이 독일과 같이 생산성 보다 임금이 낮게 오르고 있기 때문이다. 이것이 개방경제에서 냉정한 현실이어서 임금주도 성장론을 주창한 ILO 보고서마저 개방경제에서는 임금주도가 아닌 이익주도 성장일 가능성이 크다고 결론을 내리고 있다(Lavoie and Stockhammer, 2012).

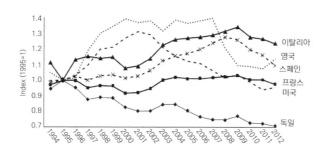

그림 8-25: 단위 노동 임금의 추세 (Lavoie and Stockhammer, 2012)

이러한 이유로 포용적 성장은 지나친 임금보다는 고용의 기회를 강조하고 우리나라에 노동시장의 유연성을 도입해서 기업들이 고용친화적으로 변화할 수 있는 개혁을 줄기차게 권고해 왔다. 하지만 기울어진 운동장론자들은 그 반대가 답이라고 주장하는 것이고, 그것이 문재인 정부의 소득주도 성장이 참혹한 실패를 만들어 내며 좋은 일자리를 파괴하고 정부는 서들러 노인 알바자리로 일자리 통계 분식을 하는 원인이다. 소득주도 성장은 임금과 고용기회라는 대립되는 요소간의 균형을 잡아야 한다는 사실을 무시하는 선동적인 노동 운동가들의 정치논리일 뿐이다.

8. 7 "기울어진 운동장" 괴담의 결론

우리나라 재벌 대기업이 세계적으로 성공하는데 인건비 따먹기 하는 하청업체의 기여가 결정적일 수 없다. 삼성전자의 스마트폰의 중요한 부품은 계열사가 공급하고, 퀄컴과 같은 글로벌 회사가 중요부품을 공급한다. 나마지 부품의 기여는 지극히 적다. 그리고 대기업 하청업체들은 대기업에 납품하지 못하는 기업들보다 이익이나 매출성장도 크게 앞선다. 그런데 아무런 데이터도 없이 평균 임금 차이만 갖고 착취론과 납품가 후려치기를 한다고 주장한다.

자유시장경제에서 착취가 일어날 수 없는 이유는 밀턴 프리드먼이 명료하게 설명하고 있다. "자유 시장에서 가장 중요한 한가지 중심적인 사실은 거래 당사자들이 서로에게 이익이 되지 않으면 거래가 성사되지 않는다는 점이다."그래서 "자유" 시장경제인 것이다. 거래 당사자들은 자신의 협상력을 이용해서 최선의 가격을 협상할 뿐이다. 이때의 유리한 결과를 위해 협상력을 높이는 것은 거래당사자들의 몫이지 기울어진 운동장 선동가들의 판단이 아니다.

우리는 이 장에서 기울어진 운동장의 가설을 차례로 짚어 보았다. 모두 데이터가 틀렸거나, 인과관계 없는 데이터들을 연결해서 엉터리 해석을 하고 있거나, 데이터의 해석을 일방적으로 또는 거꾸로 하는 경우가 대부분이다. 성공을 실패로 포장하고, 양면성이 있는 데이터를 일방적으로 편향하는 왜곡이라고 지적해 왔다. 한 예로 우리나라의 노동소득 배분율이 적은 것을 갖고 "이번 조사결과는 대기업 위주로 질주해온 한국 경제의 한계를 여실히 보여주었다. 이는 고용축소, 대·중소기업 간 양극화, 기업·가계 간 소득격차 확대를 초래했다. 대기업 위주의 성장정책은 낙수효과가 없는 '그들만의 잔치'라는 뜻이다"라며

"이제 수출 대기업 중심의 경제패러다임을 전환할 시기가 됐다. 그동안 대기업을 위한 규제완화와 감세로 경제 문제를 해결하려 했지만 실패했다. 시민들의 소득을 높여 성장을 추구하는 것도 한 방법이다. 이제 새로운 접근이 필요하다."라고 단정한다(한겨레 신문).

그들은 재벌이 없다는 나라들, 다른 선진국에서 같은 추세라는 것도 무시하고, 그 데이터는 자영업자의 소득을 어떻게 분류하느냐에 따라 전혀 다른 수치를 만들어 낸다는 사실도 도외시한다. 그리고 기업의 이익이 감소하면 이 비율이 올라간다는 사실도 인지하지 못한다. 2018년 한국에서, 경제가 폭망한 브라질과 아르헨티나 이탈리아에서 발생한 현상이다. 재벌개혁론자, 경제민주화를 주장하는 사람들의 공통점은 한국을 글로벌 경제에서 완전히 독립된 시스템으로 설명하는 것이다. 전세계적으로 재벌과 무관하게 공통적으로 발생하는 현상도 재벌을 원인으로 지목하기 위해서 철저하게 글로벌 데이터와 변화는 독자들에게 철저하게 숨긴다.

동반성장과 상생을 주장하는 사람들의 방법론은 자유시장경제의 원칙, 즉 사는 사람들은 가능한 싸게 사고, 파는 사람들은 가능한 높은 가격을 받으려고 최선을 다한다는 규범을 무시하는 반시장적 방법론을 제시하고 있다. 이들은 대기업이 스스로 원가를 높여서 생산하라는 주장을 하고 있다.

문제는 신장섭 교수가 한탄한 바대로 "소득 격차와 실업률이 재난에 가까운 상황"이라는 장하성, 김상조, 박상인의 괴담이 문정부의 경제정책의 경전이 되었다는 점이다. 그리고 이 괴담을 믿고 대통령이 기회가 있을 때마다 국민들에게 민망하리만큼 무식한 가짜 뉴스를 반복하고 있다는 점이다. 작은 경제라도 여기에는 수 많은 요소들이 영향을 미친다. 특

히 한국경제는 어떠한 나라보다 글로벌에 깊숙하게 연결된 경제다. 우리나라에서 나타나는 변화는 그래서 글로벌 경제의 거시적 구조적 변화에 크게 영향을 받는다. 그런데 기울어진 운동장을 주장하는 사람들은 오로지 하나의 변수, 재벌로 모든 것을 몰고 간다. 우리나라 재벌의 독특한 행태가 영향을 줄 수도 있다. 그렇지만 그것은 전체 변화의 극히 작은 부분일 수 밖에 없다.

이들의 주장이 비현실적인 이유는 이들은 분배에만 집착하고 있다는 점이다. 경제는 생산 요소들을 얼마나 혁신적으로 결합하느냐에 따라 부가 만들어진다. 그리고 그것은 분배를 시장원리에 벗어나 강요할 때는 생산(투자)이 이루어지지 않는다는 사실이다. 이의 연결관계를 무시한 주장은 운동없이 식품을 많이 섭취하면 건강하게 성장할 수 있다는 것과 다름없다.

이런 거짓 선동의 더 큰 해악은 청년들을 호도하고 있다는 것이다. 장하성의 '왜 분노해야하는가'의 인터넷 서점에 달린 댓글은 섬찟하기만 하다. "내 잘못이 아니야"라며 지금의 사회적 문제는 다 재벌들이 잘못해서 발생하고 있다는 희생양을 자처하는 청년의 절규가 있다. 이는 인생을 자기 책임 하에 살지 않고 사회에 끊임없는 보상을 요구하고, 피해자를 자처하고 피해자들을 결집해서 무차별 공격을 감행하는 피해자 문화의 부상과 궤를 같이 한다(Campbell and Manning, 2018). "객관적 데이터로 분석, 설명하니 더 신뢰가 간다"는 말에서 나는 소름이 끼쳤다. 경제에 대한 지식이 얕은 청년들이 이 명문대 교수들의 선동과 괴담에 준하는 주장들에 동원된 통계와 도표들을 그대로 믿고 있는 것이다.

　재벌이 대체 무슨 죄를 지었다고

8장의 결론은 이렇다. 한국의 불평등에 분노해야 하는 것이 아니라, 한국의 정치적 관변학자들, 시민운동가를 자처하며 권력에 접근해간 학자들의 사회과학도로서의 기본적 양심과 연구 방법론의 훈련을 의심케 하는 괴담으로 청년들을 선동하고 있다는 사실에 분노하여야 한다. 이런 비논리적이고 비과학적 주장들을 하는 사이비 학자들이 정치지도자들에게 정책 브레인으로 모셔지는 것을 방관해온 우리 지식사회의 낮은 지력이거나 비판을 회피하는 침묵의 카르텔에 분노해야 하는 것이다. 장하성의 선동이거나 확증편견, 그리고 그것에 대한 사리판단 능력이 없는 문재인 대통령이 나라를 망치고 있다고 나는 확신하고 있다(이병태, 2018.10.3 조선일보 시론, 장하성 정책실장의 확증편견이 나라를 망친다).

IX

문어발경영

"Practical men, who believe themselves to be quite exempt from any intellectual influences, are usually the slaves of some defunct economist"

자신이 어떤 지적 영향으로부터 자유로운 사람이라고 믿는 습관적인 사람들은 사실은 폐기된 경제학자들의 노예들이다.

- 경제학자 존 메이나드 케인즈 (John Maynard Keynes)

9

[온 국민이 재벌 참여연대]
재벌의 문어발 경영

9.1 온 국민이 합창하는 "문어발 경영" 질타

재벌하면 지금까지 논의한 황제 경영과 함께 "문어발 경영"이 떠오를 정도로 재벌이 절제되지 않은 탐욕의 대명사가 되어 있다. 재벌이 문어발식 사업영역과 선단식 경영을 통해 재벌의 경제적 집중이 심화되었다는 인식은 광범위하게 공유되고 있다. 이러한 비판은 보수, 진보를 가리지 않는다.

보수 언론을 대표하는 조선일보마저 사설을 통해 문어발 대기업의 종말까지 시간이 얼마 남지 않았으며 재벌 대기업들은 거의 대부분 온갖 분야에 문어발식으로 계열사를 확장해 왔다고 질타합니다. 재벌들이 진출한 사업 분야가 판박이처럼 닮았고, 경쟁력보다는 구색 맞추기로 확장하다 보니 누구나 만들 수 있는 범용 제품을 팔면서 명백을 유지하는 데 급급하는데 이제는 기업의 역량을 한곳에 집중해야 살아 남을 수 있다고 친절한 조언을 한다. 그리고 "확실한 것은 재벌 문어발식 경영의 유효성은 끝났으며 여기에 안주하는 재벌이 종말을 맞는 데는 그렇게 긴 시간이 걸리지 않을 것이다"라고 강력한 경고와 단정을 한다(조선일보 2015.10.31자 사설).

이러한 비판은 기존의 재벌에 국한하는 것이 아니다. 메신저로 시작해서 금융, 포탈, 게임, 음원, 웹툰 소설, 엔터테인먼트, 모비릴티, 커머스 등에 진출하고 있는 카카오에 대해 "혁신은 사라지고 문어발식 재벌경영 따라하기라며 카카오의 늘어나는 사업영역과 카카오 김범수 의장의 재벌 총수식 리더십이라고 비판을 한다(인베스트조선, 2018.07.26 기사).

이처럼 오지랖 넓은 훈계 뿐만이 아니다. 2018년 당시 김상조 공정거래위원장은 총수 일가는 주력기업 주식만 보유하고 비장장 주식을 정리하라며 "지분을 계속 가지고 있다면 공정위의 조사 대상이 될 것"이라는 협박성 경고를 했다(2018.6.14, 중앙일보 기사). 외국에서 이런 일이 벌어졌다면 난리가 났을 것이다. 이는 국가권력의 초법적 직권남용이자 재산권 침해로 헌법의 시장경제를 부정하는 발언이다. 그러나 우리나라에서는 이 사안이 논란이 되지 않았다. 그만큼 재벌의 문어발 경영을 문제로 보고 개혁대상으로 보고 있는 것이다. 김 상조 당시 공정거래 위원장의 재벌의 광범위한 사업영역에 대한 부정적 인식은 이미 참여연대와 그 위성조직인 경제개혁연대 시절부터 줄기차게 주장해온 "재벌 저격수"의 오래된 소신이다.

우리는 이러한 재벌의 문어발 경영에 대한 언론과 학자들의 훈계와 권력 특히 문재인 정부의 초법적 요구에 대해 문제의식이 없다. 그런데 가만 생각해 보자. 시장경제에서 누가 무슨 사업을 하든 그것은 사업가들의 선택일 뿐이다. 그리고 대부분의 나라에서는 사업가들이 투자를 해서 사업을 널리 확장해 주면 고맙게 생각한다. 그런데 재벌이라는 자본가들이 왜 많은 사업을 하는 것에 대해 사업 영역이 시비의 대상이 되어야 하는가?

> 이들이 시비를 거는 것은 바로 사업의 영역, 즉 사업 포토폴리오다. 그런데 언론인이나, 대학의 학자, 소위 시민운동가, 공무원들이 특정 기업이 어떤 사업을 해야 잘되고, 망하고 하는 판단을 사업가들보다 잘 할 수 있다고 믿는가? 그렇게 곧 망하는 사업모델을 왜 우리나라 대기업들은 수십 년째 정부와 사회의 갖은 구박을 받으면서도 그 선단식 경영을 악착같이 고수하고 있는 것일까? 우리나라에는 정말 기업인들보다 기업을 더 잘 이해하고 사업을 잘 구상하는 전문가로 가득한 나라인가? 어림없는 말이다. 그런 사람들이 왜 사업을 안하고 매일 훈수만 두고 있을까? 9 장에서는 이들의 훈수가 얼마나 어이 없는짓인지를 설명하려고 하는 것이다.

이들은 '재벌 기업은 악'이라는 미신과 재벌 기업의 사업영역을 제한하면 거기에서 중소기업이 크게 자라서 양극화를 해소하고 민주화된 경제를 만들 수 있다는 주술을 믿는 사람들이다.

9. 2 문어발 경영, 한국 재벌만의 이상한 짓인가?

우선 재벌의 문어발식 사업영역의 확장과 선단식 경영이 한국에서만 있는 일인지를 보자. 아시아와, 남미, 이탈리아 등에 광범위하게 재벌 그룹들이 존재하고 있다는 것은 잘 알려진 사실이다. 서방국가들

은 어떠한가? 우리 사회의 재벌의 문어발 경영에 대한 만연한 질타와
는 달리, 다양한 기업집단(Business Groups)들이 서방국가들에서도 경제
에 핵심적이고 절대적인 힘으로 존재해왔고, 경제환경, 제도의 변화에
따라 지속적으로 진화해 왔으며 그러나 끈질긴 회복력을 갖고 지속되
고 있다는 것은 어느 나라나 예외가 아니라는 것은 영국, 벨기에, 네덜
란드, 독일, 프랑스, 스웨덴, 이탈리, 스페인, 포르투갈, 미국, 호주, 캐나
다의 역사와 사례가 증명하고 있다(Colpan and Hikino, 2018).

　아래 표는 2014년 전후로 서방 국가에서 문어발 경영을 하는 기업
집단 상위 20개를 요약한 것이다. 매출액이 20조에서 200조를 넘는
기업군들이고 보다시피, 거의 모든 나라에 가문이 지배하는 거대한 다
각화 기업집단들이 존재한다.

표 9-1: 서방국가의 대표적 다각화 기업집단 (Colpan and Hikino, 2018a)

순위	그룹 이름	국가	매출액 (연도, 단위 백만불)	지배 가문
1	버크셔 해다웨이	미국	194,673(2014)	워렌 버펫
2	발렌베리 (Wallenber) 그룹	스웨덴	182,000 (2013)	발렌베리 가문
3	엑소(Exor) 그룹	이탈리아	148,043 (2014)	앙겔리 (Agnelli) 가문
4	핸델스뱅켄 (Hendelsbanken) 그룹	스웨덴	140,000 (2014)	없음
5	코흐(Koch) 인더스트리	미국	115,000 (2014)	코흐 가문
6	카르딘 마쎄손 (Kardine Matheson)	영국,홍콩	82, 782 (2014)	케스윅 (Keswick) 가문
7	웨스파머스	호주	49,235 (2014)	없음
8	그룹 브윅(Bouygues)	프랑스	40,131 (2014)	브윅 가문
9	그룹 아놀트 (Arnault)	프랑스	39,020 (2014)	아놀드 가문
10	웨스톤(Weston) 그룹	캐나다	37,890(2014)	웨스톤 가문

11	파워어 코퍼레이션 캐나다	캐나다	36,778	데스마라아스 가문
12	J.D 어빙(Irving) 유한화사	캐나다	30,000 (2011)	어빙 가문
13	스와이어(Swire)그룹	영국	28,974 (2014)	스와이어 가문
14	아메리코 아모림 (Amorim) 그룹	포르투갈	25,063 (2010)	아모림 가문
15	버진 (Virgin) 그룹	영국	24,000 (2012)	리차드 브랜손
16	다나허 (Danaher)	미국	19,914 (2014)	없음
17	이칸(Icahn) 엔터프라이즈	미국	18,758 (2014)	칼 이칸
18	SHV 그룹	네덜란드	18,051 (2014)	펜더너 반 브리신겐 (Fentener van Vlissingen) 가문
19	레더만 (Rethmann) 그룹	독일	14,774 (2014)	레더만 가문
20	로위스(Lowes) 코퍼레이션	미국	14,572 (2014)	티쉬(Tisch) 가문

우리나라의 좌파진영에서 숭배하고 있는 북구 유럽의 '복지 국가' 중에 하나인 스웨덴의 발렌베리(Wallenberg)가문을 보자. 2015년 기준으로 이 가문이 통제하는 사업의 시가 총액은 2500억유로(한화 약 330조 원)이고, 대표 사업으로는 항공사인 SAS, 그리고 지주회사를 통해 장악하는 사업은 해양에너지 및 발전, 항공 및 국방, 나스닥 주식거래소, 의료산업, 에릭슨의 통신장비, 전자, 자동화설비, 호텔, 은행, 사모펀드사, 산업용 기계, 제약사, 정원용 기구 제조사 등 방대하고, 가문이 100% 지분을 갖고 있는 비상장 지주회사를 통해, 펄프 및 제지, 베어링 제조회사, 임업, 엔지닝어링, 철강 회사 등 20가지 산업에 진출하고 있다 (Financial Times, 2015). 재벌 상속이 세습자본주의를 만들고 있다는 한국의 아우성과는 달리 스웨덴이 세습자본주의로 망하고 있고, 빈부격차가 양극화되고 있다고 주장하는 사람들은 본 적이 없다. 하지만 발렌베리

가는 1856년 앤드레 오스카 발렌베리가 은행을 창업한 이래 5대째 내려오며 이 사업 제국을 경영하고 있다. 그리고 놀랍게도 5대를 이어오는 이 재벌의 성공요인 중에는 흔들리지 않는 장자가 경영권을 상속한다는 1,2 세대에서 성립된 가문의 전통을 들고 있다 (Lindgren, 2002). 70년대 이 가문의 사업체는 스웨덴 고용의 40%, 그리고 스톡홀름 주식시장의 시총 40%를 차지할 정도로 스웨덴 경제에 압도적인 위치의 문어발 경영을 하는 기업집단이다.

우리가 책 앞에서 소개한 바대로 미국의 코흐 인더스트리의 코흐 가문은 6대를 걸쳐서 가문이 지배하면서 제조, 정유, 화학, 에너지, 광섬유, 광업, 펄프 및 제지, 비료, 농장, 금융, 무역 등 수많은 산업에 문어발 경영을 하고 있다. 미국에 더 큰 재벌 가문 카길도, 곡물, 사료, 화장품, 바이오 산업, 식품 및 음료, 제조, 제약, 물류, 금융 등에 광범위한 문어발 사업을 하며 6대째 족벌 황제경영을 하고 있다. 사업의 다각화 입장에서는 한동안 미국에서 가장 존경하는 기업으로 칭송 받던 GE의 문어발 경영은 유명하다. 디지털 혁명의 광풍이 불어서 기업의 순위를 다 뒤집어 놓기 전까지만 해도 잭 웰치가 이끌던 GE는 시가총액으로 마이크로소프트 다음으로 세계 2위의 기업이었다. 가전, 발전설비, 수송장비, 플라스틱, 조명기기 사업부, 한 때 GE캐피탈은 시티은행보다도 규모가 큰 카드회사이지만 외국에서 다수의 은행을 소유했었다. NBC라는 방송국도 갔고 있었던 다각화된 문어발 경영의 회사였다.

이 밖에도 F1(Formula One) 자동차 경주로 유명한 영국의 맥라렌 테크놀로지 그룹은 포뮬라 원, 소비자 가전, 식품 및 식당, TV방송사업, 자동차,경주용 자동차와 자전거에 기술을 제공하는 테크놀로지 회사 등 다양한 사업을 운영하고 있다. 홍콩에서 시작해서 영국과 홍콩에서 사업을 하고 있는 스와이어 그룹은 부동산 개발회사, 유조선을 운영하는 해운사, 일반 해운사, 바이오디젤 에너지 회사, 유전 현장을 지원하는 사업과 코카콜라 제조회사 등 다양한 사업을 운영하는 문어발 회사다. 그 밖에도 베스트웨이 구룹(Bestway Group)도 영국의 대표적인 대규모 고용을 일으키는 다각화 기업집단(Conglomerate)다. 이 그룹은 도매, 시멘트, 은행 등 전혀 관련성 없는 사업 군을 운영하고 있다.

BMW를 지배하고 있는 독일의 가장 큰 재벌 운트(Quandt) 가문은 1883년부터 자동차 산업을 시작으로 3대에 걸쳐 제약(Heel), 물류 (Logwin), 디지털 보안(Gemalto, Datacard), 풍력발전(Nordex), 탄소섬유 제조 (SGL Carbon), 특수 화학(Altana) 등에 투자하고 있다. 물론 대부분의 부는 BMW 주식이고 이들 가문의 후손들이 지금도 BMW의 이사회에 적극 참여하고 있다.

이탈리아의 앙겔리 가문은 보험, 피아트 크라이슬러 자동차, 중장비 회사, 페라리 고급 자동차, 이코노미스트 언론, 이탈리아 축구 명문팀을 운영하고 있다.

이처럼 모든 나라에는 사업이 다각화한(문어발 경영을 하는) 기업집단들이 존재하고 있고 한국 재벌의 모습은 그런 모습 중에 하나일 뿐이다. 마치 한국에만 있는 괴물처럼 몰고가는 것은 재벌의 악마화 선동의 일환일 뿐이다.

여기서 주목해야 하는 것은 기업의 다각화나 기업집단의 지배구조는 재벌들의 도덕적 선택의 결과가 아니라는 것이다. 어느 기업이든 사업가들은 그 나라의 제도와 환경하에서 최적의 사업전략과 조직구조를 추구하게 되어 있다. 그런데 우리나라의 재벌 개혁론자들은 왜 우리나라 재벌들이 지금과 같은 구조를 갖고 있는지에 대한 이해없이, 그리고 무엇이 최적인지에 대한 경영학이나 기업지배구조, 기업의 사업전략에 대한 이해도 전혀없이 자신들이 생각하는 이념적 구조와 다르다는 이유만 갖고 문어발 경영을 비난하고 재벌 해체 내지는 개혁을 주장해 왔다는 점이다.

9. 3 왜 한국의 재벌 그룹은 문어발 경영, 다각화 전략을 사용하는가?

기업은 진공에서 사업을 하는 것이 아니라 한 국가 경제의 환경하에서 사업을 한다. 기업 또는 기업집단이 나라마다 다른 다각화와 집단화 경향을 보이는 것은 그 나라의 경제 및 경영환경이 상이하게 다르고, 기업들은 그 환경에 적응하는 진화를 한 결과다(Wan, 2015).

기업들이 집단을 형성하고,전문화가 아닌 사업과 지역 다각화 전략을 구사하는지를 경영전략상의 이론은 다음의 도식과 그림 9-1과 같다.

나라마다 그 나라가 갖고 있는 생산요소와 경제를 지배하는 제도와 문화가 다르다. 생산요소로는 토지, 노동(인재), 자본, 기술 등을 말한다. 한편 제도는 시장에 대한 규제, 법치, 기업과 부에 대한 사회적 인식과 압력 등을 지칭한다.

선진국은 수준 높은 생산요소가 풍부하고 언제나 쉽게 획득할 수 있고 제도는 안정적이다. 그래서 이러한 선진국 기업들은 환경으로부터 조달이 가능한 요소들을 시장에서 경쟁에서 이길 수 있게 더 효율적으로 결합하는 혁신과 생산 능력에 집중한다. 경쟁자들도 이러한 자원의

조달이 쉽기 때문에 전문화하지 않으면 전문화해서 생산성과 혁신성
이 더 높은 경쟁자들에게 시장에서 쉽사리 퇴출될 수 있다. 그것이 선
진국 기업들이 전문화에 집중하고, 그렇게 축적한 경쟁력으로 쉽사리
지역적 다각화(세계화)를 통해 세계 시장을 장악하는 지역 다각화 전략
을 구사한다.(그림 9-1)

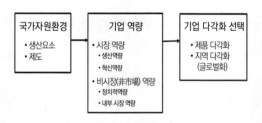

그림 9-1: 국가 자원환경과 기업의 경쟁 역량과 다각화 전략 (Wan 2015)

반면에 개발 도상국들은 생산요소가 부족하고 질도 낮으며, 많은 기
업들은 정부가 그 자원을 할당하는 막강한 힘을 구사한다. 대한민국이
대표적인 나라다. 이런 환경에서는 생산요소와 부족한 자원을 누가 획
득하느냐가 국내에서 경쟁력을 좌우한다. 개발도상국의 나라들은 제
도도 불안하고, 법치와 재산권의 존중도 미약하다. 정권에 따라 정책
이 조변석개를 하는 불확실성이 상존한다. 최근에 문재인 정부가 들어
서면서, 몇십년간 아무런 문제가 없다고 했던 파리바게트의 제빵사 파
견 근무가 노동운동권 출신의 장관 임명으로 하루 아침에 불법으로 행
정부가 해석하여 해당 기업이 큰 홍역을 치룬 일이나, 전 정권에서 정
부 해당 부처의 검토와 승인을 받아 진행한 삼성바오이로직스 자회사
기업가치 재평가가 그 문제를 끈질기게 제기해온 시민단체 출신의 금

감원장이 임명되면서 돌연 불법, 회계부정으로 돌변하는 것과 같은 일이 제도와 법치의 불안정성을 보여주는 사례다. 우리나라의 경제정책의 불확실성에서 오는 기업들의 애로는 헤아릴 수 없이 많다. 막대한 투자와 고용을 일으켜서 사업을 하고 있는 대형 유통점들에게 골목상권을 보호한다는 명분으로 월 2회 휴무를 강요하는 것은 다른 나라에서 상상도 할 수 없는 재산권 침해이고 소급입법에 의한 규제다. 막대한 투자와 고용으로 사업하고 있는 도심면세점, 언론사를 정부가 재인가 제도로 기업의 생명을 끊을 수 있는 나라가 대한민국이다. 이는 시장의 승자와 패자를 정부가 결정하고 시장을 할당하는 것으로 경제적 자유와 재산권 보호가 강한 선진국에서는 상상도 할 수 없는 일이다.

경제정책의 불확실성이 커지면 자본시장의 변동성도 커지고, 투자가 감소하고, 이러한 영향을 받는 산업의 고용이 감소하는 등 경제와 불확실성은 상극이다(Baker et al. 2016). 그리스의 경제위기도 이러한 그리스의 정책과 정치적 불확실성의 관리의 실패가 투자, 생산, GDP, 고용, 가계저축, 경제심리, 주식시장의 변동성을 높이고 그래서 안전자산으로의 자금 이동을 촉진하며 경제 위기로 진입했다(Hardouvelis et al., 2018).

따라서 이러한 불확실성이 높은 환경에서는 기업은 가변적인 불확실성에 늘 대비하는 능력이 중요할 수 밖에 없다. 변동성이 높은 주식시장에서 위험을 회피하고 수익률을 보호하는 수단은 당연히 '계란을 한 바구니에 담지 말라'는 금언처럼 투자 종복을 다양화하는 포트폴리오 구성이다. 기업도 동일하다. 사업환경에 변동성이 크면 사업의 구성을 다양하게 다각화해야 하는 것이다. 나라별 다른 자원환경에 따라 기업의 구조와 능력이 다르게 진화한다는 이론(Wan, 2015)은 중국에서도 실증적으로 입증되고 있다. 경제 정책의 불확실성은 기업의 다각화와 관련이 깊다(Hoang et al., 2019).

이러한 환경하에서는 정부의 희소 자원 배분을 받아내는 정치적 역량이 매우 중요하고, 이미 확보된 자원을 다른 사업에 재활용하는 것은 상대적으로 유리할 수 밖에 없다.

이미 재벌의 피라미드, 순환출자 구조가 그 나라 기업들의 자금 조달의 용이성에 따른 결과라는 것은 앞에서 설명한 바가 있다. 창업자금의 조달이 자본시장에서 용이하지 않으니 계열사의 내부 자본을 활용해서 투자를 한다. 우리나라는 글로벌 사업역량이나 언어 능력을 갖춘 인재들이 매우 부족했고, 교육이나 사회경험도 이러한 능력을 배양해주지 못해왔다. 그 결과 재벌기업들은 내부 직원의 교육에 엄청난 자원을 쏟아붓고 있다. 이들의 교육 역량은 대학을 능가한다. 이 또한 내부시장 역량과 규모의 경제가 없으면 불가능하다. 우리나라에서 대기업과 중소기업간의 노동력 이동이 차단되고 분절되어 있는 근본적 이유 중에 하나가 이처럼 인재양성이라는 내부 시장의 능력차이에서 오는 근로자들의 교육훈련의 기회의 차이가 원인이다.

개도국이라고 해도 영토와 인구가 작은 나라들은 정부가 생산요소를 개발하고, 일부 잘하는 기업들에게 몰아주어도 국제 경쟁력을 갖는 규모의 경제를 달성할 수 없다. 그래서 이들 소국들은 다른 현명한 전략을 구사한다. 그들은 생산요소의 개발이 아니라 제도의 향상에 힘을 쏟는다. 싱가포르, 홍콩이 바로 자본시장 구조와, 효율적이고 부패하지 않은 정부와 법치, 규제의 혁파 등과 서구 수준 이상의 재산권 존중으로 외국 자본들을 끌어 드리는 방식으로 경제 개발을 추진한 사례다. 이러한 환경에서는 우리나라, 대만, 브라질과 같이 정부가 생산요소 개발과 배분에 큰 장악력을 갖고 있는 나라와는 달리, 제도가 안정적이기 때문에 권력과 결탁할 정치적 역량은 상대적으로 덜 중요하다. 하지만 여전히 생산요소가 부족하기 때문에 이를 내부에서 자원을 키워내는 내부시장역량은 매우 중요하다. 그래서 홍콩, 싱가포르 등에 기업집단이 여전히 유효한 선택인 것이다.

재벌그룹이 선단식 경영을 하는 것은 이처럼 내부시장능력을 확보하기 위한 것이다. 그래서 그룹의 총지휘부가 전체 그룹의 내부자원능력을 관리하게 되고, 우리는 그룹내 내부거래를 모두 재벌 일가의 배임, 즉 사익 추구로 매도하고 있지만 이는 바로 내부자원을 능력이 있는 계열사에서 자원이 부족한 계열사로 이전하는 행위이기도 하다. 계열사 A의 자원을 계열사 B로 사업거래를 통해 이전하는 행위가 반드시 재벌가의 사익추구인가는 분명 논란의 여지가 많다. 불확실성이 높은 환경에서 계열사 B의 파산은 재벌만 손해를 보는 것이 아니라 종업원, 하청업체, 주주 및 금융회사 등 모든 이해당사자의 손실을 초래한다. 또한 사정이 바뀌어 계열사 A의 파산을 신세를 졌던 계열사 B와 다른 계열사들이 도와서 막아준다면 모든 계열사의 지속가능성이 높아진다. 이 경우도 사익추구일 뿐이라고 강변할 수 있는가?

한국의 재벌들이 내부 공통자원을 공유하는 규모의 경제와, 그 내부자원을 계열사들에게 필요에 따라 이전하는 내부거래를 통해 계열사 전체에 득이되어 왔다는 것은 기업전략의 세계적인 석학인 장세진 교수와 홍재범의 연구로 증명된 바 있다 (Chang and Hong, 2000).

따라서 개도국은 모두 경제개발 초기에는 다각화를 하며, 내수 경쟁이 제한적이기 때문에 혁신능력보다는 생산능력이 우선한다. 그러다가 규모를 키워서 글로벌 시장에 성공하거나, 글로벌 기업들이 내수에 진입하게 되면 혁신능력을 키울 수 밖에 없고 다각화를 포기하고 전문화 쪽으로 이전하게 된다.

결론적으로 기업집단의 다각화(문어발 경영)와 선단식 경영은 그 나라 경제관련 제도의 후진성에 의한 정치, 경제정책의 불확실성의 위험에 대한 방어적 행위이고, 경제 생산요소의 부족을 내부적으로 해결하거나 정부로부터 더 배분 받기 위한 경쟁력를 확보하기 위한 매우 합리적 대응이다. 12장에서 내부거래를 해야하는 근본적 이유와 원인을 자세히 설명하겠지만 내부시장에서 만들어진 자원을 이동하는 전략적 선택으로 이해될 수 있다. 재벌과 같은 큰 기업군을 만들어야 정치적 자원배분에 효율적으로 대응할 수 있다는 것은 중국에서도 주가 총액이 큰 대기업, 중견기업이 경제불확실성을 활용해서 득을 보고 영세기업은 그렇지 못하다는 것이 실증적으로 입증되고 있다(Hoang et al., 2019). 이처럼 제도와 경제개발의 단계에 따라 기업들은 늘 최적의 조직구조와 전략으로 진화하는 것이다(Colpan and Hikino, 2018; Wan, 2015).

개발도상국, 특히 고도 성장을 하는 나라에서 기업들이 직면하는 불확실성은 소득증가에 따라 고객들의 수요와 선호도 선진국에 비해 급하게 변동한다는 점이다. 우리나라에서 자영업자들이 고생하는 주된 이유도 유행에 따라 너무도 급하게 매출이 변동하기 때문이다. 따라서 시장 밖의 정치, 정책, 사회적 불확실성 뿐만 아니라 시장수요의 불확실성도 월등히 높기 때문에 사업다각화는 유리하다.

기업뿐만 아니라 고객들도 대기업 집단의 상품을 선호한다. 기업의 지속가능성이 많이 의심이 되고, 신뢰가 낮은 사회에서는 소비자들은 가격 이외의 신뢰도와 미래 불확실성을 감안한 소비를 민감하게 할 수밖에 없다. 외환위기는 금융기업도 망할 수 있다는 교훈을 소비자들에게 주었고, 그 이후에 생명보험 등에서 삼성생명의 시장점유율은 높아진다. 한 때 모바일 폰의 강자였던 펜택은 가격경쟁을 시도했으나 미래가 불안한 기업으로부터 미래에 A/S가 필요한 내구재 상품 사기를 꺼리는 고객들의 외면으로 망했다.

2004년 언론의 소위 "쓰레기 만두"보도로 소비자들은 패닉에 빠졌다. 영세 만두 공장들이 쓰레기에 준하는 비위생적 만두소를 넣어서 만든다는 것이다. 이 언론의 대대적인 보도로 순식간에 중소기업의 만두 소비는 90% 급감했고 이 충격으로 한 만두 회사의 경영자는 스스로 목숨을 끊었다. 선정성 보도로 판명난 이 사건의 이후의 결과는 무엇인가? 만두 시장이 대기업 회사들로 완전히 재편되었다는 것이다. 즉 신뢰가 중요한 사업과 소비자가 제품에 대한 장기적인 서비스와 투자가 필요한 제품의 경우, 위험 회피를 위한 선택은 대기업 제품이라는 것이다. 이러한 차이로 선진국은 제품의 차이와 가격대비 가성비를 강조하는 광고를 한다면 우리는 "삼성이 하면 다릅니다", "순간의 선택이 십년을 좌우합니다"라는 재벌의 높은 신뢰성을 강조하는 광고가 먹힌다.

불확실성이 높은 나라에서 다각화가 기업에게 합리적이고 이성적인 선택이라는 것은 맥킨지의 자료가 실증하고 있다. 그림 9-2는 개발도상국가에서는 크게 보상을 받는 반면 선진 경제에서는 다각화의 영향이 매우 적고, 적당한 다각화가 유리하다. 반면 개발도상국에서는 완전 전문화는 비이성적인 행위에 해당한다. 이는 전세계 4,500개 이상의 대기업을 분석한 결과다. 개도국 경영자들이 다각화(문어발 경영)에 나서는 이유로 첫째는 사업확장의 기회이고, 그 다음이 정부와 규제기관과의 관계를 좋게 가져가는데 유리하며, 우수 인재들을 고용하기 유리하기 때문이 세번째 이유이고, 자본금의 확보가 그 다음이다(Caudillo et al., 2015). 우리나라 재벌들의 다각화와 경영성과에 대한 더 구체적인 실증연구는 여기서 소개하는 이론과 실증연구에 부합한다. 수익률을 높이고 수익률 변동을 완화하는 불확실성에 유효한 수단임을 보여주고 있다(황인학, 최원락, 2014). 바로 앞에서 설명한 이론과 정확하게 일치한다. 바로 정치적 역량과 내부시장의 자원확보 능력의 확충을 기도하고 있는 것이다.

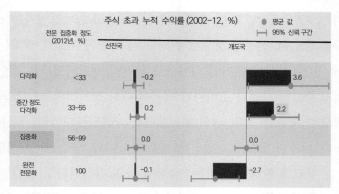

그림 9-2: 선진 경제와 개발도상 국의 기업 다각화에 의한 누적 수익률 (Caudillo 2015)

이는 수익에만 국한된 것이 아니다. 문어발 경영의 비난의 핵심은 전문성이 없는 기존 사업과 관련이 없는 다각화에 집중하고 있다. 다각화는 이처럼 관련 없는 사업으로의 다각화, 기존 사업과 이웃한 다각화, 기존 사업의 가치 사슬을 확장하는 다각화가 있다. 전자회사가 금융을 한다면 첫 사례이고, 맥주회사가 소주 시장에 진입하는 것이 두번째라면, 자동차 회사가 철강회사를 하거나, 자동차 유통과 사비스 사업에 진출하는 경우는 세번째에 해당한다. 그림 9-3이 보여주듯이 2000-2010년 사이의 한국, 인도, 중국 대기업의 다각화 사례를 분석해 보면, 비관련 산업이 기업집단의 몸집을 키우는데 제일 유리하고, 비관련 사업 확장과 자신의 기존 사업의 가치사슬 내의 사업다각화 간에 성공률에서는 차이가 나지 않는다.

	평균 매출액(단위 10억불)	성공률(%)
비관련 사업확장	3.8	22
인근 사업확장	1.2	38
가치사슬내 사업확장	0.8	21

그림 9-3: 한국,중국,인도의 다각화 평균 매출액과 성공률 (Hirt et al., 2013)

대기업은 전문화 해야 한다고 재벌의 문어발 경영을 비난하는 사람들은 기업들이 성장을 낮추고, 실패의 확률이 높아지는 쪽 으로 왜 사업 구성을 바꾸어야 하는지를 설명해야 한다. 이런 주장을 자신있게 하는 사람들은 우리 기업들이 경험한 끔찍한 역사적 경험을 알고 있는지 모르겠다.

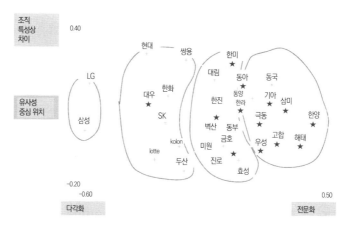

그림 9-4: 기업집단의 특성과 다각화와 외환위기시 구조조정의 결과 (이재열, 2000)

위 그림 9-4는 30대 재벌들의 특성과 서로간의 경쟁 중첩 정도를 종합해서 재벌 집단의 특성이 가장 유리한 위치를 측정하는데 가운데가 가장 유리한 위치다.가로측은 30대 재벌의 다각화와 전문화 정도를 표시한다. 왼쪽으로 갈수록 다양한 산업에 다각화한 그룹이고 오른쪽으로 갈수록 다각화한 집단이다. 별표는 이때 부도, 화의, 워크아웃등을 표시하고 있다. 명백하게 전문화한 집단일수록 예기치 못한 충격에 견디지 못하고 우리나라 재벌역사 속에서 대부분 사라지거나 그 위상을 지키지 못했다.

이래도 그렇게 자신 있게 대한민국의 재벌들이 전문화하고 문어발 경영을 포기해야 한다고 자신 있게 주장할 수 있는가? 혹자는 재벌들의 경영환경과 우리나라의 자원환경이 바뀌었다고 주장할 것이다. 물론 변화도 있고, 경쟁관계도 크게 변화하고, 소비자 수요도 변화한다. 그러나 그러한 변화가 기업들이 조직과 사업구조를 바꿀만큼 충분한가의 판단을 경영자나 사업가들보다 언론, 학자, 정부 공무원들이 더 잘 판단할 수 있다는 오만한 근거는 어디 있는가? 지금 우리나라의 온 국민들은 자신들이 경영자들보다 경영을 더 잘 알고, 기업가, 재벌 총수들은 다 바보라고 주장하는 것이다.

9. 4 중소기업, 골목 상권 적합업종을 통한 상생 경제 선동

김상조 전 공정위원장은 재벌들에게 주력기업 이외는 주식을 팔고, 비상장 주식을 팔라는 주장을 강하게 주장한다. 우선 자유시장경제, 사유재산군이 존중되어야 한다는 나라에서 권력자가 법적 근거도 없이 개인의

재산권 처분에 압박을 가하는 것은 선진국에서는 상상할 수 없는 권력 남용이다.

만약 우리나라 재벌들이 김상조 정책실장의 아마추어적인 권고를 따라왔다면 서울대 이재열 교수의 분석에 따르면 IMF 외환위기 때 이미 대부분 망했을 것이다. 더 근본적으로 삼성이 창업 초기의 주력기업은 제일제당, 제일모직 등이었다. 아직도 설탕과 조미료, 그리고 양복지 장사를 하고 있으라는 이야기다. 두산 그룹은 지금도 술장사를 하고 있어야 하고 코카콜라, 버거킹 유통을 해야 하는가? 지금 삼성그룹의 성공의 핵인 반도체와 미래 산업으로 각광받아 주가가 치솟고 있는 바이오 제약산업은 언제부터 삼성의 주력산업인가? 80년대만 해도, 삼성의 방계 그룹사였던 새한미디어의 주가총액은 삼성전자보다 높았다. 그 당시 VCR등의 가전으로 자기장 테이프의 수요가 폭발했기 때문이다. 그런데 그 기업은 디지털 전자의 변화에 적응하지 못하고 지금 흔적이 없이 사라진 회사다. 경제의 4차 산업혁명으로 산업변화는 더 빠른데 주력산업만 고수하라는 주장을 할 수 있는 근거는 무엇인가?

일부 공무원들과 언론들은 대기업은 그간 정부와 사회가 많이 키워주었고, 역량이 축적되었으니 해외에 나가서 경쟁하고 내수 서비스, 유통 등 산업은 중소기업이나 골목 상권으로 남겨 두라는 충고들을 한다.

역시 오만하고 무지한 말들이다. 어느 대기업이 글로벌 시장으로 나가고 싶어하지 않는가? 그런데 국내에서 역량을 갈고 닦아서 충분한 경쟁력을 확인하지 않고 해외에 진출했다가 그룹을 말아먹은 것이 대우 그룹이다. 세계경영의 거창한 구호와 달리 국내에서 1위하는 상품, 기술없이 글로벌 시장에 성급하게 덤벼들었든 것이 부실을 자초한 것이다. 이러한 주장을 하는 사람들은 우리 재벌기업의 크기가 국제 시장에 어디에서도 통할 정도로 자원이 풍부하고, 규모의 경제를 갖고 있다고 착각하는 것이다. 특히 중국, 인도, 미국 등 거대 배후시장을 갖고 있는 거대기업의 규모의 경제에 대한 인식이 없다.

재벌의 문어발 경영을 지탄하면서 재벌이 김치, 콩나물, 두부 같은 것까지 모두 다하고 있다고 질타한다.

이러한 주장 또한 어이없는 주장들이다. 스타벅스는 어떤 사업인가? 스타벅스는 우리나라에 발길에 차일 정도로 흔해 빠진 다방이다. 그 다방은 모두 자영업이었다. 지금 어떤 산업이 중소기업, 즉 자영업자가 영위하고 있고 그 영위하고 있는 업종이 그런 사람들에게 적합업종이라고 하면 혁신이 무엇인지 전혀 모르는 사람들이다. 다방에서 팔던 커피와 스타벅스의 커피 소비 경험이 같은 제품인가? 천문학적 자본금과 글로벌 역량이 있는 경영자가 글로벌 다방을 만든 것이고 거기는 몇배 비싼 가격의 커피를 기쁘게 소비하는 전세계 소비자들이 존재한다. 김치, 콩나물, 만두가 중소기업, 자영업자의 그것과 같은가? 과거 재래시장에서 기르는 콩나물에 대해 화학비료와 농약의 사용 등의 의구심은 무척 높았다. 지금 세대는 상상할 수 없겠지만 두부 또한 석회를 섞는다는 의심을 받았고 다방의 커피는 담배꽁초로 맛을 낸다는 의심도 있었다. 그리고 신선함과 균일한 품질을 보장하는 신선 물류도 당연히 갖추지 못한다. 두산그룹은 지금은 매각된 "종가집 김치" 사업을 위해 김치연구소에 200여명이 넘는 연구원들이 제품 혁신에 투입되었다. 대기업이 두부, 콩나물과 김치를 생산하면서 우리들 주부들은 가사 노동으로부터 더 많이 해방되고 더 맛있고, 더 위생적인 소비를 하고 있는 것이다. CJ 그룹은 2020년 만두 매출 1조원이 달성될 것으로 예상되고 있다. 이중 해외 시장 비중도 70%를 목표로 하고 있다, 즉 해외 시장 만두 수출 7천억을 달성할 목표로 한다(매일경제 2018.02.22일 기사). 이것이 대기업과 중소기업의 차이다. 혁신능력과 해외유통의 능력이 중견기업과 중소기업을 가르는 것이다. 과거에 식품은 대표적인 내수 산업이었고 나라마다 맛이 달라서 수출이 불가능한 산업으로 치부했다. 그러나 신라면, 초코파이 등 많은 식품이 전세계에 팔리고 있다. 이것이 중소기업, 골목 시장으로 가능할까?

재벌이 사업의 자리를 비우면 그것이 중소, 영세기업의 몫이 되고 경제가 민주화되고, 상생하는 사회가 된다는 미신은 그야말로 미신이다.

대표적으로 두부는 골목상권에서 만들어 팔던 상품이다. 83년 8월에 중소기업 고유업종으로 지정되었다. 2005년 12월 고유업종이 해제되었다가 다시 2011년 12월 1일부터 중기 적합업종으로 지정되었다. 그런데 다시 중소기업 고유업종으로 지정되자 풀무원과 CJ는 포장 두부 가격을 20% 올렸다. 판매량이 줄어드니 원가가 올라, 가격을 인상해야 하는 것이다. 그런 일이 발생하지 않으려면 중소업체들이 경쟁력 있게 공급할 수 있어야 하는데 그렇지 못하니 가격 인상이 가능했다. 이는 과거 재래시장에서 신문지와 비닐백에 넣어주던 두부를 이 시장에 진입했던 풀무원, 두산, CJ, 대상 등이 개발한 첨단 진공포장 기술이 중소기업에게 없다는 점 때문이다. 이 포장기술로 그간 수요를 10배 이상 늘린 것이 이 기술혁신인데 중소기업은 능력이 안되니까

소비자들은 오른 가격으로 사고, 대기업은 매출 감소를 감내해야 했다
(한정석, 2012). 이에 따른 사회 후생의 손실이 규제의 시행이 시행됨에 따
라 점차 확대되었다(황인학, 한현옥, 2014).

이런 시장 할당은 기업들이 결국 혁신경쟁으로 소비자의 환심을 사려는
노력이 아니라 정치권에 로비를 통해 정치적으로 시장을 보호 받으려는
경제의 좀비화 유혹을 키운다. 우리 사회는 대기업이 모든 면에서 경쟁 우
위를 갖고 있다는 미신과 중소기업을 육성하면 중견기업이 되고, 중견기
업을 보호 육성하면 대기업이 된다는 미신에 빠져있다. 이는 슘페터가 관
찰한 창업가 정신, 그리고 와해적 혁신(Christensen, 1997)을 부정하는
일이다. 혁신기업들과 대기업은 다른 경쟁력으로 경쟁한다. 대기업의 거
대한 자본력은 무조건적 경쟁우위를 가져다 준다면 세상에 혁신은 존재
하지 않는다. 대기업은 관료화하고 비용도 높고, 소비자들이 갈구하는 변
화를 읽는 능력도 떨어진다, IT기술을 압도적으로 갖고 있던 IBM은 PC,
테블릿 PC나 스마트 기기의 혁명을 주도하지 못했다. 디지털 복합기의
강자 제록스가 개인용 레이저 프린터 시장을 HP에게 내어주었다.

혁신기업은 민첩성과 혁신성으로 기존 기업들을 무너뜨린다. 이것
이 시장이 작동하는 원리다. 산업화 이전에 근대적 기업이 없었던 시
절에는 작은 기업을 시작해서 경제성장과 함께 내수 시장에서 점차 성
장하지만 자본과 큰 시장이 형성된 산업화된 경제에서 큰 기업은 창업
과정부터 큰 투자를 통해 성장한다. 즉 대기업은 작은 기업이 성장한
다기 보다 창업과정부터 대기업으로 출발한다는 것이 월드 뱅크 연구
논문의 120개국의 실증 데이터가 보여주는 결론이다(Auuagari, et al.
2015). 우리는 산업화의 역사가 짧아서 우리 재벌이 탄생했던 기억에
사로잡혀 있는 것이다. 최근에 쿠팡, 네이버, NC소프트 같은 회사들이

막대한 벤처 투자를 통해 순식간에 대기업으로 성장하는 것이 정상적인 대기업 탄생의 모습이다. 그런데 우리는 아직도 기업에 물을 주고, 정부가 지원과 보호를 하면 나무처럼 자라난다는 자연주의적 미신을 믿고 있다. 기업은 경쟁으로 단련되고, 혁신으로 성장하지 정부의 보호와 지원으로 성장하는 경우는 거의 없다.

또 하나의 문제가 있다. 우리 대기업을 규제하면 그 자리에 중소기업이 아니라 글로벌 대기업이 자리를 차지할 수 있고 우리는 FTA와 WTO로 인하여 함부로 외국 기업을 규제할 수 없다. 가맹점들의 수익을 보호한다고 신규 가맹점의 거리 제한 규제를 도입하여 한국의 커피 프랜차이즈 회사들은 성장이 멈추는 사이에 직영점만 운영하는 스타벅스는 아무런 제한없이 매점을 무섭게 확대했다.

이처럼 대기업을 규제하고 그 자리에 중소기업에게 시장을 내어주겠다는 주장들은 경영학이나 경제학의 원리에 반하고 한국에 그렇지 않아도 생산성이 낮은 영세기업이 밀집된 경제구조를 고착화하고 청년들의 기대에 맞지 않는 고용구조를 고착하자는 어처구니없는 주장이다.

9.5 문어발 경영에 대한 결론

우리가 살펴 본대로, 재벌중심 경제는 재벌이 만든 것이 아니라 정치와 소비자가 만드는 구조다. 그런데 재벌을 비난하고 재벌에게 해결을 강요한다. 기업이 합리적이고 환경에 적응하는 최적의 선택인 선단식 경영과 깊은 다각화를 포기할 리가 없다. 몇 십년을 재벌개혁을 외치고 재벌을 악마화해도 해결되지 않는 것은 재벌이 만든 것이 아니기 때문이다. 그런데 재벌 저격수들은 재벌개혁이 미진해서 그렇다는 망상을 계속하고 있다.

우리나라가 지금의 재벌구조를 갖고 있는 것은 국가의 자원배분의 권한과 정책 불확실성이 근본 원인이다. 그리고 자본시장이나 글로벌 인재를 교육하지 못하는 국가의 무능이 가져오는 현상이다라는 것이 기업이 사업을 다각화하는 이유를 설명한 이론이다.

우리는 문재인 대통령이나 좌파에서 주장하는 신자유주의든 구자유주의든 해본 적이 없는 나라다. 우리나라는 국가주의에 의존해서 경제를 운영해 온 나라다. 이 구조가 변화하지 않는 한 기업들은 시장경쟁 능력만큼 비시장경쟁 즉 정치능력과, 부족한 자원을 내부에서 만들어야 하는 내부시장 능력을 고집할 수밖에 없다.

지금은 한국이 다르다고 주장할지 모른다. 하지만 세계경제포럼(WEF, 다보스 포럼)의 국제경쟁력지수 보고서(2017-2018)에서 한국에서 사업하는데 가장 큰 애로가 무엇인가에 대한 최고경영자들의 답변의 순위는 아래와 같다(WEF, 2018).

(1) 정책 불안정성
(2) 금융접근성
(3) 정부의 비효율적인 관료주의
(4) 혁신역량 부족
(5) 과도한 노동시장 규제

물론 글로벌 선두기업으로 부상한 삼성그룹이 화학과 같은 비핵심 사업을 정리하여 전문화 쪽으로 이동하고, 현대그룹에 비해 현대차가 월등한 성공을 하며 전문화의 가능성을 보여주고 있다. 그러나 이러한 변화는 경영자들의 판단의 몫이고 재벌마다, 그리고 계열사마다 해외 시장에서 성공할 수 있는 경쟁력이 천차만별이다. 이를 획일적을 재벌이라는 이유 하나로 규제하려고 하는 것은 어리석을 뿐만 아니라 정부나 사회의 몫이 아니다. 이러한 판단을 잘 못해서 망하는 기업도 있고, 흥하는 기업도 존재한다. 그러나 학자들, 언론인, 정부 관료, 일반시민들의 판단에 의존할 수는 없는 일 아닌가? 우리 사회는 대기업이라도 이는 사인들의 재산이고 남들이 왈가왈부할 사회적 자산이 아니라는 자본주의 원칙을 망각하고 있다. 이것이 사회주의적 발상이다.

　이들의 문어발 경영 주장은 재벌의 힘이 민주주의를 위협하는 패권이 되고 있다며 재벌을 거세(去勢)하겠다는 정치공학적 주장일 뿐이다. 하지만 재벌은 국가경제의 구조 속에서 적응하고 진화하는 것이고, 우리의 환경화에서는 최적화한 구조와 전략을 지키려고 안간힘을 쓰고 있는 것이다.

　이 미신과 정치공학적 선동은 좀처럼 멈출지 모른다. 경실련은 "5대 재벌, 문어발식 업종확장으로 10년간 토지 자산만 51조 증가"했다고 비판한다(뉴스1, 2019.4.10일자 기자). 우리는 질문하지 않는다. 세계 어느 나라에서 불공정 행위가 아니라, 투자를 활발하게 해서 사업을 늘려가는 것을 비판하고, 기업이 성공해서 자산을 늘려가는 것이 개혁의 대상이라고 주장하는 것이 곳이 있는가?

　이들이 주장하는 해법은 모두 규제 강화다. 그들은 대기업의 토지 투자도, 다른 재벌의 계열사에 투자도 금지해야 한다고 주장한다. 규제가 강화할수록 기업은 정치 능력을 추구한다는 역설을 이들은 이해하지 못한다. 자본시장 규제와, 금산분리를 강화할수록 재벌들은 투자 대신 현금 보유를 늘리거나, 내부시장에서 자본 조달의 필요성이 커지거나 해외 법인에서 자본을 조달하고 해외 시장에 투자한다는 사실을 완전하게 눈을 감고 있다. 모두 이념에 눈먼 정치공학적 주장이고, 계획경제, 구성주의자들의 거대한 착각이고 이 해법이 부작용만 만들고 경제이론, 혁신이론, 경제학의 기본 가정에 배치되는 지는 바로 앞에서 설명한 바가 있다.

김상조 정책실장이 비상장 주식과 주력기업에 집중하라는 강요하는 기저에는 재벌들이 계열사, 특히 비상장 계열사를 통해 내부거래를 통해 범죄적으로 사익을 추구하는 배임을 일삼고 있다는 인식에 기반하고 있다. 우리 국민들은 이런 학자들의 주장을 받아들여 모든 재벌을 범죄자로 보고 있다. 이런 일방적 주장에 대해, 그리고 근본원인이 무엇인지에 대해서는 12장에서 자세히 살펴 볼 것이다. 한가지 재벌의 사업을 중견, 중소기업에 넘겨주면 그들은 재벌과 달리 투명하고 정직한 경영을 하느냐는 의문을 남겨두자.

지금 우리 나라의 위기는 온국민이 "참여연대"가 되어 있다는 것이다. 경영을 전혀 모르는 사람들이 재벌의 경영을 뜯어 고치고, 훈수를 놓겠다는 거대한 착각에 빠져 있다. 그렇게 경영을 잘 알고 쉬우면 본인들이 멋진 기업을 만들어 기업 보국을 하는 것이 애국하는 길이 아닐까? 왜 계열사도 없는 전문화된 기업으로 삼성전자를 능가하는 기업들을 만들어 멋진 성공신화를 창조하면 안될까? 9 장의 모두에서 인용한 케인즈의 한탄과 같다. 온 국민이 전문화된 대기업이 정상이고 다각화는 비정상이라는 근거도 없고, 한국이라는 국가의 특성도 무시한 죽은 경제학의 이론의 노예들이 되고 있는 것이다.

재벌의 문어발 경영에 대한 인식은 우리 경제의 문제가 대기업의 경제력 집중에 있느냐는 대기업이 너무 적고, 영세 중소기업만 과밀한 것이 문제인가하는 9988의 문제로 환원된다. 중소기업이 고용의 대부분을 담당하는 나라는 청년들이 헬조선이라고 부르는 나라다. 그리고 이런 고용구조와 기업분포를 만든 것이 무엇인지에 대한 이론적, 실증적인 논증없이 모든 우리나라의 경제 문제는 오로지 재벌 탓이라는 선동의 결과다. 다시 한번 강조하는데 우리의 경제환경에서 문어발 경영은 합리적인 적응의 산물이다. 이것을 바꾸고 싶으면 정부와 자본시장, 시장 및 노동시장 규제, 교육 등을 개혁하고 헌법과 사법부가 재산권에 대한 기준을 바로해서 법치를 강화하고 정권에 의한 정책 불확실성을 줄이는 수 밖에 없다.

개혁의 칼날이 향한 방향이 거꾸로다. 정치인들이 재벌을 개혁하는 것이 아니라, 정치와 정부가 규제 대상이어야 해결되는 문제다. 그냥 이런 질문을 던지면 된다. 삼성그룹과 청와대 어디가 더 경영을 잘하고, 성과를 내고 있고, 지도자들이 장기적 안목에서 고민을 하고 살며 있는가?

노키아와 삼성

"Confirmation bias is the most effective way to go on living a lie"
확증 편견은 인생을 거짓말로 살아가는 가장 효과적인 길이다.
– 미국 작가이자, 음악인 크리스 자미 (Criss Jami)

"You always get exaggerated notions about things you don't know anything about."
사람들은 자신들이 아는 것이 없는 이야기를 할 때는 반드시 과장을 한다.
– 철학가 프레드릭 니체 (Friedrich Nietzsche), 프랑스 철학가 알베르트 카뮤 (Albert Camus)

10

[박상인의 환영(幻影), 노키아 망해서 부활한 핀란드]
삼성이 망해야 대한민국이 산다?

2019년 6월 핀란드를 방문한 문 대통령은 "핀란드는 노키아의 위기를 오히려 기회로 삼아 새롭게 부활했다. 노키아의 빈자리를 혁신이 메우고, 수많은 스타트업들이 채우고 있다"며 "핀란드의 이러한 변화는 대기업 중심의 경제구조 속에 있었던 한국에도 큰 공감을 주고 있다"고 언급했다(2019.06.12. 중앙일보 기사).

이 언급에 대해 대통령을 수행한 중소기업부 고위공무원은 "대표적인 글로벌 IT기업인 '노키아'에 대한 의존도가 매우 높았으나, 최근 노키아의 무선사업부 매각을 계기로 대기업에 지나치게 의존하는 경제구조에서 벗어나 기술창업 주도의 성장으로 도모한 결과 스타트업 강국으로 부상했다"며 우리나라 벤처산업에 시사하는 바가 크다"라고 핀란드가 부럽다는 식의 해석을 달았다.

어떤 창업진흥 원장은 "핀란드 젊은이들의 생각이 많이 달라졌다는 얘기도 들었다. 전에는 누구나 '노키아 취직'을 최고로 꼽았다. 지금은 "내가 왜 노키아 가? 차라리 창업하지." 이런 식으로 말한다고 했다. 더이상 대기업을 '안정된 직장'이라고 생각하지 않는다는 것, 노키아 휴대폰 사업도 망했는데 어떤 기업인들 영속할 거라고 장담할 수 있겠는가? 이렇게 생각한다고 했다. 노키아 휴대폰 사업이 망한 게 전화위복이 된 것 같다." 이 또한 자신들의 주장을 강변하기 위한 엉터리 주장이다. 핀란드가 기본소득제 실험을 하면서 개탄한 것은 노키아가 망하고 놀고 있는 실업자들이 많은데 실업 복지가 너무 높아서 스타트업으로 인력이 유입되지 않는 것을 개선해 보기 위한 것이었다. 서울 안가본 사람들이 남대문 이야기를 더 떠벌리는 꼴이다.

서문에서 언급한 것처럼, 2016년 삼성전자는 갤럭시 노트 7의 배터리 폭발로 곤욕을 치루었다. 사건이 한참 진행 중에 정치권에서 주선한 대책 회의에 전문가로 의견을 요청해와서 나는 참석했다가 모대학의 공대 교수가 '재벌의 썩은 경영으로 내 그럴 줄 알았다. 노키아 망한 핀란드에 스타트업들이 활성화되어 더 잘 살고 있다'는 이야기를 들으며 나는 등골이 송연해지고 기가 막혀서 말을 할 수가 없는 지경이었다. 이들의 공통인식은 "노키아가 망하니, 핀란드가 살았다"라는 주장을 하며 전화위복이 되었다는 것이다. 이는 창업 열풍, 벤처 기업 때문이라는 것으로 주로 창업관련을 하는 분들이 이런 주장을 많이 한다(프레시안, 2015).

창업의 나라 핀란드를 부러워하는 사람들은 두 가지 중에 하나를 주장한다. 하나는 앞의 언급처럼 노카아 폰사업 멸망이 핀란드의 창업부흥의 전기가 되었고, 대기업에 지나치게 의존하는 경제에서 스타트업 강국으로 소위 경제민주화가 되었다며 그게 더 좋은 상황이라는 인식이다.

다른 쪽은 서울대 행정대학원의 박상인 교수로 대표되는 노키아가 망해도 핀란드는 건재한데 한국은 재벌 집중도가 높아서 이대로 두면 삼성이 망하면 나라가 망하니 재벌개혁(삼성그룹 해체)을 서둘러야 한다는 주장을 펴는 사람들이다.

이 두 가지 주장에 대해, 특히 대기업 중심 경제론과 삼성 리스크 주장에 대해 따져 보자.

10. 1 노키아 몰락이 창업 입국의 전기인가?

노키아 몰락이 핀란드 스타트업 부상을 만들었다는 주장은 우리나라에서만 등장하는 것은 아니다. 창업 뉴스 미디어인 테크크런치(TechCrunch) 또한 노키아 전직 경영자와 기술자들이 노키아 몰락 후에 스타트업을 세워서 창업한 성공 사례를 들며 노키아의 몰락이 핀란드 스타트업의 부상을 가져 왔다고 보도하고 있다(Mitnzner, 2015).

핀란드가 우리의 외환위기와 같은 국가부도 사태를 내지 않았고 그런대로 버티고 있다는 말은 맞지만 노키아 폰 사업 없는 핀란드가 전화위복이고 노키아 망한 것이 핀란드를 살렸다는 선동은 우리나라에서나 통하는 선동적 구호다. 노키아 폰사업의 몰락이 핀란드에 어떤 경제적 어려움을 가했고, 노키아 폰사업의 몰락이 과연 창업을 활성화한 근본 원인이고 그것이 더 부강하고 살기 좋은 핀란드를 만들었는지를 보자.

우리나라 재벌 경제집중에 의한 위험을 경고하는 사람들이 비교대상이 아닌 GDP와 대기업 매출이나 자산을 비교해서 과도한 집중이라고 주장하는 것의 문제점은 5장에서 밝힌 바 있다. 노키아가 핀란드에 압도적인 비중을 차지하고 전세계적으로 20.6만명을 고용했지만 국내 고용은 2만 5천명에 블과했다. 그 이후 최근까지 노키아는 전세계적으로는 10.3만명 (2018), 그리고 국내 고용은 6천명 정도를 유지하고 있어서, 노카아의 직접고용 감소는 2만명 미만이다. 이는 노키아 경제인구 413만명의 0.48%에 불과하다. 노키아가 미국식으로 해외 생산과 부품 조달의 정책으로 생산에서 국내부가 가치가 매우 적은 폰을 생산하고 있었기 때문에 국내 하청업체를 통한 파급효과는 크지 않다. 노키아의 핀란드 2000년 초에 GDP의 4% 정도를 기여하고 있었고 아이폰이 출시되던 때의 GDP 기여는 이미 삼성과의 경쟁으로 2.5%로 줄어 있어서 현재는 0.5%에서 1%를 기여와 비교해서 직접적인 GDP 손실은 1.5-2.0% 정도이다(Suni and Vihri I, 2016). 이는 우리가 경기침체의 기준으로 삼는 -2% 성장의 부근이거나 그 보다 작은 영향이다. 따라서 핀란드 같은 선진국이 이 정도의 충격으로 국가부도가 날 것이라고 예상한 사람들은 비교대상이 아닌 기업의 매출, 수출, 자산을 GDP에 비교해서 큰일 났다고 호들갑 떠는 사람들뿐이다.

핀란드가 창업으로 전화위복이 되었다고 주장하는 이유는 앵그리드 버드를 만든 로비오, 클래쉬 오브 클랜스로 대박을 터트린 수퍼셀과 같은 게임회사들의 성공에 기인한다. 우선 노키아 폰 산업의 몰락이 핀란드를 더 좋은 세상으로 만든 전화위복인가를 짚어보자.

유럽에서 경제적 곤란을 겪는 나라들을 지목하는 말로 "유럽의 환자"(Sick man of Europe)의 타이틀이 붙는다. 대처가 수술하기 전에 60-70년대 영국이 이 타이틀의 주인공이었다. 통독 후에 하르츠 개혁 등으로 과도한 복지와 노동시장 개혁을 하기 전에 독일이 주인공이었고,

남유럽의 이탈리아, 포르투갈, 그리스에 이어 마크롱을 통해 개혁이 필요하다고 인정한 프랑스가 2014-2015년의 주인공이다. 핀란드 또한 2015-2016년에 유럽의 환자 타이틀을 이어 받았다. 노키아 폰사업 몰락 이후 후유증이 5-6년간 지속되었다는 것을 의미한다.

당시 핀란드 수상, 알렉신더 스터브는 스티브 잡스가 핀란드의 일자리를 앗아갔다고 한탄했다. 핀란드의 가장 큰 고용은 노키아와 방대한 산림자원에 기반한 임업이다. 그 중에 스마트 기술은 종이 없는 세상을 만들어 가기 때문에 양대 산업 모두에 큰 타격을 입었다는 말이다. 글로벌 금융위기 이후에 핀란드와 북구 유럽의 노드딕 국가들이 경기 침체에 모두 고전을 해왔는데 그 중에서 핀란드가 가장 부진하고 어려웠기 때문에 유럽의 환자라는 칭호를 얻게 된 것이다.

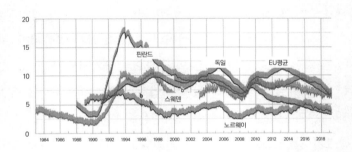

그림 10-1: 핀란드와 북구 유럽 국가들의 실업률

노키아 몰락이 핀란드를 살렸는지 우선 고용 사정을 보자. 90년대 중반에 핀란드는 북구유럽의 국가들에 비해 실업률이 월등히 높았다.(그림 10-1) 하지만 노키아 부상과 함께 2003년경에 핀란드는 EU 평균 이하로 내려갔다가 노키아의 몰락과 더불어 노르딕 국가 중에 홀로 상승했고 최근의 실업률이 줄어들고 있지만 다시 EU평균을 넘어 북

유럽 그래프의 비교 대상 국가들 중에 가장 실업률이 높은 상태로 복귀했다는 것을 알 수 있다. 그 뿐만 아니라 2010년 이후 이들 국가 중에서 고용률이 가장 낮아서 취업을 포기하고 있는 인구가 다른 유럽 국가들에 비해 월등히 높다.

청년실업률은 노키아의 몰락 이전에 12%에서 14.2%로 치솟았고 2015년을 지나면서 회복하여 이제 노키아 전성 시기의 실업률 보다 높은 수준에 머물러 있다. 이기간 자영업자의 비중도 크게 늘어서 고용의 질 또한 나빠졌다.

핀란드는 금융위기 직후에 노키아의 몰락을 당한 이유로 2012년부터 2014년까지 3년간 마이너스 성장을 하고 2017년까지 완만한 회복세를 보이고 있어서 위기를 극복한 것으로 보이지만 2017년부터 다시 성장이 둔화되고 있다. 이러한 회복세는 경기 침체 이후에 사이클적 반등도 있지만 정부의 재정 투입에 의한 부양의 결과다. 한때 법인세의 20%를 차지했던 노키아의 몰락으로 줄어든 세수와 확장 재정 정책으로 핀란드의 정부 재정은 2008년까지 GDP의 4-5% 흑자였다가 2009년부터 -3%로 급 반전해서, 2007년 국가의 부채가 많은 순서로 62위에서 2014년 전세계에서 15번째로 부채가 많은 나라로 재정이 악화되었다. 정부 부채 GDP의 2008년 32.5%에서 2017년 61.4%로 급등해서 이재는 정부의 재정 여력이 높지 않은 상태다.

그 뿐만 아니라 이 위기 이후에 핀란드의 국제경쟁력은 정체 또는 하강을 계속하고 있다는 것이다. 아래 그림 10-2에서 국가의 국제 경쟁력을 측정하는 IMD와 WEF의 평가가 2014년까지 핀란드는 계속 하락 또는 정체를 하고 있고, 생산 단위 임금을 다른 유럽국가와 비교한 상대적 원가경재력도 하락을 면치 못하고 있다. 이는 노키아의 몰락이 고부가 가치 산업의 파괴 이후에 자영업과 저 생산성의 서비스 산업의 비중이 늘어났기 때문이다.

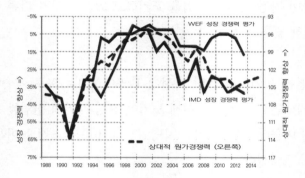

그림 10-2: 핀란드의 국제 경쟁력 변화 (Suni. and Vihriälä, 2016)

이 IMD 경쟁력은 2017년까지 하강하다가 최근에야 조금 반등을 했고, WEF 경쟁력은 2014년 세계 3위로 평가되었으나 최근 11/12위로 추락하여 핀란드의 상대적 경쟁력이 여전히 하락하는 것으로 평가되고 있다. 이러한 지표들은 핀란드가 글로벌 금융위기와 노키아 충격으로부터 완만하게 회복 중이지만 전화위복이거나 망한 노키아가 핀란드를 살렸다는 것은 사실과 너무 다른 주장이다.

그럼 핀란드 정부의 적자재정을 감수하는 재정투입과 함께, 2015년부터 플러스로 돌아선 성장의 회복과 그에 따른 완만한 경기회복은 창업 국가가 된 덕분인가를 살펴보자. 최근에 경제 성장률은 여타 유럽 국가들의 성장률 추세와 유사하게 가고 있고 1% 미만의 저성장을 계속하고 있을 뿐이다. 여기서 우리는 과연 노키아 몰락이 창업 활성화를 유도한 주요한 원인이고 그것이 나라의 경제 문제를 해결하는 원인이 되는 가를 따져 보아야 한다.

우선 우리가 주목해야 하는 것은 노키아는 휴대폰 사업을 매각한 것이지 노키아가 망한 것이 아니라는 점이다. 노키아는 통신 장비 시장에서 에릭슨, 화웨이와 더불어 3강을 구축하고 있고, 아직도 휴대폰 사업에 축적했던 지적자산에서 많은 로열티 수입을 내는 기업이다. 2016년부터 매출 액이 30조원대로 회복해서 전성기 때의 45% 수준으로 회복하고 전세계 고용도 10만명이 넘는 수준으로 회복하고 있다. 아래 핀란드 통계청의 고용 통계를 보면 핀란드는 노키아의 전성기 이전부터 전문가, 과학 기술분야의 고용이 가파르게 증가하는 반면, 노키아의 전기전자 산업의 고용비중은 2000년 즉 노키아 몰락 10년 전부터 급격하게 감소하는 것을 볼 수 있다. 이는 노키아의 생산의 글로벌 아웃소싱과도 연관이 있지만 핀란드가 오래전부터 기술과 디지털 기술 기반을 확충해 왔음을 알 수 있다. 그림 10-3의 오른 쪽 그래프 또한 소프트웨어와 IT서비스 인력이 노키아 전성기 이전부터 크게 늘어서 디지털 소프트 파워를 구축해 왔다는 것을 볼 수 있다.

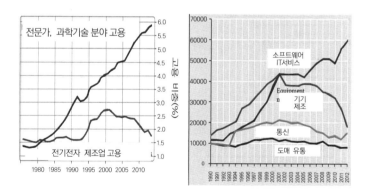

그림 10-3: 핀란드의 과학기술과 소프트웨어와 제조업 고용 변화 (자료원: 핀란드 통계청)

그럼 더 구체적으로 "창업 국가" 핀란드가 노키아 몰락이 계기가 되었는지 살펴보자. 앞에서 창업국가 핀란드를 상징하는 산업이 게임산업이다. 테크크런치 기사는 200개 이상의 게임회사들이 성업 중이며 그 중에 대표적으로 앵그리 버드를 만든 회사의 창업자가 노키아의 마케팅 담당 수석부사장 출신이라는 점을 들어 노키아 몰락을 창업국가 핀란드의 원인으로 연결하고 있다. 노키아의 게임산업의 급 성장의 역사는 이러한 주장에 강한 의문을 가질 수 밖에 없다.

우선 노키아 게임산업의 매출의 70-80%를 차지하는 절대 강자 수퍼셀(Supercell)이 대 히트작을 내놓으며 게임의 강자로 세계 시장을 알린 것은 2000-2004년 "Max Payne conquers the world"를 무려 750만 카피를 판매한 것은 노키아가 성공의 정상을 달리던 시절이다. 그림 10-4는 핀란드 게임산업 보고서에서 보여주는 연도별 신설 게임업체의 수와, 고용인원의 변화가 노키아 몰락 이전에 크게 급증했음을 보여주고 있다.

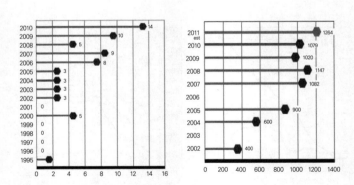

그림 10-4: 핀란드 신설 게임업체(왼쪽)와 게임산업 고용인원 변화(오른쪽) (Neogames, 2011)

이러한 변화는 2000년 닷컴 혁명의 결과 게임산업의 사업모형이 혁명적으로 변화했기 때문이다. 이전에는 게임이 콘솔 중심으로 하드웨어 장비와 유통 체인을 장악하고 있는 회사들이 매출의 90%를 차지하고, 게임회사는 이 유통망을 장악한 회사들로부터 10% 정도만 받을 수 있었다. 하지만 웹으로 인한 인터넷을 통한 유통은 게임 제작회사가 70% 이상의 매출을 가져갈 수 있고, 미국 중심의 유통사들신세를 지지 않아도 되는 상황이 된 것이다(Neogames, 2011).

이 시점이 한국의 게임산업이 급 부상한 시점도 이 때이다. 재벌개혁론자들 또는창업분야의 사람들이 주장한 노키아의 몰락이 창업의 나라를 만들고 있다는 주장이 인과관계를 따진 이야기가 아닐 수 있다는 반증이 대한민국이다. 한국의 게임산업은 핀란드와 비교할 수 없다. 전세계에서 한국의 게임 산업은 4위로 2018년에 약 18조원의 산업이고 6조 7천억원 정도를 수출한다. 반면에 핀란드의 게임산업 매출은 2.6조원에 불과해서 전세계 순위 40위권이다. 핀란드 게임산업의 매출비중 70-80% 차지하는 유일한 대기업 수퍼셀은 최근에 소프트뱅크를 거쳐 텐센트가 지분의 84.3%를 인수하여 중국 회사가 되었다.

지금 BTS의 음악, 오스카 상을 받은 기생충의 영화 등이 주목을 받지만 게임은 콘텐츠 수출의 57% 정도를 차지하는 압도적 비중이다. 핀란드의 게임산업의 고용창출 효과는 얼마나 될까? 2918년 기준으로 약 3200명에 고작이다(그림 10-5). 이는 노키아가 핀란드에서 유실한 직접 고용 일자리 1만 9천명의 16.8%에 불과하다. 핀란드의 게임회사의 60-70%가 10인 이하의 고용의 영세 기업들이다. 한국은 2018년 게임산업이 약 8만명을 고용해서 핀란드의 25배에 달한다.

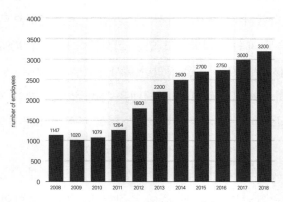

그림 10-5: 핀란드 산업 고용인원 (자료원: Statista)

여기서 우리는 창업과 혁신의 중요성은 경제가 혁신하는데 너무나
도 중요하지만, 벤처만으로 국가경제 발전과 고용 문제를 해결할 수
없다는 점을 분명히 인식해야 한다. 핀란드는 창업이 활발하지만 잠재
실업이 높고, 글로벌 사업과 그렇지 못한 노동력 사이에 고용의 양극
화가 극심하게 벌어지고 있는 중이다.

한국의 거대한 게임산업과 창업은 재벌개혁없이, 삼성의 몰락없이
이루어졌다. 노키아 멸망이 창업을 활성화했다고 한국의 재벌 개혁이
나 삼성이 망해야 창업국가가 되고 한국이 대기업의 "과도한 의존"에
서 벗어나는 살기 좋은 나라가 될 것이라고 주장하는 사람들은 최근
한국의 창업이 얼마나 활성화되고 있는지에 대한 지식없이, 재벌공화
국이라서 창업이 목졸려 있는 세습자본주의의 신화를 믿고 있는 것이
다.

이미 세습자본주의를 다룬 6장에서 소개한 바와 같이 OECD국가
중에서 국민 일인당 벤처 투자금액이 2017년 4위에 올라있다. 핀란드

는 9위다. 2010년 대비 투자액의 성장률에서도 한국이 4위인 반면, 조사대상국 26개국에서 핀란드는 22위로 최하위 권이다. 인구 백만명당 혁신 창업가(창업 억만장자)의 배출에서도 한국은 수위권이고 핀란드는 하위권이다. 여러가지 창업가 정신과 활동을 평가하는 보고서들은 핀란드와 한국에 큰 차이를 두지 않고, 블름버그의 혁신국가 순위는 한국이 2019년까지 6년간 1등으로 가장 혁신 능력의 국가로 평가하기도 한다.

> 핀린드가 창업이 활발한 선두 국가임에는 틀림없다. 하지만 이 활동이 압도적 대기업의 몰락이 가져온 효과라고 주장하는 것은 이처럼 어불성설이다. 핀란드가 사업하기 좋고 창업이 활발한 이유 중에 가장 자주 거론되는 것으로는 자율성과 창의성을 강조하면서도 우수한 성과를 내고 있는 교육, 그리고 높은 경제자유도와 안정된 정치와 제도를 들고 있다. 2019년 IMD의 경쟁력 평가에서도 설문 응답자들은 핀란드의 장점을 우수한 교육 (87.9%), 우수한 노동력 (76.8%), 우수한 인프라 (70.7%), 그리고 정책의 일관성과 예측 가능성 (64.4%)를 꼽고 있다. 따라서 한국에서 창업을 지금보다 더 활성화하고자 하면, 삼성을 겨냥할 것이 아니라 정부를 겨냥해야 한다. 교육 개혁과 정책의 일관성과 예측 가능성을 높여야 하는 것이다.

우리는 지금까지 노키아 멸망이 핀란드를 창업국가로 만들었고, 핀란드를 살렸다는 주장의 허구성에 대해서 살펴 보았다.

10. 2 박상인의 삼성 패러노이드

노키아의 폰사업 몰락과 핀란드의 점진적 회복을 제일 신나서 선전하고 나선 사람이 서울대의 박상인 교수다. 그는 "삼성전자가 몰락해도 한국이 사는 길"(2016)이라는 책에서 노키아 폰 산업과 핀란드 경제를 설명하면서 이를 삼성전자와 대비하면서 재벌 개혁, 더 구체적으로 삼성그룹의 지배구조 개선의 필요성을 제기하고 있다.

하지만 놀랍게도 박 교수의 주장한 극단적이고 비논리적인 가정과 근거 없는 추론에 바탕을 둔 괴담 수준이다.

그는 노키아의 폰 사업이 절대적인 세계 1위의 지위에서 갑작스런 몰락을 슘페터의 창조적 파괴과정으로 설명한다. 이점에 이론을 달 사람들은 아무도 없을 것이다. 한 분야의 강자가 후속 기술에 대응 못하는 결함은 파괴적 혁신이론(Christensen, 1997)으로 충분히 설명이 된다. 하지만 박 교수는 삼성의 거대함이 대한민국에 위험 요인이라는 것을 강조하기 위해 상식 이하의 가정과 연쇄적인 논리적 비약을 서슴지 않고 있다.

우선 박 교수는 한국경제에서 삼성 전자의 압도적인 경제력 집중을 강조하기 위해 우리가 5장에서 비판했던 쉽고 더러운 선동 지표들을 동원한다. 삼성전자 또는 그룹의 매출, 자산 규모와 GDP를 비교하는 것이다. 이는 경제력 집중의 지표도 아니고 성공하는 기업이 있으면 그 수치는 커질 수 밖에 없다는 것은 5장에서 충분히 논의하였다.

박교수는 노키아의 역사와 몰락을 비교적 상세하게 설명하면서 삼성전자의 스마트폰이 갑작스런 파괴적 혁신의 희생양이 되어 삼성전자의 주가가 50-80% 하락하면서 그룹에 묶여 있어서 그룹이 완전히 망하여 잔존가치가 제로가 되는 가정을 한다. 애플의 파괴적 혁신에 노키아는 당했어도 삼성은 망하기는커녕 기회를 포착해서 스마트 폰 시장의 시장점유율 1위 업체로 살아 남았다. 그리고 삼성전자에서 수익과 매출

비중 50%를 넘는 것은 반도체이지 무선 사업이 아니다. 주가 50-80% 급락 시나리오는 그저 박 교수의 상상의 시나리오일 뿐이다.

노키아의 폰 사업은 포기 되었어도 노키아의 통신장비 사업을 영위하고 있고, 수익도 내고 있고 전성기의 고용과 매출의 반 정도를 회복하고 있는 것을 잘 알고 있는 사람이 노키아 보다 훨씬 다각화하고 창조적 파괴의 가능성이 낮은 삼성전자가 통째로 청산된다는 가정을 한다.

삼성의 반도체 산업이 예측 가능한 기간에 파괴적 혁신으로 몰락할 것이라고 추정하는 사람은 지구상에 박상인 교수 밖에는 없을 것이다. 메모리 사업은 막대한 장치산업이자 기술집약 산업으로 삼성전자와 SK하이닉스는 후발업체들이 도전하기 힘든 경쟁력을 갖고 있고 늘 경쟁자들보다 앞선 공정으로 시장 지배적 지위를 갖고 있다. 휴대폰처럼 누구나 접근이 가능한 부품과 기술을 결합하는 소비재 상품과는 전혀 성격이 다르다. 그리고 삼성은 자회사를 통해 디스플레이(삼성 SDI), 전자부품(삼성전기), 반도체, 가전, 무선 사업의 방대한 사업포트폴리오를 갖고 있다. 한 사업이 어려워진다고 삼성의 경영진이 그것을 살리기 위해 나머지 사업을 모두 부실로 가져가서 그룹이 망하게 내버려 둔다는 가정은 황당하기 그지없다. 우리나라 대기업 경영진이 한 영역의 사업이 어려워지는데 구조조정을 못해서 부실을 전체 기업으로 가져 갈만큼 무능 한가?

삼성전자는 참여연대 등이 비판하듯이 막대한 부동산과 설비 등 어마어마한 자산을 보유한 회사다, 그런데 한 사업이 위기에 처한다고 삼성전자의 가치가 연기처럼 사라지는 극단적인 사태가 어떻게 발생할 수가 있는가? 그의 비현실적이고 비논리적인 가정은 계속된다. 스마트폰 사업의 몰락이 삼성전자 전체의 몰락으로 이유없이 점프하더니, 돌연 삼성그룹 전체의 몰락으로 몰고 간다. 이 황당한 경우를 그는 순환출자에서 찾고 있다. 삼성물산과 삼성생명 등이 삼성전자의 주식을 갖고 있기 때문에 삼성전자가 망하면 이들이 다 망할 것이라고 가정한다. 나는 박교수가 경제학은 했는지 몰라도 회사의 회계나 재무 관리에 관한 지식은 전혀 없는 사람이 아닌가 의심할 수 밖에 없다. 삼성생명이 삼성전자의 주식을 갖고 있는 것은 삼성생명의 자산으로 표기가 되지만 이것이 삼성생명의 사업 이익에 기여하는 부분은 배당금이 전부다. 삼성전자의 주식을 보유한 계열사들은 이 주식으로 사업을 하는 것이 아니라 지배구조의 일환으로 보유하고 있을 뿐이다. 거기서 발생하는 자금 흐름은 배당금이 전부이고 이것이 계열사 현금흐름이나 이익에 큰 비중을 차지할 수 없다. 보유 중인 삼성전자의 주가가 하락하거나 박교수의 가정 대로 휴지조각이 되면 삼성생명의 특별 손실로 자산의 가치는 떨어지고 주가도 하락하지만 현금의 흐름에는 별 영향이 없다. 그런데 왜 순환출자의 계열사가 모두 부도가 나는가?

황당하고 극단적인 가정은 계속된다. 삼성전자의 하청업체들이 모두 부도가 나고, 삼성그룹과 하청업체의 직원 152만명이 다 실업자가 되면 실업률이 7.1%로 국가의 실업률이 급등한다. 거기에 삼성계열사에 대출을 해준 은행들이 다 부도가 난다고 가정한다. 그러면서 이 책이 쓰여질 때의 삼성전자 차입금을 거론한다. 한편으로는 재벌들이 투자는 안하고 유보 이익과 현금을 쌓아두고 있다고 비난하는 사람들이 이럴 때는 차입금을 들고 나온다. 삼성은 차입금보다 은행에 쌓아두고 있는 현금이 월등히 많다.

은행들이 삼성그룹에 대여한 금액으로 다 부도가 난다면 지금 금감원은 무엇을 하고 있는 것인가? 박교수는 은행들이 BIS 준비금을 쌓아두고 바젤의 기준에 따라 위험관리를 하고, 주기적인 스트레스 테스트를 받고 있다는 점은 아는지 모르겠다. 한국의 금융권이 IMF외환위기 이전의 상태로 남아 있는 줄 아는 모양이다.

　박교수의 극단적이고 논리적 비약으로 가득한 가정을 하는 이유는 분명하다. 순환출자 해소와 재벌총수의 그룹 지배를 견제하는 자신의 지론인 재벌개혁을 정당화하기 위해 삼성전자의 한 사업부 위기를 국가적 위기로 몰고가야 하고, 그 고리가 순환출자라는 주장을 하고자 하는 것이다. 하지만 지금까지 살펴본 바와 같이 운석 충돌로 한국이 지구상에서 통째로 순식간에 살아질 것이라는 주장만큼이나 비현실적인 스릴러 재난 영화 같은 황당한 이야기다.

　제벌개혁론자로서 논리적 비약은 계속된다. 삼성의 순환출자에 의한 지배구조가 전근대적이라고 단정한다. 앞에서 이미 설명한대로 이는 자본이 결핍된 나라에서 사업을 하기 위한 불가피한 선택이고 차등 의결권과 같은 경영권 보호 수단이 없는 경우에 훌륭한 경영권 보호 수단일 뿐이다. 노키아는 애플의 혁신에 미국식 지배구조하에서 대응을 잘못하고 망했고, 삼성전자는 이 파괴적 혁신의 와중에 스마트폰 시장점유율 1위로 기회를 포착하여 이익과 매출을 크게 키웠다. 왜 망한 노키아의 지배구조가 현대적이고 성과를 훌륭하게 내고 승승장구한 삼성의 지배구조는 전근대적인가? 그 판단의 기준은 박상인 교수의 주관적 편견 이외는 없다.

　그는 삼성이 순환출자의 해소를 통해 금산분리가 되어야 하는 필요성을 1900년대 초의 록펠러가 지배하던 스탠다드 오일이나, AT&T의 분할 등, 진보적 정책에서 찾고 있다. 최근에 그러한 기업분할을 주장하는 공정거래위원회는 전세계적으로 드물다. 디지털 경제와 글로벌 경쟁이라는 환경변화는 무시한 채로 내수시장 규를 기준으로 기업의 크기와 독점을 판단하지 않는다.

이 책은 삼성그룹이 이건희 회장의 황제경영으로 위험한 지배구조라고 단정한다. 앞서 말했듯이 이건희 회장의 황제경영은 삼성그룹을 오늘의 성공으로 이끌었다. 그런데 우리나라 재벌개혁론자들은 재벌의 기업집단이 구멍가게처럼 사주가 다 운영한다고 가정한다. 이건희 또는 삼성의 그룹 총수는 출근도 잘 하지 않는 것으로 유명하다. 한국의 최고의 인재들을 육성하고 이들에게 막강한 의사결정권한을 위임하고 협력해서 경영하고 있다는 사실은 애써 부인한다. 삼성의 성공, 그리고 우리나라의 수위권 재벌 그룹이 인재 경영을 통해 성장하고 운영되고 있다는 것을 정말 이들은 모르고 있을까?

이 책은 재벌그룹의 지배구조의 전근대성을 강조하기 위해 대한항공의 "땅콩 회항" 사건을 거론한다. 재벌이 모두 이런 행동을 하고, 재벌 아닌 사람들은 분노조절 장애가 없는가? 애플의 스티브 잡스는 어떻게 행동했는지 자서전이라도 읽어 보았는지 의심스럽다. 재벌 구조가 아닌 기업들은 모두 신사적인 경영자들에 의해 관리되는가?

재벌의 영향력이 정치,경제, 사법, 언론, 사회전반으로 확대하여 견제 받지 않는 절대 권력화 되고 있다는 주장과 승계과정의 위법에 대해서는 이후 12장과 13장에서 자세히 논박하고자 한다.

한 마디로 박상인 교수의 책은 노키아의 폰 사업 실패를 삼성 지배구조 개혁을 자신의 평소 지론으로 주장하기 위해 억측과 논리적 비약으로 재난 영화와 같은 비현실적 시나리오일 뿐이다. 가히"삼성 패러노이드"(심성 피해망상 편집증)이라 할 만하다.

10. 3 노키아 신화의 결론

**노키아가 망해서 핀란드가 살았다는 핀란드의 창업흥국론에 대해 우리
는 살펴 보았다.**

(1) 노키아 폰 사업 몰락은 핀란드를 살린 전화위복이 아니라 핀란드
는 그 휴유증으로 상당한 고전을 해왔다. 고용은 악화되었으며,
성장은 수년간은 마이너스를 거쳐 지금도 부진하다. 국가 재정은
악화되었으며 국제 경쟁력도 약화되고 있다는 점에서 핀란드를
살렸다는 주장은 현실과 정반대다.

(2) 핀란드 창업, 특히 게임산업이 노키아의 몰락이 가져온 결과라는
것도 전혀 사실에 부합하지 않는다. 핀란드의 게임산업은 우리나
라와 같이 온라인 게임으로 전환되는 와중에 부상했으며 이는 노
키아가 승승장구 하던 때이다. 노키아에서 글로벌 역량을 축적
한 경영자나 기술자들이 성장하는 산업으로 옮겨간 것은 사실이
지만 이 것이 창업 활성화의 원인이라는 주장은 사실에 부합하지
않는다. 이는 재벌구조가 견고한 한국이 핀란드와는 비교할 수
없을 정도로 큰 게임산업을 만들어 왔고 벤처투자도 더 활성화
했다는 사실로도 부인할 수 있다.

(3) 삼성이 망해서 국가적 경제위기로 간다는 가정이나, 그 원인이
순환출자라는 주장은 계열사 주식의 보유가 계열사의 현금 흐름
이나 수익이 극히 작은 부분이라는 사실과 배치되는 것으로 논
리의 비약이다. 이는 재벌개혁으로 억지로 노키아 사례를 끌어다
쓰려다 보니 생기는 논리의 비약이다.

이 와중에 박상인 교수는 삼성이 하청업체에 152만개의 일자리를 만들고 있으며, 삼성 덕에 이들의 수익이 크게 늘고, 삼성이 어려울 때는 수익 감소가 삼성보다 적게 움직이고 있다는 데이터를 제시하여 일자리 창출효과 (낙수효과)없다는 문재인 대통령의 주장이나, 대기업들이 "한계에 다다른 하청업체 쥐어짜기"를 한다는 본인의 주장을 정면으로 부정하고 있다. 확증 편견은 거짓말쟁이로 살아가는 가장 확실한 방법이라는 생생한 사례가 아닐까? 그리고 인간은 자신이 모르는 이야기를 할 때 과장이 심해진다는 니이체와 까뮤의 혜안이 상기되는 대목이다.

XI

기술탈취

"Our fear frequently takes the reality of a situation and mythologizes it. And in the end, the 'myth' becomes the monster while the 'fact' remains the short guy behind the curtain."

공포는 현실을 신화화한다. 그리고 종국에는 그 신화가 괴물이 되고 사실은 커튼 뒤에 숨은 난장이가 된다.

– 카울셀러 크레이그 런스브로우 (Craig D. Lounsbrough)

11

[중기부, 공정위만 보는 유령 기술]
대기업은 중소기업 기술 탈취하는가?

    박상인 교수는 재벌개혁을 역설하면서 "부품이나 소재를 생산하는 하청기업들에 대한 재벌 대기업들의 기술 탈취가 만연한 실정"이라며 탄식하고 있다. 그런데 만연하고 있다는 증거가 반재벌, 좌파 진보 매체인 뉴스타파가 2016년 5월 26일에 보도한 피해자의 일방적 주장을 실은 기사 하나가 전부다.

    대기업이 지적 재산권 도적이라는 주장은 우리사회에 만연하다. 중기청이 부로 승격하고 나서 임명된 장관마다 강조하는 사안이 대기업의 기술탈취로부터 중소기업을 보호하겠다는 것이다. 공정위도 "자동차 전자 화학업종 기술탈취 집중 감시" 하고, "자산총액 5조원 이하의 중견집단에 대해서도 감시를 강화하겠다"하며 특정 산업에서 기술탈취가 만연한 것처럼 이야기하고 있다(조선일보 기사, 2019.10.07).

정말 우리나라의 대기업들은 불쌍한 하청업체의 기술 탈취를 밥 먹듯이 하는 날강도들인가?

　　대선후보 경쟁이 한참 치열했던 2017년 봄에 필자가 SNS에서 본 내용이다.

　　"나는 삼성에 10년간 마우스패드를 납품하던 마우스패드 업체다. 3년전에 삼성의 일방적인 거래 중지결정으로 파산위기에 몰리고 지금까지 힘들게 살아오고 있다. 매출의 90프로를 차지하던 삼성의 거래 중지는 망하라는 말이었다. 지금 직원들 다 내보내고 아내와 같이 아침부터 저녁까지 일을 해도 부채는 줄지 않고 있다. 부부가 늦게까지 일하다 보니 애들을 돌보지도 못하니 늘 애들이 게임을 한다. 새로운 거래처를 몇 군데 뚫고 간신히 운영을 하고 있지만 이대로 오래 못 갈 것 같다. 마우스패드가 저가이고 부가가치가 낮아서 수량으로 승부를 봐야 하는데 경기 탓에 주문이 없다. 경쟁 업체도 많은데 중국에서 들어오는 싸구려 마우스패드 때문에 더욱 힘들다.
　　오랫동안 공들여서 개발한 신제품 자동 치약 짤순이는 매번 대기업 유통에서 판매확정까지 갔다가 좌절되었다. 품질이 우수하면 그만큼 단가를 높여줘야 하는데 싸구려 중국제품과 비교하며 가격을 낮추라고 한다. 정말 살기 힘들다."

　　이 이야기의 진위여부는 알 수가 없다. 상거래의 경험이 있는 사람이라면 이 글이 얼마나 철없는 이야기인지 금새 알아차릴 것이다. 우선 이 사업가는 삼성이 더 싸고 좋은 조건의 구매를 위해 구매선을 바꾸는 일이 부당한 일이라고 주장하고 있다. 그리고 자신이 개발한 "기술"로 품질이 더 좋은데 싸구려 중국 제품과 비교해서 가격을 제대로 쳐 주지 않고 있다고 주장한다.

이 논리는 비즈니스하는 사람의 입장에서 보면 아주 황당한 말이다. 우선 우리나라에서 마우스패드를 만들어서 돈을 벌겠다고 하는 것 자체가 시대 흐름에 뒤쳐지는 것이다. 마우스패드는 천 조각 가져다 잘라서 고무판 붙이고 만드는 것으로 중국 사람 누구나 만들 수 있는 아이템이다. 중국이나 베트남 기업에 비해 경쟁력이 있을 수가 없다. 기술 같은 것이 필요 없는 제품이다. 박상인 교수는 만연한 기술 탈취가 실상이라고 주장하지만 실상은 이 사업가와 같이 자신의 기술 없이 원청기업이 내려주는 일감을 약간의 설비로 임가공해주는 경우가 더 많은 것이 실정이다. 그것은 8장에서 하청업체 후려치기에서 우리나라 중소기업이 해외에 수출능력이 있는 기업의 분포가 멕시코 다음으로 적다는 것에서도 설명한 바 있다. 또한 독일이나 북구 유럽의 히든 챔피언과 같은 기술 집약 기업이 극히 드물다는 것도 살펴본 바와 같다.

이 주장은 월마트에 납품하다가 중국의 유사 제품에 대해 가성비에 뒤져서 월마트 납품을 못하고 망했다는 미국의 사례와 동일하다. 대부분의 사람이 뭔가를 살 때 다른 것과 경쟁도 안 시키고 달라는 대로 주고 사지 않는다. 그럼에도 불구하고 삼성의 일방적 거래 중단에 대해 분노하고 있다.

그런데 더 심각한 문제는 "오랫동안 공들여서 개발한 신제품 자동 치약 짤순이"가 보호 받을 기술이라고 생각한다는 점이다. 중국제에 비해 가성비 경쟁력이 없어서 납품 오더를 받지 못했다면 구매를 하는 쪽에서는 이 제품이 중국제에 비해 가격 차를 감수하며 구매할 매력이 없는 제품이라는 것이다. 즉 본인은 공들여 개발했어도 시장에서는 가치를 인정받지 못하거나 보호되지 않는 것이라는 뜻이다. 이는 기술이 아니다. 기술은 내가 얼마나 노력했느냐로 평가되는 것이 아니다.

조선일보는 카드 뉴스를 통해 대기업의 중소기업 아이디어 베끼기에 대한 이슈를 다음과 제기한다..

지난해 8월 교황이 와서 먹은 빵으로 유명세를 탔던 파주 프로방스 베이커리의 마늘빵 '키스링.'
약 2년간 2억원의 비용을 들여 100만명의 시식 테스트를 거쳐 개발한 특허 제품입니다.
그런데 국내 최대 제빵 업체 매장에서 비슷한 빵을 내놨습니다.
"설마 대기업이 이 빵을 따라 한다는 건 상상도 못했다. 참담한 심정이다." 이뿐만이 아닙니다.

어포 시장에서 빅히트를 쳤던 경진식품의 '꾸이맨'을 대기업들이 곧바로 유사 제품을 출시하면서 매출은 반 토막이 났습니다.
IT 업계도 예외는 아닙니다. 상대방이 쪽지를 읽고 나면 5초 후에 내용이 사라지는 '펑 쪽지'
"우리가 코피 흘려가며 만든 건데 이름까지 똑같이 하다니요" 작은 벤처기업이 만들었던 이 기능은 얼마 지나지 않아 유명 메신저에서도 발견됩니다.

하지만 논란이 된 해당 대기업들은 "이미 널리 알려진 기술일 뿐, 특허라 말할 수 없다" 라며 별문제 없다는 반응인데요.
대기업의 중소기업 아이디어 베끼기 논란, 여러분의 생각은 어떤가요

이렇게 질문을 던지고 있다.

댓글 중에 하나는 대기업과 소비자들을 모두 질타하고 이렇게 말하고 있다. "따라하는 대기업이 잘못된 것은 분명하다고 봅니다 하지만 그런 대기업이라도 사주는 사람이 없다면 그런 몰상식적인 제품을 만들지는 못할 겁니다. 요는 깨어있는 소비자가 새로운 세상을 만들 수 있는 거지요." 우리 사회에서 대부분은 자신이 그 위치에 가면 지킬 수도 없는 위선적인 선한 성리학적 세계관으로 비즈니스 세계를 평가하고 비난하는 사람들이 참 많다.

11. 1 대기업의 기술 탈취 정말 만연한 실상인가?

우선 대기업의 중소기업 아이디어 따라하기(베끼기)가 잘못된 것이라는 단정은 뒤에서 따져보고, 대기업 기술 탈취 정말 만연한 실정 인가를 보자.

2010년과 2011년에 기술탈취에 대한 처벌 강화를 하는 법개정을 통해 기술 탈취에 따른 중소기업의 피해액에 3배까지 배상하는 징벌적 손해배상제를 도입했다. 우리나라에서 경제범죄 중에 징벌적 배상제도를 인정하는 유일한 예외가 바로 중소기업 기술탈취에 대한 처벌이다. 그만큼 이 이슈가 사회적 지지를 받고 있다는 증거다. 하지만 이후 7년간 공정위에 의해 기술탈취 내지는 불공정 행위로 인정되어 제재된 건은 고작 5건이다. 그것도 4건이 과징금 부과 없는 시정명령이고 과징금이 있는 처벌은 LG화학에게 1600만원이 내려진 한 건에 불과하다(한겨레 신문, 2017.03.21일자 기사). 한겨레 신문에서 보도한 중소기업 기술탈취 공정위 제재 현황은 표 11-1과 같다. 우선 이 중에 한국화낙은 대주주가 일본화낙으로 지분의 대부분이 일본 본사가 갖고 있는 기업이다. 코텍 또한 아이디스 홀딩스라는 지주회사에 속한 계열사로 그룹전체 매출이 5천억 정도의 중견기업 계열사로 제재 당시 업력 15년짜리 중소기업이다. 에이에스이코리아사는 매출액 36억 정도로 제재당시 업력 6년의 영세기업이다. 이 데이터만 보면 우리나라에서는 대기업, 중견기업,외국 투자기업 할 것 없이 기술탈취의 의혹을 받고 있으니 대기업에 의한 기술탈취라고 주장할 이유도 없다.

표 11-1: 2010-2017년 중소기업 기술탈취 공정위 제재현황 (자료: 공정위)

제재 대기업	제재 시점	처벌 내용
엘지하우시스	2014년	시정명령
엘지화학	2015년	1600만원
한국화낙	2017년	시정명령
에이에스이코리아	2017년	시정명령
코텍	2017년	시정명령

대기업(재벌)의 만연한 기술탈취라는 주장을 뒷받침하는 것은 결국 LG계열의 두 건이고 이도 공정위의 해명을 들어보면 기술탈취라기보다 기술 탈취를 방지하기 위한 법령이 말한 절차 위반이라는 것이다. 공정위는 "대기업들의 기술자료 요구 사유가 부품이나 금형의 불량으로 생산라인이 멈출 가능성에 대비한 것이어서 정당성이 인정된다"며 "법 위반 정도가 가볍고, 법 위반 관련 하도급대금 산정도 어려워 과징금을 부과하지 않았다"고 설명하고 있다. 즉 기술을 탈취했다는 물리적 증거가 아니라 기술 자료를 요구했다는 것이 전부다. 6-7년간에 2건의 위반이 있는 것이 만연한 실상이라고 할 수 있는가? 그러면 이들은 들어나지 않은 중소기업이 당하는 사례가 많다고 한다. 들

어나지 않은 사실을 누가 알 수가 있나?

　이전에 하도급법에서 규제하던 것을 중기부는 이제 별도의 '중소기업기술 보호 지원에 관한 법률'을 2018년 개정하고 중기부가 기술침해 사건을 직접 조사하고 시정권고할 수 있는 규제권한을 마련했고 서슬 푸른 경고를 연발하고 있다. 그 이후에 중기부에 접수된 건은 총 9건이고 이 중에 중기부가 직권 조사에 나서겠다고 발표한 것은 4건에 불과하다. 이 또한 조사결과 얼마나 기술탈취로 판명될지 아무도 모른다. 설혹 중소기업의 입장을 대변하는 중기부가 기술탈취로 판정한다고 그것이 최종 확정되는 것도 아니다. 당사자가 불복해서 재판에 넘겨지는 경우 결과는 누구도 알 수 없다. 친 중소기업을 내걸고, 중소기업부까지 생겼고, 재벌 타도를 내세우는 공정위의 서슬이 시퍼런 공정경제를 들고 나온 정권하에서도 이처럼 사례가 적다면 그 만연한 실상의 증거는 어디에 있는가?

　언론이나 중기부가 피해액이라고 발표하는 것도 피해를 보았다고 주장하는 쪽의 일방적 금액들을 합산한 것이다. 이는 지적재산 분쟁 판결에서 보듯 피해를 주장하는 쪽은 크게 과장해서 말하는 경향이 강하다.

결국 대기업에 의한 중소기업의 기술 탈취가 만연하다는 주장은 실증적 데이터는 어디에도 존재하지 않는 유령과 같은 현상이다.

11. 2 아이디어 베끼기는 잘못된 일인가?

　우리나라에서 기술탈취 주장을 하는 사람들은 보호대상의 지적재산권이 무엇인지에 대해 상당한 오해를 하고 있다. 일반적으로 개인들의 무형적 창작물인 저작권과 산업의 보호대상인 특허권으로 나누는데, 지적재산 탈취의 혐의가 되는 것은 아무래도 기술 또는 영업 비밀과 특허권 등이다.

우선 가장 명시적이고 분명한 특허로 등록 받기 위한 대상과 요건을 보면 출원 당시에 일반인에게 알려지지 않아야 하며(신규성), 과거의 기술로부터의 발전성이 인정되어야 하며(진보성), 산업상 이용 가능성이 있어야 한다는 엄격한 기준을 제시하고 있다. 앞에서 대기업이 "아이디어"를 베끼기 했다는 주장은 이러한 요건을 충족하지 못한다. 아이디어가 아니라 최종 산출물의 생산에 이르는 명시적 절차, 기계, 물질의 조합 등 법률적 명시성(Statutory)이 있어야 한다. 그리고 그 아이디어가 이전에 사람들이 몰랐던 진보성이 있어야 하는 점이다. 이러한 이유로 우리나라에서 대기업의 기술탈취와 아이디어 베끼기를 동일시하는 것은 옳은 비난이 아니다. 가장 명시적인 특허라고 해서 지적재산이 보호되지 무조건 보호되지 않는다. 제약과 같이 화학적 공식으로 명백하게 정의되고, 아무리 쉽게 베낄 수 있어도 FDA와 같은 규제기관에 엄격한 사용승인을 받아야 하는 장벽이 존재하는 경우를 제외하고는 이미 등록된 특허라고 해서 지적재산이 그대로 보호되지 않는다. 우리는 애플이 삼성전자가 자신의 디지인 특허 등을 위반했다는 소송을 통해 여러 나라의 법정이 전혀 다른 판결을 하는 과정을 지켜 보았다.

특허로 등록된 절차, 기계 등 방법론을 조금만 우회할 수 있어도 특허 침해가 안되기 때문에 많은 기업들은 아이디어 유출을 우려해서 특허 등록을 하지 않고 영업비밀을 지키려고 하는 경우도 많다. 이는 아이디어 베끼기가 불법이 아니고 이를 통해 경쟁을 촉진하는 순기능이 존재하기 때문이다.

　미국의 기업들을 보자. 베끼기로 성공한 대표적인 기업으로 마이크로소프트를 든다. 전세계 인구가 매일 쓰지 않고는 살 수 없는 이 회사의 MS Office는 문서작성용 프로그램 워드(Word), 표 계산에 유용한 스프레드시트 프로그램 엑셀(Excel), 발표용 슬라이드 작성 프로그램인 파워포인트(POWERPOINT), 데이터베이스 프로그램 액세스(Access) 등의 묶음 제품이다. 이 어떤 제품도 MS가 독창적으로 세상에서 처음 내 놓은 상품은 없다. 이전에 중소 전문기업들이 문서 작성용 프로그램으로는 WordStar, WordPerfect, 그리고 스프레드 시트는 VisCalc, 파워포인트에 상응하는 제품으로는 하버드 그래픽스 등이 시장을 장악하고 있었다. MS는 이들 상품을 하나로 MS Office라는 묶음으로 팔면서 가격은 이전의 1/2, 그리고 이들 제품의 메뉴를 통일하고 각 프로그램마다 내용을 자유롭게 복사하여 옮길 수 있는 혁신을 도입했다. 하지만 누구도 이들 이전에 있던 프로그램의 원본 소스코드를 훔쳐서 개발하지 않는 한, 지적재산권 침해라고, 또는 중소기업 아이디어 베끼기라고 MS를 사회적으로 처벌하자고 하지 않는다.

　많은 독자들은 웹이 처음 나왔을 때, 넷스케이프(Netscape)사의 브라우저를 사용했던 기억이 있을 것이다. 마크 엔드리센이 일리노이 대학 2년을 중퇴하고 만든 벤처회사의 웹 생태계 장악에 놀란 빌 게이츠는 웹 브라우저를 부랴부랴 준비해서 무료로 배포해 버려 이 초기의 발명은 시장에서 퇴출되었다. MS사가 다른 발명을 수용해서, 그 기능을 확장하고, 경쟁회사를 퇴출시켜 버리는 전략, 소위 EEE(Embrace, extend, and extinguish) 전략은 아주 유명하다(Wikipedia, Embrace, extend, and extinguish). MS의 PC 운용프로그램 Windows도 애플의 OS를 베낀 것으로 이러한 빌 게이츠 전략에 대해 새로운 기술을 추구했던 스티브 잡스는 빌 게이츠가 아무 것도 발명하지 않은 상상력이 부족한 사람이라고 비난했다. 하지만 MS가 얼마나 사업적으로 성공적인 기업인지는 설명이 필요 없다.

지금 우리는 무료 교통안내 네비게이션 프로그램들을 스마트폰에서 즐겨 쓰고 있다. 이것들은 다 전문회사들이 별도의 상품으로 만들어 팔던 것들이다. 미국에서 구글이라는 대기업이 이 기능을 구글 지도에 결합해서 무료로 배포하면서 미국의 네비게이션 시장은 단 6개월만에 90% 이상이 파괴되었다. 네비게이션이라는 아이디어는 보호되지 않은 것이다.

제조회사의 경우는 일반인들에게 알려져 있지 않기 때문에 우리는 디지털 회사들의 행태를 통해 아이디어 경쟁을 이해할 수 있다.

미국에 화상 채팅용 프로그램인 스냅챗(Snapchat)이 선풍적 인기를 끌었다. 그러자 페이스북이 인수를 제안했지만 이 회사는 인수합병을 거부하고 독자 상장을 선택했다. 그 이후에 페이스북은 신속하게 스냅챗의 기능 모두를 자사 제품에 복제해서 탑재했다. 그림11-1은 페이스북이 스냅챗의 중요한 아이디어를 모두 훔쳤다는 미 언론 보도의 모습이다.

우리는 여기서 알 수 있다. 명시적 창작 저작물이 아닌 아이디어는 여간해서 잘 보호되지 않는다. 그리고 아이디어 관점에서만 보면 성경의 구절에서 말하듯 '태양 아래 새로운 것은 없다'는 것이다. 그만큼 인간의 상상력은 풍부하다. 문제는 이 것을 상품으로 구현하는 구체적인 기술과 절차, 도구 등이 있어야 보호가 된다는 것이다. 이 아이디어 베끼기가 바로 혁신 경쟁이다. 이것을 막으면 시장의 경쟁은 없어진다.

한 때 우리나라의 신생기업 레인콤이 출시했던 아이리버는 MP3 플레이어 스타로 떠올라 한국 벤처의 자존심으로 평가된 적이 있다. 그런데 이 제품을 만든 창업자는 옙(Yepp)은 경쟁 제품을 먼저 만들어 팔던 삼성전자 출신이고, 이 제품은 애플의 스티브 잡스의 iPod의 월등한 디자인과 브랜드 파워에 속절없이 무너졌다. 이 과정에서 MP3 플레이어라는 아이디어의 본질은 변함이 없이 차례로 베껴진 것이다. 한국의 대기업의 아이디어 베끼기가 비난 받을 일이라면 대기업의 아이디어를 베낀 벤처 회사도, 그것을 훔친 애플도 악덕 기업이 된다.(그림 11-1) 그런데 애플에게는 한마디 말을 안하는 사람들이 한국의 대기업의 아이디어 베끼기에 거품을 물고 비난하고 있다.

　앞에서 빵을 개발하면서 100만명의 시식 테스트를 거쳐 개발하고 "설마 대기업이 이 빵을 따라 한다는 건 상상도 못했다"는 것은 사업가로서는 너무나 순진한 발상이었다.

오늘 스냅챗(Snapchat)에서 페이스북이 훔친
주요 사양들이 여기 있다.

그림 11-1: 페이스북의 스냅챗 아이디어 베끼기 (CNBC 2017.03.28. 보도)

100만명에게 광고를 하기 위해 시식 행사를 했다면 모를까 빵 시제품 개발 테스트를 위해 그렇게 많은 인원에게 시식을 했다면 이 사장님은 통계적 방법론에 입각해서 효율적으로 제품을 개발하는 방법도 모르시는 분이다.

11. 3 기술에 제값은 없다

사진공유 프로그램 인스타그램은 2010년 제품을 출시하고 2년만에 페이스북이 10억불(약 1조 2천억원)에 인수되어 세상을 놀라게 했다. 2015년 2월에 창업하고 동영상 공유 프로그램 유튜브(Youtube)는 그 해 4월 23일 출시되었다. 그로부터 1년 반이 지난 2016년 10월에 구글에 의해 16억 5천만 달러(약 2조원)에 인수되었다. 2013년에 창업되어 스마트 출입문 도어락을 출시한 링닷컴(Ring.com) 또한 2018년 12억불 (약 1조 5천억원)에 아마존에 의해 인수되었다. 이 모두 스마트폰 앱이다.

최근 한국의 벤처 기업 배달의 민족이 독일 회사에 의해 4조 7500억원에 인수되면서 우리나라에도 벤처 기업들이 수천억에서 수조원에 인수되는 유사한 사례가 나타나고 있다. 화장품 회사들이 글로벌 브랜드들에 의해 거금에 인수되고 있다.

그 때마다, 우리나라 중소기업인들이나 대기업의 행태를 비판하는 사람들에게서 우리나라 대기업은 선진국의 대기업들과는 달리 중소, 벤처기업의 기술을 제 값에 사주지 않는다는 비판을 자주 듣게 된다. 가치 있는 기술인데 한국 대기업만 제값을 처주지 않는다면 왜 한국기업에게 굳이 팔려고 하느냐는 질문을 할 수 있다. 글로벌 대기업들은 새로운 기술을 사고 싶어서 안달이 나 있다. 왜 지금처럼 글로벌화 된 세상에 그 악독한 한국 대기업에 기술을 팔려고 목을 매는가? 이 말은 결국 팔만한 기술이 아니라는 고백이다.

시장 경제에서 어떤 상품이든 제 값이란 존재하지 않는다. 수요와 공급이 가격을 결정한다. 기술을 사고 싶어하는 기업이 많고, 그 기술로 큰 돈을 벌 수 있으면 높은 가격을 처 주는 것이고 그 기술로 내가 큰 돈을 벌 수 없으면 높은 가격에 살 의향이 없을 뿐이다.

그럼 외국 기업들은 왜 이처럼 앱 하나로 보이는 신생 벤처 기업을 조 단위로 사주는 통큰 인수를 할까? 구글이 유튜브를 인수할 때 당시 유튜브는 전혀 돈을 벌지 못하는 회사였다. 그리고 전문가들마저 수익 모델이 없는 유튜브 인수에 대해 회의적이었다. 하지만 2020년 1분기 구글이 유튜브를 통해 벌어들인 광고 매출이 50억불이고 연간으로는 150억불(18조원) 매출의 사업으로 유튜브가 페이스북 매출의 20%의 거대 사업으로 성장해 있다. 이것은 이미 구글이 검색엔진으로 인터넷 광고를 팔 수 있는 사업을 갖고 있기 때문이다. 페이스북이 인수한 인스타그램 또한 2019년 140억불로 유튜브와 거의 맞먹는 거대 사업이다. 이 또한 페이스북과의 시너지 때문이다. 아마존은 왜 링닷컴을 인수했을까? 이 앱은 방문자가 초인 종을 누르면 문 앞에 달려 있는 카메라를 통해 바로 집주인과 화상회의가 가능하다. 주인이 부재 중에 아마존의 택배 기사가 주인과 연락을 하기 위해 쓰는 시간과 반송의 가능성을 획기적으로 줄여줄 수 있다는 가능성을 보았기 때문이다. 이 앱이 그렇게 큰 가치를 갖는 것은 이 앱의 사용이 오는 생산성이 가져올 사업의 이익이 아마존의 기존 사업이 워낙 크니까 크게 기대할 수 있기 때문이다.

왜 한국의 대기업은 이런 기술을 인수하고 크게 처주지 않는가는 그런 기술로 득을 볼 기회나 사업의 규모가 작기 때문이다. 우리는 여기서 기술의 제값이라는 것은 존재하지 않는다는 점을 쉽게 알 수 있다.

11. 4 기업들은 무엇을 사는가?

외국의 거대 기업들이 자신이 갖고 있는 사업과 고객을 바탕으로 새로운 기술로 큰 돈을 벌 수 있기 때문에 큰 값을 주고도 살 수 있고 그들도 경쟁하기 때문에 다른 기업에게 빼앗기지 않으려고 신속하게 구매를 한다는 것은 이해하더라도 우리에게 남는 질문이 있다. 왜 구글은 그 막강한 소프트웨어 인력과 인프라와 돈을 갖고 유튜브와 유사한 앱을 자체적으로 만들지 않고 천문학적 금액으로 유튜브를 인수했을까? 페이스북은 인스타그램과 같은 앱을 만들 줄 몰라서 조단위의 천문학적 거금을 주고 사는 것일까?

우리는 이것이 '오랫동안 공들여서 개발한 신제품' 또는 기술을 사준다고 착각을 하기 쉽다. 지적재산권의 침해 없이 스스로 개발하는 것이 훨씬 싸고, 가격이 저렴하면 외부의 기술을 천문학적 금액으로 인수하는 것보다 스스로 개발하는 것이 합리적인 선택이다. 그런데 왜 외국의 대기업은 자체 개발을 안하고 인수를 할까?

그것은 자체 개발로 얻을 수 없는 것이 있기 때문이다. 하나는 고객(시장)을 사는 것이다. 많은 상품들은 승자독식의 특징을 갖는다. 특히 SNS에서 운영되는 앱들은 승자독식의 경향이 크다.

우리나라에서 대부분의 사람들은 카카오톡을 사용한다. 일본이나 동남아 국가에서는 카카오톡의 경쟁제품으로 네이버가 개발한 라인이 시장을 점하고 있다. 하지만 우리나라에서는 힘을 쓰지 못한다. 이것이 승자 독식의 상품들이다. 경제학에서는 긍정적 네트워크 효과가 큰 상품이라고 한다. 구글은 유튜브와 유사한 앱을 금새 만들 수 있지만 이미 유튜브가 선점한 수천만 명의 고객은 만들어 낼 수가 없다. 이것은 기술에 붙어 있는 고객 (시장)을 산 것이지 기술 자체를 산 것이 아니다.

구글은 우리나라에 이세돌을 꺾어서 알파고로 유명한 딥마인드 테크놀로지 회사를 2014년 5억불(약 6천억원)에 인수하였다. 이 때의 인공지능의 기술은 개발 초기라서 아직 성숙된 것도 아니고 가능성만 보여주는 때이다. 그 이후로 구글은 어마어마한 투자를 통해 이 기술의 성숙도를 높여가고 있다. 기술의 가능성과 함께 이 기술을 창안한 데니스 하사비스와 같은 천재적 기술 인력을 산 것이다. 때로는 기업들은 경쟁의 출현을 막으려고 기술을 인수하기도 한다. 사서 폐기하는 것이다. 이는 경쟁업체가 빼앗아 갈지도 모를 미래 시장을 산 것이다. 이들은 기술 자체를 샀다고 볼 수 없다. 기술 자체가 복잡하고, 모방해서 개발하는데 비용과 시간이 많이 드는 경우가 아니라면, 기술이 아닌 시장과 인재를 사는 것이다. 이것을 외국 기업이 기술을 제값 주고 있다고 착각을 하는 사람들이 너무 많다.

이러한 다양한 이유로 인수를 하면서 대기업들은 기술을 이해하고, 인수하려는 기술이나 서비스가 자신의 기존 상품과 서비스와 잘 연결이 되는지 테스트를 위해서도, 때로는 구매가격 협상에서 유리한 고지를 점령하기 위해서도 협상 중에도 유사제품을 스스로 개발한다. 삼성전자는 미국의 모바일 페이 회사 루프페이(LoopPay)를 인수하여 삼성페이를 출시하였다. 이 와중에 유사한 자신의 모바일 페이를 개발했었다. 그래야 피인수 기업에게 대안이 있다는 시그널을 줌으로서 가격 협상을 유리하게 가져 가는 것이다. 이러한 여러가지 이유로 인수 기업은 대상 기업의 기술을 이해해야 하고, 전략적으로 아이디어 베끼기를 한다.

이런 모든 것을 기술탈취로 몰아가고 검찰, 공정위, 산자부, 중기부 등 권력기관은 물론, 정치인, 언론인, 시민단체들이 모두 나서서 중소기업 탈취를 단속하겠다고 하고, 가중처벌은 물론, 징벌적 손해배상을 하라고 하면 결과는 무엇일까? 우리나라 재벌기업들은 너무나 잘 알고 있다. 어떤 중소기업이 대기업에게 기술 탈취를 당했다고 주장하는 순간 자신들은 불벼락을 맞고 사회와 언론, 정부가 모두 달려들어 돌팔매질을 할 것이라는 점을. 우리나라 재벌에게는 무죄추정의 원칙이 적용되지 않는 사회다. 그러면 그들의 선택은 한국의 중소기업이나 벤처기업의 인수합병 자체를 회피하는 것이다. 의혹을 감수하기에는 정치적 사회적 위험이 너무 크기 때문이다.

지적재산의 침해 여부는 결국 경제적 분쟁이기 때문에 최종적으로는 법정에서 가려져야 한다. 그리고 그 판단은 매우 어렵고 복잡하다. 그런데 그러한 복잡한 사안을 그저 대기업이기 때문에 탈취를 기정 사실화하고 아무런 실증적 증거도 없이 기술탈취가 만연하다고 주장하면 사실은 거꾸로 우리나라 대기업의 기술인수는 더 어려워질 수 있다. 어떤 사안이 되는 경제의 거래는 경제시스템 내에서 해결되고 거래되는 것이 정도. 경제문제를 과잉 정치화하고 사법화하는 것은 시장의 질서를 왜곡한다.

앞에서도 강조했지만 한국의 중소기업의 문제는 기술을 탈취당하는 것이 아니라 대기업에 목 매지 않으면 사업을 할 수 없는 기술이 너무 없다는 것이다. 우리 중소기업 문제의 본질은 기술부재라는 말이다. 일부 글로벌에 성공한 산업에서 기술을 축적하고 지적재산을 쌓아가는 기업들도 있다. 그리고 어느 나라나 지적재산권에 대한 분쟁은 존재한다. 그것은 꼭 우월적 지위에 의한 탈취가 아니라도 보호되어야 하는 지적재산의 범위에 대한 이견에서 발생하기도 한다. 이러한 분쟁은 사회적 압력이나 예단이 아니라 법적으로 가려지고 경제적으로 보상되는 것이 정상이다.

정부나 사회가 경제 주체를 무조건 범죄집단으로 예단하는 일은 정당하지도 않고 실효성도 없다. 만약 중소기업이 자신의 지적재산을 보호하는 경제적 능력이 안된다면 이를 돕는 제도들은 보험이나 정부 보조금이나 기금으로 지원할 수는 있을 것이다. 하지만 정부와 사회, 권력이 증거도 없이 어느 한편을 매도하고 예단하는 일은 토종 기술의 외면이라는 부작용을 초래하고 이미 한국의 일부 대기업은 그래서 한국의 벤처나 중소기업을 만나는 것을 두려워하고 있다.

이 장의 결론은 이것이다. 기술 탈취 만연하다는 객관적 증거를 보여달라는 것이다. 어쩌면 우리는 그 존재도 확신하지 못하는 도깨비 불을 향해 싸우고 있는 것은 아닌지? 우리가 해결해야 하는 진짜 중소기업의 문제가 기술을 탈취 당하는 것이 아니라 독자적인 협상력을 가질 수 있는 기술 자체가 없다는 것은 아닌지 하는 점이다. 중기부와 재벌개혁론자들 눈에만 보이는 유령 기술들이 너무 많다.

XII

재벌기업 범죄내부 거래

"Potentially, a government is the most dangerous threat to man's rights: it holds a legal monopoly on the use of physical force against legally disarmed victims"
잠재적으로 정부는 인간의 권리에 대해 가장 위험한 위협이다: 그것은 법적 보호를 받지 못하는 희생자들에게 물리력을 행사할 수 있는 법적 독점력을 갖고 있다.
- 작가, 자유주의 철학자 아인 랜드 (Ayn Rand)

"If you really look closely, most overnight successes took a long time"
당신이 자세히 들여다 본다면, 하루 아침의 느닷없는 성공은 사실 꽤 오랜 시간이 걸린 것이다.
- 애플 CEO, 스티브 잡스 (Steve Jobs)

12

[형무소 담장 위의 재벌총수들]
재벌이 도둑인가 나라가 강도인가?

12. 1 재벌 구조가 기업 범죄의 중요한 원인인가?

　재벌이 개혁되거나 해체되어야 하는 이유로 재벌의 비리와 개인 또는 가문의 사익추구라는 도덕적 해이를 지목하고 있다. 박상인(2017)의 저서에서 많은 장을 할애해서 열거한 재벌의 죄목들은 다음과 같다. (1)총수 일가의 내부거래를 통한 사익편취로 소액주주들의 재산권을 침해하는 일감 몰아주기. 대표적으로 국내 그룹사들의 SI(System Integration) 사업을 들고 있다, (2)계열사간 합병을 통한 총수 일가의 경영세습과 사익 편취. (3)이러한 불법을 정경유착을 통해 무마한다는 것이다.

　우선 우리는 이러한 비판에 대해서 논의하기 이전에, 그렇다면 거꾸로 황제 경영을 안하는 기업들은 기업 비리가 없는지에 대해 생각 해보자. 정치적으로 IMF 이후 최근 우리가 기억하는 최대 비리는 무엇인가? 삼성이 몇 백억을 그 설립취지는 의심스럽지만 형식상 분명히 공익 재단에 지원한 것이 큰 비리인가 아니면, 2012-2014년 사이에 벌어진 5조원의 대우조선해양의 분식회계 사건이 더 큰 비리일까? 정치적인 해석이 아니라 소위 지배구조의 입장에서 소액주주들에게 피해를 입히고 있다는 것이 비판의 골자이니 그 관점에서 보면 범죄행위로 발생한 주가의 하락이 소액주주들의 피해의 대부분일 것이다. 그런 관점에서 섬성의 뇌물의 혐의와 대우조선의 사고는 비교 자체가 되지 않는다.

대우조선해양의 경우는 산업은행이 대주주였고, 지분이 전혀 없는 전문경영인이 자신의 임기 연임을 위해 저지른 비리로 회사와 산업은행, 즉 국가에 막대한 손해를 끼쳤다. 기업과 기업인들이 저지르는 범죄의 유형은 환경, 독과점 불공정행위, 사기, 안전, 정치자금법, 밀수, 뇌물, 탈세 등 수없이 많다. 하지만 재벌구조에서 이야기하는 것은 대부분 경영진들의 기업이 아닌 개인적 이익을 우선하는 불법적 행위에 관한 것이다. 인터넷의 역사상 최대의 기업범죄를 검색하면 헷지펀드 등 금융회사의 경영진들이 벌인 사기와 함께 빠지지 않고 등장하는 것이 잘 알려진 미국의 에너지 대기업 엔론(Enron)과 통신회사 월드콤에서 개명한 MCI의 회계부정이다. MCI는 회계부정을 할 당시에 AT&T에 이어 미국에서 두 번째 큰 통신회사로 110억달러(약 13조원)의 회계부정을 저질렀다(The Wall Street Journal, 2004). 엔론의 회계부정 사건 이후에 주주들이 400억달러(48조원)의 손해 배상을 청구했을 만큼 대규모 부정이었다. 이 모두 소유와 경영이 분리된 미국의 대기업에서 벌어진 일들이다.

전세계 55개국의 2,550명의 최고 경영자들을 대상으로 기업 부정에 대한 설문 조사한 EY 보고서에 의하면 전세계 경영자들은 38%의 경영자들이 자신의 나라에서 광범위하게 사업상 뇌물과 부정이 발생하고 있다는 견해를 밝히고 있다. 개도국은 52%로 높지만 선진국도 20%가 부정과 뇌물의 존재를 인정하고 있다. 2017-2018년 2년 사이에 자신의 회사에서 심각한 부정을 경험했다는 일본의 최고 경영자들이 16%로 전세계 평균 11%다 높다. 계약 수주를 위해서는 뇌물도 불사해야 한다는 경영자들도 11%이고 선진국에서도 5% 이상의 사업상 뇌물은 피할 수 없다고 대답한다(EY, 2018). ACFE의 2018년 기업 부정에 관한 보고서는 2018년에 125개국의 2,690건의 부정을 보고하고 있다. 이 중에 사주와 최고경영자에 의한 부정의 사례는 19%에 불과해서 기업의 부정이 재벌 경영자에 국한된 것이 아니라는 점을 알 수 있다(ACFE, 2018).

재벌의 황제경영 구조가 지배구조의 무력화이고 기업의 범죄의 원인이라는 주장은 우리나라에서 귀에 못이 박히도록 들은 이야기이지만 단편적인 사례들만으로도 인과관계를 검증한 이야기가 아니라는 것을 알 수 있다.

12. 2 재벌의 일감 몰아주기 왜 얼마나 하나?

이미 9장에서 어떤 환경에서 기업의 선단 경영과 문어발 경영이 합리적인 선택인가를 설명한 바 있다. 국가의 생산 요소가 잘 발달하여 있지 않아서 시장에서 쉽게 조달을 하지 못하거나, 나라와 제도의 미비로 사회정치적 불확실성이 높거나 시장 수요에 대한 불확실성이 높으면 사업을 다각화하고, 기업내부에서 요소 자원을 개발하고, 이를 사업 간에 공유하는 것이 이성적인 선택이라는 점이고 기업들은 그렇게 진화하고 있다.

한 예로 최근에 삼성그룹은 바이오 제약에 신규 진입해서 단 기간에 세계 최대의 설비를 갖추고 이 사업을 급성장시키고 있다. 삼성바이오로직스의 성공에는 무균실을 운영하는 삼성전자의 노하우, 화학회사를 경험한 노하우와, 글로벌로 쌓아 올린 브랜드 파워가 결합되어 다른 나라의 경쟁회사보다 훨씬 대규모의 공장을 1/2도 안되는 기간에 완성하여 사업을 시작할 수 있는 것들은 이러한 내부에 축적된 역량을 다른 사업과 신규사업에 활용하는 예이다.

이때 내부거래는 내부시장에서 만들어진 자원을 계열사들 사이에 이동하는 수단이고 불확실성에 대한 보호 수단인 동시에 사업의 확장과 성공을 위한 경영적 선택이 된다. 재벌개혁론자들에게는 그리고, 정치권과 공정위와 재벌을 규제하는 공정거래법은 계열사간 거래는 내부거래고 잠재적으로 사주의 사익편취의 수단으로 간주하는 경향이 있다.

우리사회에서 누구도 의심하지 않은 소액주주에 대한 권한 침해와 재벌의 배임에 의한 사익편취 주장은 자본시장의 원리를 감안하면 그렇게 이론적으로 타당하지 않다. 우선 재벌이 사익편취를 하고, 소액주주들의 이해를 지속적으로 침해한다는 것은 누구나 접하고 있는 공개된 지식이다. 그렇다면 지배주주가 아닌 투자자들은 일감 몰아주기를 하지 않는 비재벌 회사의 주식에 투자를 선호하여야 된다. 그런데 우리나라에서 기관투자자와 외국인 투자자들이 선호하는 주식은 재벌계열사의 주식이고 어떤 계열사가 재벌의 지배구조에서 벗어나는 경우 주가는 폭락하는 정반대의 현상이 나타단다. 이는 내부거래가 소액주주들을 침해하기 보다는 계열사들의 가치를 높이거나 침해 정도가 크지 않다고 시장이 믿기 때문일 것이다.

대주주의 입장에서도 일감몰아주기로 자신의 이익을 취할 수 있는 경우는 무조건 사익편취라고 의심하는 재벌공격수들의 편견이 정당화하기 매우 어렵다. 삼성의 지배주주의 대부분의 가치는 지금 삼성전자의 주식의 가치이거나 삼성전자의 주식을 갖고 있는 피라미드 구조상의 계열사 주식이다. 만약 재벌이 대를 이어 삼성전자의 자원을 계열사에 빼어 돌린다면 삼성전자의 경쟁력과 기업가치를 하락하게 된다. 이런 경우 내부거래로 이익을 보는 작고 숨겨진 비상장 회사를 통해 얻을 수 있는 가치와 삼성전자의 가치를 높여서 주가를 높이는 것 어느 것이 지배주주의 재산을 더 빨리 키울 수 있는지는 후자의 가능성이 훨씬 크다. 즉 내부거래에 의한 주력 기업의 가치를 지속적으로 대를 이어 빼어 먹는 다면 그야말로 씨암탉을 스스로 잡아 먹는 꼴이고, 황금알을 낳는 닭의 배를 가르는 바보 같은 일이 된다.

한 회사가 사업을 하기 위해 필요한 A와 B의 두 가지 일을 한 회사에 두고 할 수도 있고, 두 회사로 분사해서 할 수도 있다. 회사가 너무 여러 가지 일을 하면 전문성이 떨어지고, 지나치게 복잡성이 늘어서 효율성이 떨어질 수 있어서 분사를 하는 경우가 유리할 수 있다. 이렇게 분사를 한 두 사업간의 거래를 하는 것은 그저 법인이 달라졌다는 것만 다를 뿐이다. 따라서 분사를 했다는 이유만으로 한 회사의 내부거래에서 계열사간 내부거래가 되고 이것이 바로 사익 편취의 의심의 대상이 될 이유가 없다. 삼성전자가 TV를 만드는 스크린을 삼성 SDI

에서 조달 받으면 의심되는 내부 거래이고 이를 전자의 사업부로 편입하면 아무런 문제가 안되는 것이 우리나라의 공정거래법이다.

　기업이 계열사 간 내부거래를 하는 것은 재벌 묻지마 저격수들의 단정과 의심과 달리 여러가지 이유가 있다. 박상인 교수(2017)은 계열사간 내부거래의 대표적인 것으로 SI(System Integration) 산업을 들고 있다. SI회사들이 사익편취의 수단일 수도 있을 것이고 경영권 승계시에 인수합병으로 지분을 확보하는 수단으로 쓰이는 경우도 의심할 수 있다. 이것이 경영권 승계나 지주회사의 지분을 확보하기 위한 수단이라면 이러한 경영권 승계작업이 끝나고는 매각해야 하지만, 그런 그룹은 없다. 그렇다면 이미 승계과정에서 상장되어 감시 받고 있는 SI회사들에게 일감을 몰아주어서 추가적으로 얻을 이익도 크지 않다. 즉 재벌개혁론자들의 묻지마 의심과 달리 우리나라 재벌 회사들이 SI를 자체적으로 갖고 있는 많은 다른 이유가 있다고 보아야 한다. 하나는 사업이 디지털화하면서 회사의 시스템이 바로 경쟁력이고 사업기밀이 되고 있다. 또한 환경변화에 얼마나 빨리 전산 시스템을 변경하고 업그레이드 할 수 있느냐의 경쟁력이 기업의 승패에 점차 중요해진다. 기업의 순발력과 유연성(Agility)는 현대 경영에서 필수적으로 강조되고 있다. 기업들이 어떤 업무와 자원을 내부에 둘 것인지 시장에서 조달할 것인지는 그 업무와 자원이 얼마나 전략적으로 기업의 핵심역량인가에 기준한다. 한국의 기업들은, 선진국보다 훨씬 변화가 많은 환경에서 영업을 하고 있다. 예측 불확실성의 많은 원인 제공자는 정부와 규제 기관이다. 그러한 환경의 차이, 역량의 차이는 우리나라 재벌 저격수들에게는 하나도 중요하지 않다. 그저 자신들의 머리 속에 있는 상상의 이상적인 기업 상과 틀리면 다 잘못되었다는 식이다. 기업의 사업과 지속가능성에 중요한 자산과 업무를 아웃소싱하여 밖에서 조달하기 위해서는 내부보다 더 좋은 대안도 있어야 하고, 거래 당사자 간에도 신뢰가 있어야 가능하다. 재벌들이 자체적으로 하는 것보다 더 경제적이고, 신뢰할 수 있는 대안이 있느냐도 이러한 결정에 중요하다.

SI의 민간 시장에서 LG와 삼성은 치열하게 경쟁하여 왔다. 그런데 많은 금융권에서는 유독 LG가 선호된다. 그 이유는 금융회사들이 삼성이 또한 금융 계열사가 있기 때문에 금융회사들의 프로젝트를 수용하면 회사의 기밀이 경쟁관계의 삼성 금융 계열사에 흘러들어 갈 것이라는 의심때문이다. 즉 전산 시스템 그 자체가 회사의 기밀과 경쟁력인 시대이기 때문에 내부 통제하에 두려는 이유도 강하다.

우리나라의 대기업들이 SI를 붙들고 있는 배경에는 정부에 대한 두려움도 존재한다. 만약 모든 기업정보가 담겨있는 정보시스템을 외부에 두면 우리나라 검찰, 금감원 등의 수사 권한이 있는 공권력이 수시로 압수수색으로 기업정보를 빼앗아 가는 경우를 매우 두려워 한다. 자신의 통제하에 있을 때와 그렇지 않을 때는 공권력의 과도한 침해에 대처할 수 있는 능력이 전혀 다르다. 우리정부와 사법부의 과도한 경제범죄화와 기업 재산권에 대한 침해는 사실 우리나라 대기업들이 외환 거래를 국내은행이 아니라 외국계 은행을 통해서 하게 만들기도 했다.

이러한 수 많은 변수들이 내부거래의 결정에 영향을 끼친다. 이러한 경영에 대한 이해가 없는 재벌저격수들은 미국과 다르면 다 사익편취의 수단으로 단정을 하고 예단을 하고 시민운동을 빙자해서 기업들을 겁박하는 폭거를 계속하고 있는 것이다.
사익편취 가설에 의하면 지배주주의 지배권이 강하면 내부거래를 더 용이하게 하고, 내부거래가 많을수록 물건을 사주는 회사의 수익이나 성장

은 낮아지게 되어야 한다.

그런데 실증연구는 재벌 저격수들의 의심과 정반대로 나타나고 있다. 대규모 집단의 지배주주들의 지배력이 높을수록 계열사에 대한 매출비중은 줄어들고, 계열사의 매출비중과 기업성과와 관련이 없다는 것이다.

내부 거래가 지배주주의 재산의 가치를 높이려면 자기 지분이 더 높은 쪽의 회사의 물건을 낮은 쪽에서 사주는 방식으로 내부거래를 해야 한다. 실증연구는 지배주주의 지배권이 높은 기업으로 매입하는 비중이 커질수록 기업성과(자산수익률,ROA)가 높아지는 것으로 나타난다. 즉 계열사에서 물건을 더 많이 사는 것이 기업가치를 지분율이 높은 회사 쪽으로 빼돌리고 있다는 의심과는 정반대의 결과다(김현종, 2016).

큰 재벌기업들이 사회적 논란이 되는 비도덕적 행위를 더 자제할 이유들이 존재한다. 하나는 감시의 눈과 사회적 압력이 더 크다는 점이고 재벌은 가문의 영속적 지배를 가정하에 행동한다. 즉 장기적인 평판에 더 민감할 수 밖에 없다. 임기가 보장되지 않는 주인 없는 기업의 최고 경영자와 자식과 자손대대로 주고자 하고, 국민의 감시가 큰 기업 중 어느 곳이 더 큰 범죄를 저지를 확률이 높은가 말이다. 재벌 때문에 범죄가 많아지는 것이 아니다.

오히려 주인이 있는 곳이 큰 범죄를 저지를 확률이 더 적어야 하는 것이 게임 이론의 결론이다.

12. 3 사유재산을 부정하는 강도가 된 나라

위에서 설명한 대로, 여러가지 합리적이고 정당한 내부거래와 재벌 경영인들이 자제할 이유가 있음에도, 우리나라 기업인들은 모두에서 밝힌 계열사 일감몰아주기와 계열사 합병을 통한 비율 조정을 통해 소액주주들의 권한을 침해하는 행위를 할 개연성이 존재한다. 이러한 행위는 재벌기업만의 문제가 아니라 상당한 규모의 재산을 상속해야 하는 기업에게는 다 직면한 문제이다. 중견기업의 행태도 전혀 다르지 않다. 문재인 정부 들어 우리나라 식품 중견기업 오뚜기는 이 정권이 내거는 정책 방향과 일치하는 회사로 1500억원 상당의 상속세 납부, 전직원 정규직화, 그리고 수년간의 라면값 동결 등으로 "갓뚜기"라는 칭찬을 들었다. 하지만 이 회사 또한 일감몰아주기 등의 비판에서 자유롭지 않다(환경경찰뉴스, 2019).

이유는 자명하다. 상속세 때문이다. 과도한 상속세를 인하여 경영권을 지키면서 세금을 내기가 불가능하기 때문이다. 어느 나라나 대부호들의 자산의 대부분은 운영하는 기업의 주식이다. 즉 현금화할 수 있는 돈이 제한적이다. 그런데 우리나라의 상속 세율은 50%에 최대주주가 상속할 때는 여기에 30%의 할증을 더해서 최고 65%를 내게 되어 있다. 만약 중소기업 창업자가 100% 지분을 갖고 있다고 해도 그 자식은 65% 국가가 가져가고 35%만 인수하게 된다. 2대에 걸쳐서 상속하면 12.25%가 남고, 3대를 가면 4%로 떨어진다.상속과정에서 여러 가족이 나누어 상속하게 때문에 창업가의 후손 중에 2-3대에 가면 정상적으로 경영권을 유지할 방법이 없다. 대기업의 지배주주는 더 심각한 문제에 직면한다. 어차피 쥐꼬리만한 지분인데 그것의 65%를 세금으로 내어놓으면 쥐꼬리의 극히 일부분이 남아서 경영권을 상실하게 된다. 이를 해결하는 방법은 재벌저격수들이 지탄해 마지 않는 편법이 거나, 경영권을 포기하는 방법 밖에 없다. 아니면 자식에게 물려주기 전에 기업에서 돈을 빼어 개인 자산을 천문학적으로 쌓아두고 그것으로 세금을 내는 방법뿐이다.

한마디로 재벌 저격수들이 공격하고 있는 부정과 불법의 대부분은 개인의 사유재산권을 인정하지 않고 기업의 경영권 상속을 인정하지 않겠다는 강도가 되어 있는 나라로부터 재산을 방어하기 위한 처절한 방어수단들인 것이다.

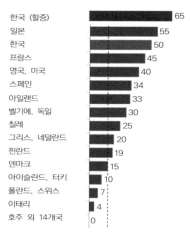

그림 12-1: OECD국가의 최고 상속세율 (자료원: Tax Foundation, 2015)

그림 12-1은 OECD국가의 최고 상속세율이다. 우리나라의 상속 세율은 특히 최대주주의 할증을 더한 65%로 다른 나라와 달리 우리는 경영권 세습을 국가가 방해하고 있다. 이는 경영과 고용승계를 장려

하는 다른 나라들과 판이하게 다른 결정이다. OECD 국가의 평균 최고상속세율은 15%다. 2000년 이후 마카오, 포르투갈, 슬로박 공화국, 스웨덴, 러시아, 홍콩, 헝가리, 싱가포르, 오스트리아, 리첸텐스타인, 브루넬, 체코, 노르웨이가 상속세를 폐지했다. 아시아의 선진국, 홍콩과 싱가포르마저 상속세를 폐지하여 우리나라의 부호들은 자산을 상속세 없는 나라로 옮기고 싶은 유혹에 빠져들고 있다.

 그림 12-2처럼 미국의 상속세 수입은 급격하게 줄고 있다. 이는 상속세의 면세점이 계속 확대되어 2015년 기준으로 543만불(65억원)이 되었기 때문이다. 우리는 배우자와 자녀가 있을 경우 10억원으로 미국의 한도 1/6도 되지 않는다. 단지 이뿐만 아니다. 다른 나라에서 부호들은 재산을 자신이나 후손들이 관리하는 비영리 재단에 기부하고 그를 통해 기업을 지배하는 것을 허용한다. 이런 제도를 통해 세계최대 부호인 빌 게이츠도 상속세를 내지 않는다. 선진국에서 상속세나 증여세를 낮추어 온 이유는 자명하다. 그것이 국가 경제에 도움이 되기 때문이다. 다음 하나는 지나치게 높은 상속세는 자본의 이탈을 돕는다. 세상에는 외국 자본을 환영하는 많은 나라들이 있다.

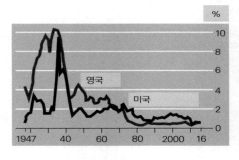

그림 12-2: 미국과 영국에서 재정 수입의 상속세 비중 추이
(The Economist, 2017)

또 다른 이유는 기업을 영속하고 경영권을 안정시키는 것이 고용과 경제에 도움이 되기 때문이다. 앞에서 설명한 대로 북구 유럽의 히든 챔피언 기업들은 대를 이어가며 경영되고 기술이 축적되는 기업들이다. 이런 축적을 허용하지 않으면 기업은 포기되고 고용은 파괴된다

현대 경제에서 부의 창출 원천은 기업이다. 그리고 기업은 하루 아침에 만들어지지도 않고, 그 기업은 준비없이 아무나 경영할 수 있는 조직이 아니다. 우리는 부를 자신만을 위해 만들지 않는다. 개인의 부는 자신과 가족을 위한 노력의 결과다. 그 부가 가족에게 상속되지 않게 하는 강도가 되어 있는 나라가 대한민국이다. 인간의 원초적인 가족애를 부정하는 제도는 대부분의 사람들은 지킬 수 없다. 그것이 우리나라 재벌들이 감옥을 들락거리고, 편법을 써야하고, 사회에서 존중받지 못하는 잠재적 범죄자로 만들고 있는 것이다. 재벌의 도덕적 해이를 지탄하는 사람들도 그들과 같은 위치에 놓여지면 같은 짓을 할 것이 자명하다. 그런 의미에서 재벌개혁론자들은 위선자들이거나 이런 도덕적 구호를 통해 인기를 얻고, 권력을 얻는데 영악한 길을 선택한 자들일 가능성이 크다. "사망, 세금의 사망"이라는 기사에서 이코노미스트 지는 상속세가 폐지되고 있는 추세를 설명하고 있다. 그 결과 그림 12-3 처럼 부를 상속받는 억만장자 수가 2001년에 비해 2014년

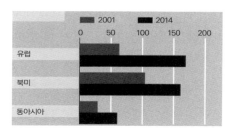

그림 12-3: 2001년과 2014년 지역별 억만장자 수
(The Economist, 2017)

에 크게 증가하고 있고 그 중에서도 유럽의 변화가 가장 뚜렷하다..

　우리사회에 큰 목소리로 재벌과 기업인들을 비판하는 좌파들은 정직하지 않다. 북구 유럽의 복지국가와 정부에 의한 부의 재분배를 찬양하면서 이들 국가들이 시장에서 최고의 경제적 자유와 부의 상속을 보호하고 있다는 점에 대해서는 침묵하거나 정반대의 주장을 하고 있다. 부가 만들어지는 원천을 망가뜨리고 재분배를 강조한다면 다 같이 가난한 평등 이외에는 우리에게 선택이 없다.

우리나라에서 경영자들이 형무소 담장 위에 올려진 이유는 2000여 종이 넘는 형사처벌 규제도 규제이지만 재벌 총수들을 감옥에 보내는 것은 바로 경영권과 부의 세습을 불허하는 상속세와 지배구조에 대한 과잉 규제에 있다. 차등의결권과 같은 경영권 보호수단은 전혀 인정하지 않고, 상속세는 전세계에서 가장 높으며, 특히 일대주주에 대해 세금을 더 무겁게 부과하는 창업자의 죽음과 동시에 기업을 국가에 헌납하라는 반자본주의적 제도가 만드는 현상이다.

　이런 재벌에서 일하는 전문경영인들마저 떳떳하지 못한 일들을 해야하고, 검찰에 툭하면 불려다니는 수모를 겪여야 한다.
　이런 사회주의적 체제가 존경받는 기업인의 씨를 말리고 있고, 온국민은 위선의 합창을 매일 합창하고 있는 실정이다.

자유가 넘치는 나라

"Liberals seem to assume that, if you don't believe in their particular political solutions, then you don't really care about the people that they claim to want to help."
좌파들은 어떤 사람들이 그들의 특정한 정치적 해법을 믿지 않으면, 너는 그들이 돕고 싶다고 주장하는 사람들에 대해 전혀 관심이 없다고 가정하는 것처럼 보인다.
- 경제학자 토마스 쏘웰 교수(Thomas Sowell)

"Any intelligent fool can make things bigger and more complex… It takes a touch of genius and a lot of courage to move in the opposite direction."
"Insanity: Doing the same thing over and over again and expecting different result"
어떤 지적 바보는 사안을 더 크고, 더 복잡하게 만들 수 있다. 그 것을 반대 방향으로 돌리기 위해서는 천재의 터치와 엄청난 용기가 필요하다.
정신이상은 같은 짓을 계속 반복하면서 결과가 다르기를 기대하는 것이다.
- 알버트 아인스타인

13

재벌 공화국인가, 재벌 저격수들의 공화국인가?

우리는 지금까지 한국 사회의 재벌에 대한 비판에 대해 살펴 보았다. 재벌에 대한 이슈는 한국경제 전반에 대한 문제에 관한 논의라고 보아야 한다.

13. 1 재벌은 절대권력인가?

우리는 먼저 재벌의 경제력 집중을 문제삼고 재벌개혁을 부르짖는 사람들의 한국 사회에서 재벌의 위치에 대한 지금까지의 주장이 타당한가에 대한 근본적인 질문을 여기서 해 보아야 한다. 이들이 인식하는 재벌은 경제력 집중으로 인해 축적한 "재벌의 영향력이 정치, 경제, 사법, 언론, 사회 전반으로 확대되어 견제 받지 않는 절대권력화되고"그러한 절대권력으로 '법 위에 군림하는' 형국이라는 것이다(박상인, 2016).

우리는 이런 주장이 우리 사회에서 벌어지고 있는 현실과 부합하는지 살펴보자. 우리나라 재벌 총수들 중에 전과자가 아닌 사람이 드물다. 그리고 지금까지도 삼성그룹에 대한 재판과 수사는 계속되고 있다. 전경련 등과 같이 기업의 입장을 대변하는 조직들은 숨소리조차 제대로 쉬지 못하고 있다. 대한항공의 '땅콩 회항'과 같은 개인적 실수를 빌미로 대주주는 주력 기업의 경영권이 박탈당했다. 대기업 본사 앞에는 예외없이 재벌 총수에 대한 저주의 현수막과 항의 시위가 계속되고 있다. 이것이 절대권력화한 재벌의 모습인가?

권력의 크기는 상대적인 것이다. 재벌들이 한국의 정부를 통제하고 우위에서 군림하고 있는가? 행사에 불려가고, 경영의 기본도 모르는 어쩌다 공무원이 된 교수 출신인 김상조 위원장에게 "재벌 혼내느라 늦었다"는 이야기를 듣고도 항변 한번 못하는 재벌이 절대권력인가?

재벌이 언론을 다 장악하고 있다면, 중앙일보 계열사인 JTBC의 태블릿 보도부터 시작한 일련의 탄핵과정에서 삼성그룹이 연루되어 그룹 총수가 감옥을 가는 일이 발생할 수 있는가? 재벌이 절대권력을 갖고 있다면 재벌 저격수라는 말이 생기지도 않았을 것이다. 절대권력을 저격할 수 있는 사람들이 어떻게 존재할 수 있는가? 재벌은 재벌이 절대권력이라고 비난하는 사람들의 눈치를 보느라 전전긍긍하고 살아왔다는 것이 더 현실적일 것이다.

어느 나라에서든 기업은 자신의 이익을 지키기 위해 사회와 우호적 관계를 유지해야 하는 노력을 하고 있고 그것은 모든 개인과 법인의 권리이다. 소위 대외 관계를 관리하고 오피니언 리더들과의 소통을 통해 반기업 정서나 오해가 발생하지 않게 하려고 하고, 정치권에 로비를 하고 의견을 낸다. 이 과정에서 뇌물이나 부당한 거래를 시도했다면 처벌 받아야 하고 비난 받아야 하지만 이러한 노력 전부를 절대권력화한 지배로 볼 수는 없다.

재벌이 영향력을 확대해서 절대권력화하는 수단은 금력 뿐이다. 언론과 학계가 재벌의 금권에 의해 언론과 학자의 양심을 버리고 친재벌의 나팔수가 되었다면 이는 재벌과 함께 그 타락의 길을 간 개인의 부패이고 일탈이다. 정치 권력이 뇌물에 매수 당했다면 이는 쌍방의 타락이고 담합이지 어느 한쪽의 절대권력 때문만은 아니다.

개인과 기업의 자유로운 선택을 방해하는 것은 재벌의 독점이 아니라 정부의 권력이다. 인간의 자유, 기업을 통한 경제활동의 자유가 보장되는 사회는 얼마나 정부 권력이 법치에 입각해서 통제되느냐는 것이다. 그리고 개인의 천부적 권리가 보장되기 위해서는 정부 이외에도 언론과 같은 사회제도와 문화적 토대가 있어야 한다.

재벌의 절대권력에 대한 판단은 결국 정부의 권력의 크기를 판단하고 나서야 가능한 것이고 이 둘간의 힘의 우위를 비교한 이후에나 가능한 것이다. 대한민국이 개인의 자율보다 국가주의에 입각해서 국가권력이 비대하고, 자원을 할당하는 것은 누구도 부인할 수 없는 사실이다. 그림13-1은 OECD가 평가한 나라별 기본권 존중과 정부권력의 통제 정도(세로 축의 상단이 정부가 통제되는 자유로운 나라다), 즉 법치의 성숙도 정도를 평가한 것이다. 우리나라는 이 두 측면에서 OECD 국가 중에서 그리스와 함께 가장 후진적인 국가에 속한다. 그것은 정부의 권력이 비대하고 예측 가능성도 떨어진다는 말이다. 즉 우리는 싱가포르나 일본처럼 경제적 자유와 제도가 발달한 나라로 진화하지 못하고 있다는 것을 의미한다.

지금 재벌은 정경유착중인가 권력이 굴종중인가? 정경유착 중이라면 재벌만큼 권력자들이 타락해 있다는 말이 된다. 만약 우리사회가 과거보다 투명해졌고, 정치인들이 금력에 굴복할 정치자금의 수요가 줄었다면 지금 진행되는 것은 재벌의 권력에 대한 굴종이다.

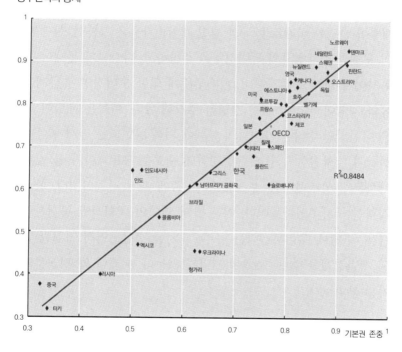

그림 13-1: 각국의 기본권 보호와 법치 수준 (OECD, 2017a)

13. 2 재벌공격수들은 한국경제의 인식의 틀은 있는가?

다음으로 재벌, 또는 한국경제에 대한 우리 사회의 문제 인식에 대해 정리해 보자. 어떤 것이 문제점이라고 주장하기 위해서는 이상적인 모습에 대한 가치판단이 전제되어야 한다. 재벌개혁론자들이 한국 경제의 문제점이나 재벌의 행태에 대한 문제인식에는 일관된 틀이 존재하지 않는다.

재벌이 탄생한 이래로 한국의 재벌 개혁론자들은 그룹식, 선단식 경영이 문제라며 계열사의 독립경영을 주장하고, 다각화가 문제이나 전문화하여야 한다고 주장하며, 지배주주에 의한 오너경영이 문제라면 소유와 경영이 분리된 전문 경영을 주장해 왔다. 이들은 세상이 자유로운 이성적인 수많은 개인들의 선택에 의해 발현되는 질서가 아니라 자신들이 디자인하고 구조를 변경하면 새로운 유토피아가 올 것처럼 착각하는 구성주의자들, 포스트모더니즘에 빠진 자들이거나, 한국의 고질적인 국가주의자들이다. 이는 그저 영미의 예외적인 공개기업의 모습을 이 땅에 구현하겠다는 아주 "유치한 정신분열적 기업관과 잘못된 재벌경제학"(유승민, 2000)에 지나지 않는다. 이것이 왜 정신분열적인가는 살펴보자.

기업이든 경제든 그 기업과 국가가 처한 역사와 구조의 산물이다. 그 역사적 경로와 구조는 철저히 무시되고 있다. 이는 "한국의 경제학자를 포함한 지식인 사회는 그들의 경제체제를 형성해 온 역사에 대해 아무 것도 알지 못하며, 나아가 알려고 하지도 않는다"는 이영훈 교수의 개탄 그대로이다(이영훈, 2014). 이 역사와 국가 경제의 구조를 결여한 현실로 '정신과 육체의 병리적 분열'이 재벌 저격수들의 비판이다.

우리가 재벌의 행태를 이해하는 공간적 구조로는 9장에서 논의한 국가자원환경이 기업의 조직과 행태를 결정한다는 것이다. 경제의 생산요소가 잘 발달하지 못했고, 제도 또한 미숙하고, 이 희소한 자원은 관료체제의 위계에 의해 지배되고 할당되어 왔다는 것이다. 이 특징이 재벌이 문어발 경영을 하고, 집단으로 선단식 경영을 하는 것이 가장 합리적인 것으로 만들어 왔다. 만약 이 자원환경과 정부의 힘과 역할에 동의 한다면 재벌의 경제력 집중이나, 문어발식 경영은 비난의 대상이거나 문제로 인식될 수 없다. 혹 이로부터 어떤 사회적 문제를 만들어 내고 있다고 해도 해결책은 재벌의 규제가 아니라 재벌을 그렇게 진화하고 적응하도록 하고 있는 구조, 즉 정부의 역할이나 제도의 성숙을 통해서만 부작용을 최소화하면서 해결할 수가 있다. 즉 우리는 개혁의 대상이 정부인가 기업인가를 더 진지하게 이제는 근본부터 고민해야 한다. 기업이나 시장의 실패보다 정부의 실패가 엄중하다.

공간적 구조에 대한 재벌 저격수들의 몰이해는 전세계 모든 좌파들의 특징이 그러하듯 한국경제가 가장 높은 수준으로 글로벌 경제와 연결되어 있다는 것을 무시한다는 것이다. 제시되는 모든 문제의 원인을 국내에서 찾고 있는 경향이 짙다. 특히 양극화에 대한 원인을 글로벌화, 기술의 급격한 변화, 대도시 집중화와 가족구성의 변화 등이 더 큰 요인이고 선진국에서 공통으로 나타나는 문제를 한국 재벌의 문제만으로 파악하고 있다는 점이다(Dobbs et al. 2016). 문제의 원인도 그렇지만 해결책 또한 우리 경제의 글로벌 연결성을 완전히 도외시한 기상천외한 방법들이 제시된다. 동반성장이나 경제민주화는 기업들에게 물건을 더 비싸게 사주라는 자본주의의 운영 원리와 질서를 무시한 해법들이 제시되고 있다. 이들은 극단의 포스트 모더니즘의 구성주의적 발상으로 자신들이 사회시스템을 디자인할 수 있다고 오판하고 있다. 연결된 개방경제를 무시한 대표적 사례가 소득양극화를 해소하겠다고 들고 나왔던 소득주도 성장정책이다.

생산성과 무관하게 인건비를 올리면 국제 경쟁력의 약화로 부작용이 초래된다는 것을 무시한, 한국 경제를 국제 경제와 유리된 닫힌 시스템으로 인식한 오류가 빚어낸 참사다.

공간 제도에 대한 구조의 하나로, 미국과 영국은 자유시장경제(Liberal Market Economy)하에서 경제가 작동한다. 북구 유럽과 일본은 조정시장경제 하에서 운영되고 있다. 우리는 한마디로 기준이 없는 혼합시장경제체제이고 기업의 지배구조를 규제하는 상법과 법률들은 일본이 베낀 독일의 법체제에 기반하고 있다. 그러나 재벌 저격수들은 이상적인 기업의 모습은 미국의 경영과 소유가 분리된 기업들을 상정한다. 정말 육체와 정신이 분열된 주장들이 난무한다.

시간적, 역사적 구조에 대한 몰 이해와 무시 또한 상상을 초월한다. 한국이 고령 빈곤이 높거나, 자영업 비중이 높은 것은 고도 압축성장과 세대간 높은 교육의 차이 등이 누적된 결과다. 과거의 누적된 결과는 무시하면서 또한 현재 진행되고 있는 변화와 미래의 방향 또한 관심 밖이다. 4장의 황제경영에서 자세히 논의 했듯이 가속화되는 창조적 파괴와 글로벌화는 경영자들이 더 신속하고 결단력 있게 의사결정을 하는 압력으로 작동하고 있다. 따라서 차등의결권과 같은 경영권 보호장치가 강화되고 있다. 그런데 우리나라의 재벌저격수들은 미국의 대공황 이후에 독과점 해체의 시대에서 헤매고 있다. 한국의 창업 열기와 성과는 도외시하고 여전히 세습자분주의 때문에 경제 혁신이 불가능하고 박정희식 경제체제는 한계에 다다르고 있다고 강변한다. 외환위기를 극복하는 과정에서, 글로벌 경쟁에서 살아남기 위해, 그리고 스마트 기술들이 가져온 변화들은 모두 무시되고 박정희식 개발독제체제에 있다는 원죄론, 그리고 진화론이 아니라 창조과학이 지배하고 있다.

현재 한국경제 특히 정부가 재벌중심 경제를 지속하고 있다는 주장도 시간적 변화를 무시한 화석화된 주장이다. 성공한 재벌들이 한국경제의 중심에 있는 것은 맞지만 한국정부는 역사적으로 재벌에 대한 규제는 계속 강화해 온 반면에 중소기업과 자영업자에 대한 보호와 지원은 강화해 오고 있다. 한 예로 우리나라의 R&D에서 중소기업이 차지하는 비중은 22.8%인 반면에 정부 R&D 지원금의 70%는 중소기업에게 집중되고 있다. R&D 활동에 대한 세금 감면 혜택도 50%로 중소기업에게 돌아가고 있어서 R&D 비중의 2배가 넘는다. 정부의 중소기업의 대출 보증 또한 OECD 국가 중에 일본에 이어 한국이 2위로 압도적으로 많다. 지금 한국정부가 재벌중심경제로 운영하고 있는 것이 아니라 좀비 중소기업 중심 경제를 운영 중이다. 한국경제를 재벌에 짓눌린 화석화하고 왜곡된 시각에서 해방될 때에 우리에게 경제의 활로가 열릴 것이다.

정답은 기본으로 돌아가는 것이다. 기본은 권력과 정부의 관료주의가 개혁의 대상이지, 사적 재산인 기업을 정부가 개혁대상으로 삼는 것이 아니다. 그리고 가장 기업을 사랑하고, 경영에 목숨을 거는 사람들은 주인들이고 경영자들이다.

13. 3 정말 무엇에 분노해야 하는가?

재벌이 완벽하다는 이야기가 아니다. 재벌이든 관료사회든, 언론이든, 종교단체든, 학계든 다 우리사회의 도덕과 수준으로 공유하지 사회의 어느 한 구석이 더 도덕적으로 우월하거나 깨끗할 리 없다. 특히 권력을 쥔 쪽이 더 정의롭다는 것은 역사에 없는 일이다. 하지만 나는 글로벌 경쟁에 단련된 재벌의 경영팀이 권력집단과 정치모리배들, 그리고 사이비 학자들보다 국가에 천만배 더 기여하고, 그들이 더 글로벌 규범에 충실하다는 것만은 자신 있게 말할 수 있다.

이 책은 초보적이고 추상적 경제학 이론만 갖고 기업의 지배구조나 경영의 판단을 함부로 재단하고 성토하는 지적 사기에 대한 고발이다. 소득격차가 재난적이고 세계 최고의 경제적 불평등 국가라는 등의 괴담에 준하는 근거 없는 주장이나, 비교 대상이 아닌 것을 나열하며 인과관계와 무관한 궤변들을 만들어 내거나, 경제나 기업의 회계를 모르는 독자들에게 좋은 것을 나쁜 것으로, 나빠지는 것을 좋은 것으로 뒤바꾸어서 주장을 펴거나, 평균과 비율로 판단을 흐리게 하는 통계적 오남용으로 장하성 교수 등 이들 재벌저격수들의 책은 거짓 사기로 가득하다. 그런데 이 책에 감동한다는 청년들의 가슴에 분노를 키우고 있다.

김상조 실장의 경제집중화나, 경영권 강화 수단들은 21세기에 바람직하지 않다는 것이 글로벌 컨센서스라는 명백한 낯뜨거운 거짓말, 재벌들에게 주력기업만 운영하고 주식을 팔고, 삼성그룹의 지배구조가 바람직하지 않다는 식의 경영학 이론이 없는 가설에 입각해서 한국경제를 수술하겠다고 달려드는 돌팔이 의사들이 가득하다. 그리고 그들의 마루타 실험은 한국경제를 급격하게 후퇴시키고 있다. 이들의 망나니 짓과 자유시장경제의 원칙과 질서를 위반하는 권력남용적 발언들이 박수를 받는 사회가 되고 있다. 광우병 괴담만큼이나 가짜 뉴스가 온 국민을 기업에 관한한 철저하게 우민화하고 있다.

오로지 한국의 모든 경제 사회적 문제가 재벌에게서 비롯되었고 재벌개혁과 해체가 문재의 해결책이라는 외곬 재벌책임론을 주장하기 위해 지구종말론에 견줄만한 극단적이고 비현실적인 소설의 삼성 망국론이 쓰여지고 있다. 한편으로는 하청업체 쥐어짜기로 재벌이 크고 있다고 하고 곧바로 다른 책에서는 재벌에 납품해서 큰 이익을 보는 하청업체들이 삼성이 망하면 다 망한다고 주장한다.

그 주장의 논리적 타당성을 떠나서, 통계의 남용, 인과관계와 무관한 가설, 중요한 변수들을 모조리 생략한 채 재벌이라는 하나의 변수로 한국 경제의 모든 문제를 설명하고자 하는 이들의 선동을 사회가 검증과 반론 없이 유통시켜 왔다는 점을 우리가 분노하고 반성해야 한다고 생각한다. 이 책은 사회과학도로서의 기본적인 학문적 양심과 규율은 저버린 선동가들이 설치고 우리 젊은이들의 정신을 오염시킬 때까지, 거짓으로 권력을 매수할 때까지 학문적 검증과 반론없이 유통시킨 경영학자의 반성문의 하나로 쓰여진 것이다.

마크 트웨인이 한 것으로 알려진 위험한 지식인들에 대한 경고의 말이 있다. "세상에는 세 가지 거짓이 있다: 거짓말, 새빨간 거짓말, 그리고 통계가 그것이다". 이 책은 통계를 가장한 거짓말들에 대한 폭로다. 이들의 지적 사기와 선동으로부터 청년들을 구해 내자는 지적 양심이 회복된 사회를 만들자는 격문이자, 오늘도 한국을 지탱하고 더 풍요로운 사회를 위해 진력하고 있으면서도 이러한 선동의 저주를 들어가며 울분을 삭히고 있는 기업인들에 대한 감사와 격려의 글로 읽혀지기를 기대한다. 그래서 청년들은 경제적 자유에서 희망을 찾고, 기업이 존중되고 번영의 기틀이 다져지는 나라를 꿈꾼다.

부 록

⟨그림 목차⟩

〈표 목차〉

〈참고문헌〉

1   Acemoglu, D. and Robson, J.A. (2000) Economic backwardness sin historical perspective, National Bureau of Economic Research Working Paper 8831

2   Acemoglu, D., Johnson, S. and Robson, J.A. (2001) The Colonial Origins of Comparative Development: An Empirical Investigation, American Economics Review 91(5): 1369-1401

3   Acemoglu, D., Johnson, S. and Robson, J.A. (2002) Reversal of Fortune: Geography and Institutions in the Making of the Modern World Income Distribution, Quarterly Journal of Economics 117(4): 1231-94

4   Acemoglu, D., Johnson, S. and Robson, J.A. (2003) Understanding Prosperity and Poverty: Geography, Institutions and the Reversal of Fortune: Geography and Institutions in the Making of the Modern World Income Distribution, mimeo,

MIT (Feb. 20, 2003)

5   ACFE (2018) Report to the nations; 2018 Global Study on occupational fraud and abuse

6   Ács, Z., Szerb, L. and Lioyd, A. (2017) The global entrepreneurship index 2018, The Global Entrepreneurship and Development Institute

7   Aganin, A. and Volpin, P. (2005), The History of Corporate Ownership in Italy, In A History of Corporate Governance around the World: Family Business Groups to Professional Managers, Chapter 61, University of Chicago Press

8   Almida, H. and Wlfenzon, D. (2005) A Theory of Pyramidal Ownership and Family Business Groups, NBER Working Paper 11369

9   Ayyagari, M., Demirguc-Kunt, A., and Maksimovic, W. (2015) Are Large Firms Born or Made?, World Bank Group, Policy Research Working Paper 7406

10   Anderson, R. C., Ottolenghi, E. and Reeb, D. M. (2017), The Dual Class Premium: A Family Affair (August 14, 2017). Fox School of Business Research Paper No. 17-021. Available at SSRN: https://ssrn.com/abstract=3006669 or http://dx.doi.org/10.2139/ssrn.3006669

11   Bajgar, M., Calligaris, S., Criscuolo, C., Marcolin, L., and Timmis, J. (2019) Superstar Firms Are Running Away with the Global Economy, Harvard Business Review, November 14, 2019

12   Baker, S. R., Bllom, N. and Davis, S. (2016) Measuring economic policy uncertainty, Quarterly Journal of Economics, 131(4):1593- 1636

13   Bebchuk, Lucian A. and Kastiel, Kobi (2017), The Untenable Case for Perpetual Dual-Class Stock, Virginia Law Review, Vol. 103, pp. 585-631, June 2017

14   Bebchuk, Lucian A. and Kastiel, Kobi (2019), The Perils of Small-Minority Controllers, ECGI Working Paper # 432/2018, June 2019

15   Becht, M. J. and DeLong, B. (2005) Why Has There Been So Little Block Holding in America? In A History of Corporate Governance around the World: Family Business Groups to Professional Managers, Chapter 11, University of Chicago Press

16   Becker, B. and Subramanian, G. (2013), Improving Director Elections, Harvard Business Law Review, 3:1-34

17   Bessen, James E. (2017), Industry Concentration and Information Technology Boston Univ. School of Law, Law and Economics Research Paper No. 17-41. Available at SSRN: https://ssrn.com/abstract=3044730

18   Bharadwaj, A., Mani, D. and Nandkumar, A. (2018), How Investors Constrain Digital Innovation, HBR Digital, August 21, 2018. Available at SSRN: https://ssrn.com/abstract=3241479

19   Bianchi, M.and Bianco,M.(2006) Italian Corporate Governance in the Last 15 Years: From Pyramids to Coalitions? SSRN Working Paper

20   Blair, M.M. (1995), Ownership and Control: Rethinking Corporate Governance for the Twenty-First Century, Washington, D.C.: Brookings Institution Press

21   Blair, M.M. (1999), "A Team Production Theory of Corporate Law", Virginia Law Review, Vol. 85, No. 2, pp. 248-328.

22   Blair, M. and L.A. Stout (2005), Specific Investment: Explaining Anomalies in Corporate Law, Law and Economics Research Paper No. 05-27, UCLA School of Law, Los Angeles, CA.

23   Bloomberg (2019), These are the World's Most Innovative Countries, January 22, 2019, Available Online at https://www.bloomberg.com/news/articles/2019-01-22/germany-nearly-catches-korea-as-innovation-champ-u-s-rebounds

24   Bosma, N. and Kelley, D. (2019) Global Entrepreneurship Monitor (GEM) 2018/2019 Global Report

25   Bughin, J., Eckart Windhagen, Sven Smit, Jan Mischke, Pal Erik Sjatil, and Bernhard Gürich (2019), Innovation in Europe: Changing the Game to Regain a Competitive Edge, McKinsey Global Institute, Available Online at https://www.mckinsey.com/~/media/McKinsey/Featured%20Insights/Innovation/Reviving%20innovation%20in%20Europe/MGI-Innovation-in-Europe-Discussion-paper-Oct2019-vF.ashx

26   Cabral, M. B. and Mata, J. 2003) On the Evolution of the Firm Size Distribution: Facts and Theory, The American Economic Review 93(4): 1075-1090

27   Campden FB (2016), Infographic: German Family Businesses, June 23, 2016, Available Online at http://www.campdenfb.com/article/infographic-german-family-businesses

28   Caudillo, F, Houbenm, S. and Noor J. (2015), Mapping the value of diversification: Expanding your focus tends to add more value in emerging economies than in developed ones, McKinsey&Company, August 2015

29   CBInsights (2015), Startups and Accelerating Corporate Innovation, Available Online at https://www.cbinsights.com/reports/webinar_corp_innovation_slides.pdf?utm_source=hs_automation&utm_medium=email&utm_content=25649855&_hsenc=p2ANqtz--uQubzeTGiIFAyJ40N7kIOKgAQTwLIwe qC-EN7b3yoRy5YYJY-Aqnsq0ibDIZe_MDlqg2AVYfvNTILBbfm02PWlgK13A&_hsmi=25649855

30   CBInsights (2016), Startup Acquisitions of Other Startups Are Slowing Down, Available online at https://www.cbinsights.com/research/top-startups-acquiring-startups/

31   Catherine, S., Miller, M. and Sarin, N. (2020), Social Security and Trends in Inequality (February 29, 2020). Available at SSRN: https://ssrn.com/abstract=

32   Chan, J., Pun, N., and Selden, M. (2013), The politics of global production: Aplple, Foxconn and China's new working class, New Technology, Work and Employment 28(2)

33   Chang, S.J., and Hong, J. (2000), Economic Performance of Group-Affiliated Companies in Korea: Intragroup Resource Sharing and Internal Business Transactions, The Academy of Management Journal, 43(3):429-448

34   Cho, S. S, (2016) A study on firm size distribution of the service sector and manufacturing sector, Asia Pacific Journal of Innovation and Entrepreneurship 10(1): 91-100 DOI 10.1108/APJIE-12-2-16-011

35   Christensen, C. (1997) The Innovator's Dilemma: When New Technologies

Cause Great Firms to Fail, Harvard Business Review Press

36   Chung, G, (2016) Mobile Startups Put New Billionaire On Korean List, But Most Fortunes Fall, Forbes, April 27, 2016, Available Online at https://www.forbes.com/sites/gracechung/2016/04/27/mobile-startups-put-new-billionaire-on-korean-list-but-most-fortunes-fall/#653aee7b16df

37   Clark, R.(1986), Corporate Law

38   Clerc, C., Demarigny, F., and Valiante, D.(2012), A Legal and Economic Assessment of European Takeover Regulation, Working Paper, Available Online at https://papers.ssrn.com/sol3/papers.cfm?abstract_id=2187837

39   Criscuolo, C. (2015) Productivity Is Soaring at Top Firms and Sluggish Everywhere Else, Harvard Business Review, August 24, 2015

40   CNBC (2018) Mark Zuckerberg's control of Facebook is like a dictatorship: CalSTRS, May 10, 2018. Available Online at https://www.cnbc.com/2018/05/10/mark-zuckerbergs-control-of-facebook-is-like-a-dictatorship-calstrs.html

41   Council of Institutional Investors (2019), Dual Class Companies List, available online at https://www.cii.org/files/FINAL%20format%20Dual%20Class%20List%209-27-19.pdf

42   Condon, Z. (2019), A Snapshot of Dual-Class Share Structures in the Twenty-First Century: A Solution to Reconcile Shareholder Protections with Founders Autonomy, Emory Law Journal, 68(2), 2018

43   Coplan, A. M. and Hikino (2018) Business groups in the west: Origins, Evolution, and Resilience, Oxford University Press

44   Coplan, A. M. and Hikino (2018a) The evolutionary dynamics of diversified business groups in the west: history and theory in Business groups in the west: Origins, Evolution, and Resilience (eds Coplan and Hikino), Chapter 2, Oxford University Press

45   Cremers, M., Lauterbach, B. and Pajuste, A. (2018), The Life-Cycle of Dual Class Firm Valuaiton, Available Online at https://papers.ssrn.com/sol3/papers.cfm?abstract_id=3062895

46   Dabla-Norris, E., Mayor, L. J., Lima, F. and Sollaci, A. (2018) Size Dependent Policies, Informality and Misallocation, IMF Working Paper WP/18/179

47   Deloitte (2019), Gloabl Powers of Retailing 2019, Available online at https://www2.deloitte.com/content/dam/Deloitte/global/Documents/Consumer-Business/cons-global-powers-retailing-2019.

48   Dobbs, R., Manyika, J. and Woetzel, J. (2016) No Ordinary Disruption: The Four Globall Forces Breaking All the Trends, McKinsey and Company

49   Dickinson, V. (2011) Cash Flow Patterns as a Proxy for Firm Life Cycle. The Accounting Review: November 2011, Vol. 86, No. 6, pp. 1969-1994. https://doi.org/10.2308/accr-10130

50   Dimitrov, V. and Jain, P. C. (2006) Recapitalization of one class of common stock into dual-class: Growth and long-run stock returns, Journal of Corporate Finance 12(2): 342-366

51   Erdogan, B, Kant, R., Miller, A., and Sprague, K. (2016), Grow fast or die slow: Why unicorns are staying private, McKinsey & Company, May 2016, Available Online at https://www.mckinsey.com/industries/technology-media-and-telecommunications/our-insights/grow-fast-or-die-slow-why-unicorns-are-staying-private

52   European Family Businesses (2012), Family Business Statisitics, Available Online at http://www.europeanfamilybusinesses.eu/uploads/Modules/Publications/pp---family-business-statisticsv2.pdf

53   EY (2018), 15th Global Fraud Survey: Integrity in the spotlight, The future of compliance, Available Online at ey.com/fraudsurveys/global

54   EY (2019), How the world's largest family businesses are responding to the Transformative Age, February 15, 2019, Available Online at https://www.ey.com/en_gl/growth/how-the-world-s-largest-family-businesses-are-responding-to-the-transformative-age

55   Family Capital (2019), The World's Top 750 Family Businesses Ranking, January 3, 2019, Available Online at https://www.famcap.com/the-worlds-750-biggest-

family-businesses/

56   Financial Times (2015), Meet the Wallenberg, June 5 2015, Available Online at https://www.ft.com/content/4f407796-0a35-11e5-a6a8-00144feabdc0

57   Fohlin. (2005) The History of Corporate Ownership and Control in Germany, In A History of Corporate Governance around the World: Family Business Groups to Professional Managers, University of Chicago Press

58   Freeman, R. (2005) The Great Doubling: The Challenge of the New Global Economy, Usery Lecture in Labor Policy, University of Atlanta

59   Garicano, L., Lelarge, C. and Van Reenen, J. (2016) Firm Size Distortions and the Productivity Distribution: Evidence from France, American Economic Review 106(11):3439-3479

60   George, B. and Lorsch, J.W. (2014), How to Outsmart Activist Investors, Harvard Business Review, May 2014

61   Ghemawatt, P. and Khanna, T.(1998), The nature of diversified business groups: A Research Design and Two Case Studies, The Journal of Industrial Economics, 156(1):35-61

62   Gintis, H. (1991) Where Did Schumpeter Go Wrong?, Challenge , January-February: 27-33

63   Goergen, M. Manjon, M.C., and Renneboog, L. (2008) Is the German system of corporate governance convergin towards the Anglo-American model?. Jojurnal of Manage Governance, 12:37-71

64   Gompers, P.A., Ishii, J., and Metrick, A. (2010) Extreme governance: An analysis of dual-class firms in the United States, - The Review of Financial Studies 23(3): 1051-1088

65   Govindarajan, V. (2018), Can Anyone Stop Amazon from Winning the Industrial Internet?, Harvard Business Review, February 03, 2018

66   Govindarajan, V., Rajgopal, S., Srivastava, A. and Enache, L. (2018) Should Dual-Class Shares Be Banned?, Harvard Business Review, December 03, 2018

67   Govindarajan, V., and Srivastava, A. (2016) Strategy When Creative Destruction
      Accelerates, Strategy When Creative Destruction Accelerates (September 7,
      2016). Tuck School of Business Working Paper No. 2836135. Available at SSRN:
      https://ssrn.com/abstract=2836135 or http://dx.doi.org/10.2139/ssrn.2836135

68   Govindarajan, V., and Srivastava, A. (2018) Reexamining dual-class stock,
      Business Horizons 61(3): 461-466

69   Guardian Capital (2019) You;ve got to know when to hold'em, January 2019,
      Available Online at https://www.guardiancapital.com/media/61486/when_to_
      holdem_jan2019.pdf

70   Hardouvelis, G., Karalas, G., Karanastasis, D. and Samartzis, P. (2018), Economic
      Policy Uncertainty, Political Uncertainty and the Greek Economic Crisis, SSRN
      Working Paper, Available at SSRN: https://ssrn.com/abstract=3155172 or
      http://dx.doi.org/10.2139/ssrn.3155172

71   Haskel, J. and Westlake, S. (2018), Capitalism without Capital: The Rise of The
      Intangible Economy, Princeton University Press

72   Henrekson, M. and Sanandaji, T.(2014) Small Business Activity Does not
      Measure Entrepreneurship, Research Institute of Industrial Economics, IFN
      Working Paper No. 959, 2013

73   Hirt, M., Smit, S. and Yoo, W. (2013) Understanding Asia's conglomerates,
      McKinsey Quarterly, February 2013

74   Hoang, K. and Nguyen, C, and Zhang, H. (2019), Economic policy uncertainty
      and corporate diversification, Working Paper, Available at https://www.
      researchgate.net/publication/333131617

75   Hodgson, P.(2014), Alibaba IPO: Sharehoders can buy shares, not influence,
      Fotrutne, September 18, 2014. Available Online at https://fortune.
      com/2014/09/18/alibaba-ipo-shareholders/

76   ILO, IMF, OECD and World Bank Group(2015) Income inequality and labour
      income share in G20 countries: Trends, impacts and causes

77   ILO and OECD (2015), The Labour Share in G20 Economies

78   IMF (2011) World Economic Outlook: Tensions from the two-speed recovery (Chapter 1, Pages 53-55)

79   IRRCI (2016), Controlled Companies in the Standard & Poor's 1500: A Follow-up Review of Performance & Risk

80   Islam, A. (2014) Do Government Private Subsidies Crowd Out Entrepreneurship? The World Bank, Policy Research Working Paper WPS6917

81   ISS, EGCI, Shearman & Sterling (2007), Report on the proportionality principle in the European Union, Available Online at

82   Jensen, M. and W. Meckling (1976), Theory of the Firm: Managerial Behaviour, Agency Costs and Ownership Structgure, Journal of Financial Economics, Vol. 3, No.4, pp. 305-360

83   Jwa, Sung-Hee (2017) The Rise and Fall of Korea's Economic Development: Lessons for Developing and Developed Economics, Palgrave macmillan

84   Killeen, W. and R. Kumar (2016), "Navigati Conglomerate Governance: Through the Lens of the Korean Chaebol", IQ Insights, State Street Global Advisers, October.

85   Kim, Y. M. and Park, K.S. (2019) Labour share and economic growth in OECD countries, Global Economic Review, DOI: 10.1080/1226508X.2019.1699847

86   Klausner, D. (2018), Dual class IPOs are on the rise: Tech unicorns jump on board this new trend, PwC's Deals Blog, July 18, 2018, Available Online at http://usblogs.pwc.com/deals/dual-class-ipos-are-on-the-rise-tech-unicorns-jump-on-board-this-new-trend/

87   KPMG Enterprise (2019), Venture Pulse Q4 2018: Global Analysis of Venture Funding, 15, January 2019., available at https://assets.kpmg/content/dam/kpmg/xx/pdf/2019/01/kpmg-venture-pulse-q4-2018.pdf

88   Killeen, W. and R. Kumar (2016), "Navigati Conglomerate Governance: Through the Lens of the Korean Chaebol", IQ Insights, State Street Global Advisers, October.

89   La Porta, R., Lopez-De-Silanes, F. and Shleifer, A. (1999), Corporate Ownership

Around the World, Journal of Finance, 55(2):471-571

90   La Porta, R., Lopez-De-Silanes, F. and Shleifer, A. (2000), Investor Protection and Corporate Governance, The Journal of Financial Economics, 59(1-2):3-27

91   La Porta, R., Lopez-De-Silanes, F., Shleifer, A. and Vishny, R. (1997), Legal Determinants of External Finance, Journal of Finance, 52(3): 1131-1150

92   La Porta, R., Lopez-De-Silanes, F., Shleifer, A. and Vishny, R. (1997a), Trust in Large Organizations, American Economic Review, 87(2): 333-9

93   La Porta, R., Lopez-De-Silanes, F., Shleifer, A. and Vishny, R. (1998), Law and Finance, Journal of Political Economy, 106(6): 1113-57

94   La Porta, R., Lopez-De-Silanes, F., Shleifer, A. and Vishny, R. (2000), Agency Problems and Dividend Policies around the World, Journal of Finance, 55: 1-33

95   Lexology (2018), When One Share Does Not Mean One Vote: The Fight Against Dual-Class Capital Structures, May 22 2019.

96   Lindgren, H. (2002) Succession Strategies in a Large Family Business Group: the Case of the Swedish Wallenberg Family, 6th European Business History Association Annual Congress in Helsinki, August 22-24, 2002

97   Lithuanian Free Market Institute (2018) Employment Flexibility Index 2018

98   Marble, D. (2018) How firing 1 employee nearly doubled my company's productivity, Inc. April 18, 2018, Available Online at https://www.inc.com/darren-marble/how-firing-1-employee-nearly-doubled-my-companys-productivity.html

99   Market Realist I2017) How Might Apple's iPhone 9 Impact Foxconn? Paja Yayal, June 9, 2017, Available Online at https://marketrealist.com/2017/06/how-might-apples-iphone-8-impact-foxconn/

100   Masulis, W. R., Pham, P.K. and Zein, J.(2011), Family Business Groups around the World:Financing Advantages, Control Motivations, and Organizational Choices, Review of Financial Studies, Vol. 24, No. 11

101   McKinsey Global Institute(2010), Growth and competitiveness in the United

States: the role of its multinational companies, June 2010

102   McKinsey Global Institute(2015), Playing to win: The new global competition for corporate profits, September 2015

103   McKinsey Global Institute(2017), Where companies with a long-term view outperform their peers, February 2017

104   McKinsey Global Institute(2018), Outperformers: High-Growth Emerging Economies and The Companies That Propel Them, September 2018

105   McKinsey Global Institute(2018a), Superstars: The Dynamics of Firms, Sectors, and Cities Leading The Global Economy, October 2018

106   McKinsey Global Institute(2019), A new look at the declining labor share of income in the United States, May 2019

107   Morck, R.K. and Nakamura, M. (2005) A Frog in a Well Knows Nothing of the Ocean: A History of Corporate Ownership in Japan, In A History of Corporate Governance around the World: Family Business Groups to Professional Managers, Chapter 11, University of Chicago Press

108   Morck, R.K., Percy, M., Tian, G. and Yeung, B. (2005) The Rise and Fall of The Widely Held Firm – A History of Corporate Ownership in Canda, In A History of Corporate Governance around the World: Family Business Groups to Professional Managers, Chapter 11, University of Chicago Press

109   Morck, R.K. and Steier, L. (2005), Inherited Wealth, Corporate Control and Economic Growth: The Canadian Disease?, NBER Working Paper 6814http://www.nber.org/papers/w6814

110   Morck, R.K. and Steier, L. (2005a), The Global History of Corporate Governance: An Introduction, University of Chicago Press

111   Murphy, A. (2005), Corporate Ownership in France – The Importance of History, In A History of Corporate Governance around the World: Family Business Groups to Professional Managers, Chapter 3, University of Chicago Press

112   Nordhaus, William D. (2005), Schumpeterian Profits and the Alchemist Fallacy, Yale Economic Applications and Policy Discussion Paper No. 6. Available at

SSRN: https://ssrn.com/abstract=820309OECD (2007), Lack of Proportionality between Ownership and Control:O verview and Issues for Discussion

113   OECD (2007) Lack of Proportionality between Ownership and Control: Overview and Issues for Discussion

114   OECD (2011) Divided We Stand: Why Inequality Keeps Rising, DOI:https://doi. org/10.1787/9789264119536-en

115   OECD (2015), In It Together: Why Less Inequality Benefits All, OECD Publishing, Paris. http://dx.doi.org/10.1787/9789264235120-en

116   OECD (2015), G20/OECD Principles of Corporate Governance, OECD Publishing, Paris. http://dx.doi.org/10.1787/9789264236882-en

117   OECD (2017), OECD Entrepreneurship at a Glance 2017

118   OECD (2017a), OECD Government at a Glance 2017

119   OECD (2018), OECD Economic Surveys: Korea 2018

120   OECD (2018a), OECD Entrepreneurship at a Glance Highlights 2018

121   OECD (2018b), OECD Compendium of Productivity Indicators 2018

122   OECD (2019), OECD Corporate Governance Factbook 2019

123   OECD (2019a), OECD Society at a Glance 2019: OECD Social Indicators, OECD Publishing, Paris. https://doi.org/10.1787/soc_glance-2019-en

124   Onetti, P.. and Pisoni, A.(2009), Ownership and control in Germany: Do cross-shareholdings reflect bank control on large companies?, Corporate Ownership and Control, 6 (4):54-77

125   Ozgen, C. Poot, J. and Nijkamp (2011) The Impact of Cultural Diversity on Innovation: Evidence From Dutch Firm-Level Data, IZA Discussion Paper No. 6000

126   Palepu, K. (1985), Diversification Strategy, Profit Performance and the Entropy Measure, Strategic Management Journal, Vol. 6, No. 3 (Jul. - Sep., 1985), pp. 239-255

127 Paine, L. S. and Srinivasan, S.(2019), A Guide to the Big Ideas and Debates in Corporate Governance, Harvard Business Review, October 14, 2019

128 Papadopoulos, Kosmas (2019), Dual-Class Shares: Governance Risks and Company Performance, Institutional Shareholder Services, June 28, 2019, Available Online at https://corpgov.law.harvard.edu/2019/06/28/dual-class-shares-governance-risks-and-company-performance/

129 Perry, Mark J. (2016) Richard McKenzie from 1992: To help the economy, we should focus on job destruction, not job creation and 'jobism', AEI Blog Post, August 11, 2016 Available Online at https://www.aei.org/carpe-diem/richard-mckenzie-from-1992-help-the-economy-destroy-some-jobs/

130 Perry, Mark J. (2019) Comparing 1955's Fortune 500 to 2019's Fortune 500, Foundation for Economic Education, Available Online at https://fee.org/articles/comparing-1955s-fortune-500-to-2019s-fortune-500/?utm_campaign=FEE%20Daily&utm_source=hs_email&utm_medium=email&utm_content=73029117&_hsenc=p2ANqtz-87o_mkFPSO-9B09MD1IDbRk6hRixK5M39pHg5XMsUkdZPgITVZqW3WO6P5K2f_zP0i_hjpNVtRjgNhXW8nNwsBAc1pbkUwVarqBiZB41y005iiAsE&_hsmi=73029117

131 PwC (2018), Dual Class IPS ar one the rise: Tech unicorns jump on board this new trend, July 18, 2018, Available Online at https://usblogs.pwc.com/deals/dual-class-ipos-are-on-the-rise-tech-unicorns-jump-on-board-this-new-trend/

132 Reuter (2013) Ford chairman nearly doubles stake in supervoting shares, June 27, 2013, Available Online at https://www.reuters.com/article/autos-ford-family/ford-chairman-nearly-doubles-stake-in-supervoting-shares-filing-idUSL2N0F219I20130626

133 Robertson, B. (2018), Hong Kong Adds Dual-Class Shares, Paving Way for Tech Titans, Bloomberg, April 24, 2018, Available Online at https://www.bloomberg.com/news/articles/2018-04-24/hong-kong-approves-dual-class-shares-paving-way-for-tech-titans

134 Rodrik, D. (2015) Premature Deindustrialization, NBER Working Paper 20935

http://www.nber.org/papers/w20935

135 Roe, Mark (2003) Political Determinants of Corporate Governance, Oxford University Press

136 Sanandaji, T. and Sanandaji, N. (2014), SuperEntrepreenurs and how your country can get them, Center for Policy Studies, April 2014

137 Schumpter, J. (1942) Capitalism, Socialism and Democracy, Harper & Brothers

138 Senor, D. and Singer, S. (2009) Start-up Nation: The Story of Israel's Economic Miracle, Twelve Hachette Book Group, New York

139 Sharma, S. and Sharma, P. (2019) Patient Capital: The Role of Family Firms in Sustainable Business, Cambridge University Press

140 Sherk, J. (2016) Workers' Compensation:G Growing Along with Productivity, The Heritage Foundation, Available Online at http://report.heritage.org/bg3088

141 Smart, S. B., Thirumalai, R. S. and Zutter, C. J. (2008) What's in a vote The short- and long-run impact of dual-class equity on IPO firm values, Journal of Accounting and Economics, 45(1): 94-115

142 Spamann, H. (2010), The "Antidirector Rights Index" Revisited, The Review of Financial Studies, 23(2):467-486

143 Tan, A. (2018), Singapore Exchange gives nod for dual-class shares, The Straits Times, Jun 27 2018, Available online at https://www.straitstimes.com/business/companies-markets/singapore-exchange-gives-nod-for-dual-class-shares

144 Simon, H. (2009), Hidden Champions of the Twenty-First Century, Springer

145 The Economist (2007) European Corporate Governance: Tricks of the trade, Jun 7, 2007

146 The Economist (2014) Family Firms, Business in the blood, November 1, 2014

147 The Economist (2014a) Family Firms, To have and to hold, November 1, 2014

148 The Economist (2014b) What exactly is an entrepreneur?, February 16, 2014

149 The Economist (2015) The Power of families Dynasties, April 16, 2015

150   The Economist (2015a), Asian values, April 16, 2015

151   The Economist (2017), Death of the death tax, November 23, 2017

152   The Guardian (2004) What Michael Howard beleieves, January 2, 2004, Available Online at https://www.theguardian.com/uk/2004/jan/02/conservatives.politics

153   The Wall Street Journal (2004), MIC to State Fraud Was $11 Billion, March 12, 2004, Available Online at https://www.wsj.com/articles/SB107904677290353181

154   Yu, Z. and Wang, F. (2017) Income inequality and happiness: An Inverted U-Shaped curve, Frontiers in Psychology, doi: 10.3389/fpsyg.2017.02052

155   United for a Fair Economy (2012) Born on Third Base: What the Forbes 400 really says about economic equality & Opportunity in America, Available online at www.FairEconomy.org/BornOnThirdBase2012 and BornOnThirdBase.tumblr.com.

156   Van Cott, T. N. (2016), The iceman's Job was destroyed. Good!, Foundatuion for Economic Education, Aguest 9, 2016, Available Online at https://fee.org/articles/the-icemans-job-was-destroyed-good/

157   Visual Capitalist (2017) Which Companies Make The Most Revenue Per Employee? Available Online at https://www.visualcapitalist.com/companies-revenue-per-employee/

158   Visual Capitalist (2019), A Visual History of the Largest Companies by Market Cap (1999-Today), Available Online at https://www.visualcapitalist.com/a-visual-history-of-the-largest-companies-by-market-cap-1999-today/

159   Visual Capitalist (2019a), Venture Capital Mega-Deals on Place to Set New Record in 2019, Available Online at https://www.visualcapitalist.com/venture-capital-financing-mega-deals/

160   Visual Capitalist (2019b), The Big Five: Largest Acquisitions by Tech Company, Available Online at https://www.visualcapitalist.com/the-big-five-largest-acquisitions-by-tech-company/

161 Wan, W. P. (2005), Country Resource Environments, Firm Capabilities, and Corporate Diversification Strategies, Journal of Management Studies 42:1 January 2005

162 Whittington, R. and Mayer, M. (2000) The European Corporation: Strategy, Structure and Social Science, Oxford University Press.

163 Winship, S. (2016) A rising tide (still) lifts all bats- wages really do grow with productivity, Manhattan Institute, Available Online at http://www,manhattan-institute.org/issues2016

164 World Economic Forum (2018), The inclusive development index 2018: Summary and Data Highlights, Available Online at http://www3.weforum.org/docs/WEF_Forum_IncGrwth_2018.pdf

165 Worstall, T. (2016) US wages have been rising faster than productivity for decades, Forbes, Oct 3, 2016

166 Xi, W., Yang, L. (2018), A Study on The Dual-Class Share Structures of Overseas Listed Companies-Taking Alibaba Group as An Example, European Journal of Business Economics and Accountancy, Vol. 6, No.2, 2018

167 경향신문 (2017) 대깅버 중심 성장의 한계 입증한 OECD 보고서, 2017.19.10. http://news.khan.co.kr/kh_news/khan_art_view.html?art_id=201710102047005#csidx 57eb949fd632ce993f22c79f905c123

168 김현중 (2012), 한국기업집단 소유지배구조에 대한 역사적 영향요인 고찰 및 시사점, 한국경제연구원

169 김현중 (2015), 대규모 기업집단 소유지배 괴리지표 동향 및 경제분석, 한국경제연구원

170 김현중 (2016), 대규모 기업집단 계열사간 상품, 용역거래에 대한 경제분석, 한국경제연구원 정책연구 16-04

171 나무위키 (1994) 순환출자 https://namu.wiki/w/순환출자

172 매일경제신문 (2018),엘리엇, 현대차 지배구조 개편은 명분, 속내는 시세차익 노림수?, 매일경제 2018.4.23, 온라인 https://www.mk.co.kr/news/business/view/2018/04/259389/

173 박상인 (2016), 삼성전자가 몰락해도 한국이 사는 길: 노키아와 핀란드 사례를 통해 본 삼성의 미래, 한국의 미래

174 박상인 (2017), 왜 지금 재벌 개혁인가: 박정희 개발체제에서 사회통합적 시장경제로

175 박상인 (2012), 벌거벗은 재벌님: 위기의 한국 경제와 재벌개혁, 올바른 해법을 찾아서

176 박정수 (2019) 한국경제의 노동생산성과 임금, 한국경제포럼 12(1): 81-112

177 신장섭 (2018) 장하성 실장이 쓴 장하성 실장이 쓴 《왜 분노해야 하는가》 심층비판: 왜 곡된 통계, 일방적 해석과 선동이 여과 없이 文 정부 경제정책의 經典이 되었다!, 월간조 선 2018년 10월호, 웹 http://m.monthly.chosun.com/client/news/viw.asp?ctcd=B &nNewsNumb=201810100036

178 이재열(2000), 기업의 구조와 변화: 재벌 조직을 중심으로, 한국사회, 제3집:31-62, 2000

179 전국경제인연합회 (2005), 국내 및 해외의 적대적 M&A 사례와 시사점

180 조선비즈 (2017) 세계 100대 벤처, 국내 들어오면 70%가 규제 저촉, 규제완화·투자 자 환경 개선 시급, 2017.7.14. 온라인 https://biz.chosun.com/site/data/html_ dir/2017/07/13/2017071302463.html

181 유경준 (2018) 한국경제의 분석 24(3) 한국의 소득불평등 현황과 쟁점

182 유승민 (2000), 재벌, 과연 위기의 주범인가, 한국개발연구원(KDI)

183 유진성 (2017) 정규직과 비정규직의 임금격차 추이 분석과 요인 분해, 한국경제연구원, KERI 정책제언 17-15

184 윤희숙 (2017)한국의 소득불평등 추이와 논의, 그리고 4차 산업혁명 등 미래 변화의 대 비, 응용경제 19(4): 5-41

185 연합뉴스 (2019) 재벌 총수일가, '지주사 채제' 밖에서 170개 계열사 지배, 2019.11.11, 온라인 https://www.yna.co.kr/view/AKR20191111074900002?input=1195m

186 이병희(2015) 노동소득분배율 측정 쟁점과 추이, 한국노동연구원 월간노동리뷰, 1월 호:25-42

187 이영훈(2014) 한국 시장경제의 특질 – 지정학적 조건과 사회문화의 토대에서– 낙성대 경제연구소 Working Paper 2014-07

188 이재열(2000) 기업의 구조와 변화: 재벌조직을 중심으로, 한국사회, 3:31-52

189 장하성 (2015), 왜 분노해야 하는가?, 분배의 실패가 만든 한국의 불평등, 헤이북스

190 좌승희, 이태규 (2016), 자본주의 신 경제발전론, 기업부국 패러다임, 한국경제연구원

191 주간조선 (2018), 불평등지수 0.295와 0.354 사이 문정북ㅏ 통계를 이용하는 법, 2018.09.17

192 중앙일보 (2012), 계열사만 50개, '갑갑한 KT'의 대전환, 2012.06.26

193 중앙일보 (2018) :[이정재의 시시각각] 장하성, 통계 갖고 장난 말라, 2018.08.30

194 지승호(2008), 아 대한민국은 저들의 공화국

195 2015)최준선 (2015) 기업영역에서의 과잉 범죄화: 시스템적 혁신이 필요하다, 한국경제연구원 대외세미나, 2015년 5월 27일

196 한국경제연구원(2015) 지니계수 단순비교의 문제점, KERI Facts 2014-06-27

197 한정석 (2012) 재벌기업 공공의 적인가 성장의 견인차인가, 미래한국 2012.01.31

198 환경경찰뉴스 (2019) 갓뚜기에 가려진 편법의 대가 오뚜기 일감몰아주기, 통행세 편취, 2019.09.27, http://www.epnnews.com/news/articleView.html?idxno=2620

199 황인학, 송용주 (2014),기업 및 경제현안에 대한 국민인식조사 보고서:2014.

200 황인학, 이인권, 서정환, 이병기, 한현옥 (2000),재벌구조와 재벌정책- 평가와 과제, 한국경제연구원

201 황인학, 최원락 (2013),경제력집중 규제론, 무엇이 문제인가, 일반집중 추세분석을 중심으로, 규제연구 22(2): 35-65

202 황인학, 최원락, 김창배 (2014),경제력집중 통계의 허와 실, 한국경제연구원, 정책연구 2014-22

203 황인학, 한현옥(2014), 두부 적합업종 지정이 사회후생이 미치는 영향, 규제연구 23(2):183-214